高等院校商务管理专业精品教材



# 商 务 礼 仪

主　编　陈卫芬　朱长根　程　继

副主编　张　萌　杨　达　余　媛
　　　　王　聪　方　泽　胡　亚

合肥工业大学出版社

# 前　言

现代社会，人与人之间的交往增多，个人的礼仪修养尤显重要。如何得体地与人交往，并通过个人交往为商务活动创造发展的契机，已成为商务人员越来越关心的话题。在商务活动中，举止是否合乎礼仪在很大程度上影响到活动的成败。这就对商务人员的礼仪素质提出了较高的要求。本书主要介绍了商务人士在社会交往活动中应掌握的礼仪规范，以期帮助读者全面了解商务礼仪的各个环节，提升企业形象与个人形象。

本书作者参考了大量资料，借鉴了现代商务礼仪中的新理论和实践研究成果，结合专业教师近年来的研究成果，编撰了这本实用礼仪教材。本书从商务礼仪的不同角度、不同层面对商务礼仪进行了综合阐述和技能训练。本书系统地介绍了商务礼仪的十个模块，在编写过程中主要体现以下特色：

1. 注重理论联系实际，将案例教学和技能训练相结合，培养实务操作能力。

2. 以学生为中心，注重模块化教学。

3. 编写体例贯穿“模块—子模块—学习情境—实训场景—实训任务”的主线，形象直观。

4. 每个子模块前面均有由素质目标、知识目标、技能目标、能力目标组成的学习目标；接着是由引例文章与分析提示组成的引例介绍；每个实训场景均由一组知识点与关键技能点、若干组实训任务与知识窗组成。

5. 每个模块后面设有本章小结、主要概念、技能训练（基础知识题：单选题、多选题、简答题，案例分析题，技能操作与实训题）。

本书不仅可作为高职高专院校或应用型本科院校财经类经济学和管理学类工商管理、市场营销、电子商务、物流管理等相关专业学生通识课的礼仪教材，还可作为公共关系人员、市场营销人员及广大企业员工等商界人士了解礼仪、掌握礼仪规范、提高文化素养的培训用书和自学参考读物。

本书由江西陶瓷工艺美术职业技术学院陈卫芬老师担任主编，负责全书的策划统稿工作；江西陶瓷工艺美术职业技术学院陈正军教授担任主审。本书的具体编写分工为：模块一由朱长根编写，模块二和模块三由陈卫芬编写，模块四由程继编写，模块五由张萌编写，模块六由杨达编写，模块七由王聪编写，模块八由余媛编写，模块九由方泽编写，模块十由胡亚编写。

本书参考了国内外许多优秀同行的著作和文献，引用了部分资料，特向这些作者表示诚挚的谢意。

由于本书编写时间较紧，加之水平有限，书中难免有不足之处，衷心希望读者批评指正！

# 目　录

# 模块一

# 商务礼仪概述

【学习目标】

素质目标：通过对商务礼仪的概念、作用的学习，及对提高商务礼仪修养的训练，认识商务礼仪的重要性，提高商务礼仪素养，塑造良好的礼仪形象，对今后的工作和人际交往起到促进作用。

知识目标：了解商务礼仪的概念及特点，认识商务礼仪的重要性，掌握商务礼仪基本准则。

技能目标：熟悉商务礼仪的作用，提升商务礼仪修养，掌握商务礼仪技能。

能力目标：培养商务礼仪人员应具备的修养，能够在学习、生活及今后的商务交往中，展现并运用一定的商务礼仪技能。

【引　　例】

### 商务礼仪对于企业经营的重要性

日本著名企业家松下幸之助刚刚开始经营企业时，既不注重个人形象，也不注重企业形象，导致企业发展缓慢，业务难以开展。有一天，松下幸之助去理发时，理发师不客气地批评他："松下先生，您是公司的代表，却这样不注重形象，别人会怎么想呢？一个人连自己都这样邋遢，他的公司会好吗？"从此，松下幸之助一改过去的习惯，开始注意自己在公众面前的形象，要求员工也要注意形象，讲文明、懂礼貌，生意也随之兴旺起来。松下电器的各类产品一度享誉天下，与松下幸之助长期率先垂范，严格要求员工是分不开的。

分析提示

从上面这个案例中我们可以看出：在商务活动中，企业的发展与企业形象密不可分，企业员工形象是企业形象的缩影，企业员工的商务礼仪、礼貌素养等是企业发展的推动力。因此，商务人员必须学习商务礼仪，了解商务礼仪的构成与特点，养成良好的商务礼仪习惯，如此才能提升企业形象，给企业带来更大的效益。

# 学习情境1　商务礼仪的概念与特点

## 实训场景1　礼仪的概念

知识点：礼仪的概念

关键技能点：掌握礼仪的概念和特征

### 实训任务1：认知礼仪的含义

#### 知识窗1：礼仪的含义

礼仪是指人们在一定的社会交往场合，为表示相互尊重、敬意、友好而约定俗成的、共同遵循的行为规范和交往程序。礼仪包括“礼”和“仪”两部分，“礼”在古代是指“事神敬福”中的“敬神”，现引申为尊敬；“仪”是指“表率、标准”。礼仪存在于社会的一切交往活动中，其基本形式受物质水平、历史传统、文化心态、民族习俗等众多因素影响而成。因此，语言（包括书面语言和口头语言）、行为表情、服饰器物是构成礼仪最基本的三大要素，任何重大的典礼活动都需要同时具备这三种要素才能举行。

#### 知识窗2：礼貌、礼节、礼仪三者的关系

礼貌、礼节、礼仪本质上是一致的，都是人们在相互交往中表示尊重、友好的行为，但又各有特殊的含义和要求。它们之间既有联系，又有区别。礼貌和礼节多指交往过程中个别的行为。礼貌是一个人待人接物时的外在表现，主要指通过言语和行动表现出对交往对象的尊重和敬意。礼节是礼貌的具体表现，具有一定的强制性，如中国古代的作揖、跪拜，各国通行的点头、握手，欧美国家的拥抱、亲吻等。礼仪则是指社交活动中，自始至终以一定程序、方式来表现的完整行为，更具文化内涵。一般来说，礼节产生于礼仪之前，是礼仪的基础；礼仪是系列化、程式化了的礼节，是一系列特定的礼节的集合。

### 实训任务2：了解礼仪的产生与发展

#### 知识窗1：我国古代礼仪的产生与发展

我国古代礼仪的产生与发展经历了四个阶段，如表1-1所示。

表1-1　古代礼仪产生与发展的阶段

| 阶段 | 时间 | 主要内容 |
| --- | --- | --- |
| 起源时期 | 原始社会中晚期—前21世纪 | 原始宗教礼仪、政治礼仪、祭祀礼仪 |
| 形成时期 | 前21世纪—前771年 | 五礼（吉礼、凶礼、军礼、宾礼、嘉礼） |

（续表）

| 阶段 | 时间 | 主要内容 |
|---|---|---|
| 变革时期 | 前 771 年—前 221 年 | 出现礼崩乐坏的局面，创造新礼 |
| 强化和衰落时期 | 前 221 年—1911 年 | 尊君抑臣、尊夫抑妇、尊父抑子、尊神抑人 |

### 知识窗 2：我国现代礼仪的形成与发展

我国现阶段礼仪进入一个新的发展时期。1949 年以后，我国现代礼仪呈现出确立了同志式的合作互助关系和男女平等的新型社会关系等特点。改革开放以来，人们更加注重礼仪建设，讲文明、重礼貌蔚然成风。

## 实训任务 3：掌握礼仪的特征

### 知识窗 1：广泛性

古今中外，各种礼仪广泛分布在社会生活中的各个领域，贯穿于人类社会。从家庭到国家，从国内到国际，从商界到政界，再到生活中的衣、食、住、行各个方面，都有具体的礼仪规范，礼仪可谓无处不在；从古代到现代，从现在到将来，礼仪也都是处理人际关系的行为规范，礼仪可谓无时不有。

### 知识窗 2：民族性

礼仪的民族性是指礼仪在形式及其代表的意义上都受到了民族因素的影响。由于各民族的生存环境、文化传统、宗教信仰等均有不同，所以礼仪规范也存在差异。同一种表现形式的礼仪在不同民族中有着不同的意义，而同一内容的礼仪在不同民族中又可以有不同的表现形式。

### 知识窗 3：传承性

礼仪是一个国家、一个民族的自然、经济、政治、宗教、文化等因素在交互作用下，通过漫长的历史过程沉淀下来的结晶。礼仪一旦形成，通常会长期沿袭。例如，我国古代的尊老敬贤、父慈子孝、礼尚往来等礼仪都反映了中华民族的传统美德，至今仍影响着人们社会生活的方方面面。

### 知识窗 4：时代性

礼仪是社会关系和社会文明的产物，是适应人际交往关系需要而产生的。随着社会关系和社会文明的发展变化，礼仪也必然随之发展变化。现代生活具有多元、丰富、多变的特点，因此，现代礼仪也必须正确地反映时代精神，体现新的社会道德规范，并在实践中不断更新内容、改变形式。

# 实训场景 2　商务礼仪的概念和内容

知识点：商务礼仪的概念和内容

关键技能点：掌握商务礼仪的概念和内容

### 实训任务 1：掌握商务礼仪的概念

#### ▶▶▶知识窗：商务礼仪的概念

商务礼仪是人们在商务活动中，为了塑造和维护良好的个人形象或组织形象，对交往对象表示尊重与友好的规范和程序，是一般礼仪在商务活动中的运用和体现。在现代社会中，商务礼仪成为商务活动中必不可少的交流工具，与商务组织的经济效益有着密切的联系；商务礼仪也是商务人员交际的“金钥匙”，是开展商务活动的“通行证”，甚至会影响商务活动的最终结果。

### 实训任务 2：了解商务礼仪的内容

#### ▶▶▶知识窗：商务礼仪的内容

随着市场经济的繁荣发展，商务活动日益频繁，商务礼仪越来越受到商务人员的重视，具体包括商务职业形象设计，如仪容仪表礼仪、仪态礼仪、言谈礼仪、商务交往礼仪、商务工作礼仪、商务接待礼仪、商务通信礼仪、商务餐饮礼仪、商务活动礼仪、求职礼仪等。

## 实训场景 3　商务礼仪的特点

知识点：商务礼仪的特点

关键技能点：掌握商务礼仪的特点

### 实训任务：认知商务礼仪的特点

#### ▶▶▶知识窗 1：普遍性

如今，各种商务活动已遍布社会的每个角落。可以说，只要有人类生活的地方，就存在各种各样的商务活动，全体社会成员都离不开一定的礼仪规范的制约，而商务礼仪是人们在商务活动中应遵守的行为规范。

#### ▶▶▶知识窗 2：信用性

商务活动涉及商务交往双方的利益，因此，诚实守信是非常重要的。“言必行，行必果”，这既是对自身的肯定，也是对他人的尊重。失约和不守信，都是失礼的行为。孔子说：“民无信不立。”商务人员应遵守商务礼仪，展现诚信的态度，为商务合作的成功奠定基础。

#### ▶▶▶知识窗 3：效益性

商务礼仪是一种社会行为。在商务交往中，得体的礼仪有助于树立良好的企业形象，协调交往双方的关系，促进合作顺利进行，从而产生经济效益；而悖礼、失礼可能会导致商务交往失败、客户流失乃至商务活动中断，给企业造成经济损失。可见，商务礼仪具有一定的效益性。

### 知识窗4：发展性

时代在发展，商务礼仪文化也在随着社会的进步不断发展。例如，20世纪七八十年代，人们一般通过电报、信件等形式传递各种商务信息；而今，人们常用的是电子邮件、即时通信软件、电话等现代信息技术手段。在全球经济一体化的发展趋势下，我国必然要引进世界各国较先进的商务元素，与国际社会的商务礼仪接轨，发展形成一套既富有中国特色，又符合国际惯例的商务礼仪规范。

# 学习情境2 商务礼仪的作用与原则

## 实训场景1 商务礼仪的作用

知识点：商务礼仪的作用
关键技能点：了解商务礼仪的作用

### 实训任务：认知商务礼仪的作用

### 知识窗1：塑造形象

现代市场的竞争除了产品竞争外，还有形象竞争。塑造良好的个人形象和企业形象是现代商务礼仪的第一项职能。在商务交往中，个人代表整体，个人形象代表企业形象，个人的所作所为就是本企业的典型活体广告。正确和规范地运用商务礼仪能够帮助我们树立良好的个人形象，建立良好的商务关系，塑造良好的企业形象，从而为企业带来良好的社会效益和经济效益。学习和普及商务礼仪已成为现代企业提高美誉度、提升核心竞争力的重要手段。

### 知识窗2：传递信息

礼仪行为是一种信息性很强的行为，每一种礼仪行为均可以传递一种甚至多种信息。根据礼仪表现的方式，我们可以把礼仪分成三种类型：言语礼仪、行为表情礼仪和饰物礼仪。言语礼仪可以通过口头或书面语言的方式来传达某种礼节，如一声问候可以传递友好与关心，一句责备可以传递厌恶与反对的信息。行为表情礼仪是指通过人的身体语言来传情达意的一种礼仪行为，一个手势、一个表情，都可以给商务伙伴传递合作信息。

### 知识窗3：沟通协调

礼仪既是形象，也是纽带，更是沟通与协调的手段。

在商务交往中，由于人们的立场、观点有所不同，对同一问题产生的理解和看法也会不同。如果无法进行沟通，双方不仅不能达到交往的目的，还可能产生误解与隔阂，进而影响商务活动的有效开展。正确的礼仪规范是有效的沟通形式。恰当地运用礼仪规范，可以消除差异，增进理解，实现情感的沟通。现代企业处在一个复杂、开放的大系统中，面对各类公共关系，要协调各方不同的利益要求，难免产生摩擦和矛盾，这时商务礼仪就能起到化解矛盾、消除分歧、达成谅解、促进合作的作用。

### 知识窗 4：提高效益

在商务交往中，正确使用商务礼仪，可以推动商务活动顺利进行，促进双方达成业务合作，给企业树立良好的声誉，从而帮助企业建立广泛的合作关系，提高企业的社会效益和经济效益。

## 实训场景 2　商务礼仪的原则

知识点：商务礼仪的原则

关键技能点：熟悉商务礼仪的原则

### 实训任务：认知商务礼仪的原则

在商务场合中，如何运用商务礼仪，发挥礼仪的沟通协调功能，建立良好的商务合作关系呢？答案是应该遵循商务礼仪的四项原则。

### 知识窗 1：真诚尊重原则

真诚是对人对事的一种实事求是的态度，是待人真心实意的友好表现。在商务活动中，我们要真诚，才易于被他人接受。我们若逢场作戏、言行不一、口是心非，迟早会败露或被揭穿，这样不利于商务合作关系的发展。尊重他人，是获得成功的重要保证，也是商务礼仪的核心。尊重他人，需要将对方的尊敬与重视放在首位，切勿伤害对方的自尊心。所以在商务交往中，我们要表现出真诚和尊重，留给他人充分表现的机会，对他人表现出自己最大的热情。

### 知识窗 2：平等适度原则

在商务交往中，礼仪行为总是相互的。我们给对方施礼，对方自然也会相应地还礼，这种礼仪应讲究平等原则。平等是人与人建立情感的基础，是保持良好人际关系的诀窍。遵循平等原则，要做到不骄横、不我行我素、不厚此薄彼，更不能以貌取人，以职业、地位、权势压人，而是应该时时处处平等谦虚地待人。

适度原则是指商务交往中应把握礼仪分寸，根据具体情况、具体情境行使相应的礼仪。例如，在与人交往时，我们既要彬彬有礼，又不能低三下四；既要热情大方，又不能轻浮。

### 知识窗 3：自信自律原则

自信是商务交往中一个重要的原则。一个人唯有对自己充满信心，才能如鱼得水、得心应手。自信是商务活动中一种很可贵的心理素质。人有信心，才能在交往中不卑不亢、落落大方，取得商务合作的成功；人一旦缺乏自信，可能会处处碰壁、处处不顺。自信不等于自负，也不等于自以为是。过度自信的人，往往会走向自负的极端。运用自律原则，可以正确处理好自信与自负的关系。自律就是要克己、慎重，在商务交往中，我们要树立一种内心的道德信念和行为修养准则，以此来约束自己的行为，严以律己，实现自我教育与自我管理。

**知识窗 4：信用宽容原则**

信用即讲究信誉的原则，守信是我们中华民族的传统美德。在商务活动中，尤其要遵守信用，守时、守约，做到“言必行，行必果”。宽容的原则即与人为善的原则，要允许别人有行动和判断的自由；对不同于自己和传统观念的见解，要耐心地倾听并抱持公平公正的态度。在商务交往中，宽容是创造良好商务关系的法宝。宽容他人，理解他人，体谅他人，是顺利完成商务合作的良方。

# 学习情境 3 商务礼仪的修养

## 实训场景 1 商务礼仪的修养

知识点：商务礼仪的修养

关键技能点：掌握商务礼仪的修养

### 实训任务：熟悉商务礼仪的修养

作为一名合格的商务人员，在商务交往中，除了要有良好的业务素质、扎实的文化知识、丰富的社会经验外，还必须加强礼仪修养。在商务交往活动中，良好的礼仪修养能使个人的言行与自己的身份、地位、社会角色相适应。商务人员应具备以下礼仪修养。

**知识窗 1：遵守公德**

公德是人们为了维护整个社会生活的正常秩序而共同遵循的最基本、最简单的公共生活原则，包括尊重妇女、关怀体贴老人、遵守公共秩序、救死扶伤等。遵守社会公德是商务礼仪的基本要求，商务礼仪应包括这些公德内容，这体现了人与人之间的互相尊重以及对社会的责任感。

**知识窗 2：真诚谦虚**

在商务活动中，真诚谦虚的人善于听取别人的意见、较有耐性，有事能与他人商量，待人处事也自然大方。这样的人显得非常平易近人，容易与客户建立合作关系，获得商务活动的成功。

**知识窗 3：注意小节**

在商务活动中不拘小节、大大咧咧，行为没有拘束的人往往是不受欢迎的，例如，进入他人办公室时，不敲门直接闯入；展览会上随便触摸展览品；当众挖鼻孔、剔牙，等等。作为一名商务人员，我们应注意小节、彬彬有礼，时刻注意自己的言行举止，体现个人的良好修养。

### 知识窗 4：平等尊重

平等是人与人交往时建立情感的基础，是保持良好的人际关系的诀窍，所以，礼仪施行必须讲究平等原则。在商务活动中，我们不要自以为是，不要厚此薄彼，更不能以貌取人，以地位或权势压人，而应平等、谦虚待人，这样才能建立广泛的合作关系，促进商务合作顺利达成。

### 知识窗 5：热情有度

热情的人往往使人觉得容易接触，愿意与之交往。因此，我们要想在商务交往中获得成功，就必须热情友善，但要把握分寸、认真得体、注意技巧、合乎规范。我们既要彬彬有礼，又要不卑不亢；既要亲切和气，又不能虚情假意。

### 知识窗 6：宽容理解

宽容和理解是礼仪修养的基本内容。宽容即大度，应宽宏大量能容人。理解即善解人意，感受别人的情绪，体会别人的立场、观点和态度。宽容是理解的提高和升华，是理解的结果。在商务活动中，以宽容的态度待人处世不是懦弱的表现，而是一种有气度的行为。宽容别人不但能缓和气氛，而且有助于改善人际关系，促进商务合作。

## 实训场景 2　提高商务礼仪修养的途径

知识点：提高商务礼仪修养的途径
关键技能点：掌握提高商务礼仪修养的途径

## 实训任务：提高商务礼仪修养的途径

### 知识窗 1：加强道德修养

礼仪作为一种修养，是道德规范体系中最基本的行为规范准则，属于社会公德的内容。礼仪与道德相辅相成、互相补充。道德是礼仪的基础，礼仪是道德的表现形式。举止大方、温文尔雅、彬彬有礼的风度，是以良好的道德修养为基础的。道德修养能有效地调节和控制人的行为，美好的情操是文明习惯的自然修饰和流露。有德才会有礼，无德必定无礼。因此，修礼宜先修德。

### 知识窗 2：自觉学习礼仪

古人云："不学礼，无以立。"作为一名商务人员，我们要讲究商务礼仪，最重要的是，先要学习好礼仪的基本知识。我们可以利用图片资料、广播电视、互联网、教育培训等渠道，全面、系统地学习礼仪知识，从理论上掌握处于不同的场合、面对不同的交往对象，应该运用哪些礼仪。只有掌握了礼仪的基本知识，我们才能够更准确地遵守商务礼仪，才能够在商务活动中不断提高自身的礼仪修养。

### 知识窗 3：注重践行礼仪

讲究商务礼仪，必须积极运用礼仪，做到知行一致。

（1）遵守规则。商务礼仪是人们在商务活动中形成的，并得到共同认可的一种行为规范，它有许多约定俗成的规则。违反这些规则，是一种缺乏礼貌修养、不尊重他人的表现。

（2）养成习惯。俗话说："习惯成自然。"习惯一旦形成，就会成为无意识的行为。掌握礼仪规范、了解礼仪运用的技巧，坚持以礼待人，从点滴做起，持之以恒，不断积累、升华，并纠正不良的习惯，才能将了解、学习礼仪真正变为自觉行为和习惯做法。

（3）注意细节。商务礼仪是由许多细节构成的，这些细节体现在穿着打扮上、举手投足间、言谈举止中。有时，细节就是一句话或是一个动作，所谓"教养体现细节，细节展示素质"。

## 本章小结

本模块从礼仪的概念、礼仪的产生与发展入手，阐述了商务礼仪的概念与特点，明确了商务礼仪的作用与原则，介绍了商务礼仪修养的具体内涵以及提高商务礼仪修养的途径与方法。

## 主要概念

礼仪　商务礼仪　商务礼仪的作用与原则　商务礼仪的修养

## 技能训练

### 一、基础知识题

1. 单选题。

（1）礼的本义是________。

A. 尊重　　B. 敬神　　C. 礼貌　　D. 礼节

（2）在商务交往中，得体地使用礼仪，能够促进商务合作顺利进行，这说明商务礼仪具有________。

A. 普遍性　　B. 信用性　　C. 效益性　　D. 发展性

（3）根据礼仪的表现方式，________不属于礼仪的类型。

A. 言语礼仪　　B. 行为表情礼仪　　C. 饰物礼仪　　D. 商务礼仪

（4）践行商务礼仪，应做到________。

A. 养成习惯　　B. 加强修养　　C. 自觉学习　　D. 自我反省

（5）作为一名商务人员，________是礼仪修养的基本内容。

A. 热情有度　　B. 注意小节　　C. 真诚谦虚　　D. 宽容理解

2. 多选题。

（1）提高商务礼仪修养的途径有________。

A. 加强道德修养　　B. 自觉学习礼仪　　C. 注重践行礼仪

D. 加强自我反省　　E. 看西方电影

(2) 商务礼仪的特点有________。

A. 普遍性　B. 普及性　C. 效益性　D. 信用性

E. 发展性

(3) 商务礼仪的原则有________。

A. 真诚尊重原则　B. 平等适度原则　C. 自信自律原则

D. 信用宽容原则　E. 有利性原则

(4) 商务礼仪的作用是________。

A. 塑造形象　B. 提高效益　C. 沟通协调　D. 团结互助

E. 发展性

(5) 商务礼仪的修养有________。

A. 遵守公德　B. 平等尊重　C. 宽容理解　D. 热情大方

E. 真诚谦虚

3. 简答题。

(1) 我国礼仪的产生与发展经历了哪几个阶段?

________________________________________

(2) 商务礼仪是什么?其特点有哪些?

________________________________________

(3) 学习商务礼仪有何意义?

________________________________________

(4) 践行商务礼仪应遵循什么原则?

________________________________________

(5) 商务礼仪修养是什么?如何提高商务礼仪修养?

________________________________________

## 二、案例分析题

### 最佳总统

《林肯传》中有这样一个故事:一天,林肯总统与一位南方的绅士乘坐马车外出,途遇一名老年黑人向他鞠躬。林肯点头微笑并摘帽还礼。同行的绅士问道:“为什么你要向那黑人摘帽?”林肯说:“因为我不愿意在礼貌上不如任何人。”1982年,美国举行民意测验,要求民众在美国40位总统中挑选一位“最佳总统”,得票最多的就是林肯。

**分析提示**

**请结合本章的知识点,分析林肯向老年黑人脱帽致礼说明了什么?**

________________________________________

### 细节产生效益

乔·吉拉德是世界上最伟大的推销员。一天,一位中年妇女从对面的福特汽车销售商店走进了吉拉德的汽车展销室,她很想买一辆白色的福特车。

“夫人，欢迎您来看我们的车。”吉拉德微笑着说。妇女兴奋地告诉他：“今天是我的55岁生日，想买一辆白色的福特车作为自己的生日礼物。”“夫人，祝您生日快乐！”吉拉德热情地祝贺道。随后，他轻声地向身边的助手交代了几句。吉拉德领着夫人边看边介绍，不一会儿，助手走了进来，把一束玫瑰花交给了吉拉德。吉拉德把这束漂亮的玫瑰花送给夫人，再次对她的生日表示祝贺。这位夫人感动得热泪盈眶，当即在吉拉德这里买了一辆白色福特车。

**分析提示**

结合案例，乔·吉拉德成功地运用了哪些商务礼仪？商务礼仪对于他的汽车销售有何作用？

______________________________

## 三、技能操作与实训题

（1）分小组收集中外历史上因注重运用商务礼仪而取得成功的商务活动事例，并进行分析。

[讨论记录]

______________________________

______________________________

______________________________

______________________________

______________________________

（2）讨论作为一名未来的商务人员，应该如何进行提高商务礼仪修养的训练。

[讨论记录]

______________________________

______________________________

______________________________

______________________________

______________________________

# 模块二

# 商务人员形象设计

【学习目标】

素质目标：了解仪态、仪容、仪表、服饰礼仪内容，从中提升自我审美修养和塑造能力。

知识目标：理解形象礼仪的作用，了解商务形象礼仪所涵盖的基本规范和基本要求。

技能目标：通过对仪态、仪容、仪表的学习与训练，掌握个人形象塑造的原则和通行规范。

能力目标：在商务工作中，学生能够关注并塑造美好的个人形象。

【引　例】

一位在银行工作的女职员在向领导汇报工作时，发觉领导似乎对她长长的、精心涂抹过的红色指甲皱了皱眉，同事的眼光似乎也常在指甲上掠过，但谁也没对她明说什么。当剪去长指甲后，她发现人们对她的态度迥然不同。不久，她就被选中参与高级主管人员的培训计划。

有一位高级主管去参加一个商业酒会，时间匆忙，就在皱巴巴的衬衣外罩了一件西服。没想到会场内人多、比较热，这位先生脱也不是、不脱也不是，整个晚会都纠结在衣服问题上，和谁的交流都出现问题，他的失常表现使友人也非常尴尬。

分析提示

以上案例中的女士拥有一颗爱美之心，这实为正常，但忽视了作为职场女性的身份和角色的定位。不同身份和角色对美的理解应该各有不同，不同场合对人物形象的要求也有所不同。精心涂抹的红指甲是女性装饰自己的一个微小细节，尽管微小，但仍然和职场的身份不符，与工作性质不协调，故而会招来异样的眼光。

以上案例中的男士虽然知道出席酒会要讲究服饰礼仪，但仍然马虎行事，输在了细节处理上。商务交往中，无声语言和有声语言同等重要。商务人员交际时，在表情、手势、体姿、服饰等方面传递出的信息都会被交际对象所接收，形成印象并刻在脑海中。这些印象会影响双方对彼此的认定和判断，继而影响到业务的发展。

# 学习情境1　仪态礼仪

## 实训场景1　体姿礼仪

知识点：站姿、坐姿、走姿、蹲姿礼仪规范

关键技能点：掌握站姿、坐姿、走姿、蹲姿礼仪规范动作

模块二学习情境1图片

### 实训任务1：掌握合乎礼仪的体姿规范

**▶▶▶知识窗**

《弟子规》中有“步从容，立端正，揖深圆，拜恭敬。勿践阈，勿跛倚，勿箕踞，勿摇髀”的教诲，讲的就是体姿规范。体姿仪态指的是人站、坐、走、蹲的姿态，是身体向外释放的一种语言信息。体姿语言对有声语言起到了补充、强化或修饰的作用，直接反映着人的内心世界。注重体姿信息，并利用优雅的形体语言来传情达意、交流沟通，是现代商务人士必须重视的重要礼仪规范。

### 实训任务1-1：掌握站姿规范

**▶▶▶知识窗1：站姿**

站立是人体静态美的展现，站姿是人体动态美的基础和起点。优美挺拔的站姿可以显示出一个人的自信，展现美好的气质和风度。站立姿态有标准式、礼节式、休闲式几大类别（见二维码中图2-1～图2-5所示）。站立的要点是“立正、挺直、舒展”：

（1）头端。两眼直视前方。嘴微闭，收颌梗颈。

（2）肩平。两肩放平，略微放松，稍往后向下沉。

（3）臂垂。两臂自然下垂。

（4）躯挺。胸部挺起，腹部内收，腰部立直，臀部向上、向内收紧。

（5）腿并。双腿并拢，膝盖贴紧。

（6）脚位。脚后跟靠拢，两个脚掌分开成60°。

**▶▶▶知识窗2：站立时应避免的动作**

站立时应避免以下动作：身体抖动或晃动、双手插入衣袋或裤袋中、双臂交叉抱于胸前、双手或单手叉腰、双腿交叉站立（见二维码中图2-6～图2-8所示）。

### 实训任务1-2：掌握坐姿规范

**▶▶▶知识窗1：坐姿规范**

落座后的体姿讲究庄重、端正，在舒适自然的状态中呈现出得体、优雅的气度。

我们万不可把坐下当作纯粹的休息，放松身体，倒在椅子里。入座后的体姿仍应保持上体直立、平稳，四肢自然摆放。其基本要领：

（1）入座轻而稳，女士着裙装或大衣时要先轻拢裙摆或衣摆，而后入座。

（2）双肩平正放松，两臂自然弯曲放在膝上，也可放在椅子或沙发扶手上。

（3）立腰、挺胸、上体自然挺直。

（4）双膝自然并拢，双腿正放或侧放。

（5）面带笑容，双目平视，嘴唇微闭，微收下颌。

（6）坐满椅子的2/3，脊背轻靠椅背。

（7）起立时，右脚向后收半步而后起立。

（8）谈话时，可以侧坐，此时上体与腿同时转向一侧。

男士坐姿有端坐标准式和分腿式（见二维码图2-9所示）；女士坐姿有很多种，但基本要点均为身体坐直、膝盖并拢（见二维码图2-10～图2-15所示）。

### ▶▶▶知识窗2：坐姿应避免的动作

女性若坐姿不雅，容易“走光”；男性松懈的坐姿给人以轻浮之感。坐在座位上时，我们应避免以下动作：身体不可前俯后仰，或歪向一侧，歪歪扭扭；不可仰头靠在座位背上或躬身低着头注视地面；双手不应有多余的动作；双腿不可过于叉开，不可高跷起二郎腿；不可大腿并拢，小腿分开，或腿不停地抖动；也不要把小腿搁在大腿上，更不要把两腿直伸出去，或不停地抖动（见二维码图2-16～图2-19所示）。

## 实训任务1-3：掌握走姿规范

### ▶▶▶知识窗1：走姿规范

走姿是站姿的延续动作，是在站姿的基础上展示人的动态美。无论是在日常生活中还是在社交场合中，轻松、矫健、匀速、优雅的走姿，最能表现一个人的风度和活力。常言道“行如风”，是说人行走时，如风行水上，有一种轻快自然的美。迈步时，我们应脚尖向着正前方，脚跟先落地，脚掌紧跟着落地；收腹挺胸，两臂自然摆动；节奏快慢适当，呈现出一种矫健轻快、从容不迫的动态美（见二维码图2-20、图2-21所示）。走姿基本要点：

（1）上身正直，两肩相平不摇。

（2）双臂自然摆动，前摆向内折约35°，后摆向后约45°。

（3）双腿直伸轻迈，步伐从容，步态平稳。

（4）步幅适中均匀，跨步以约间隔一个脚位的长度为宜。

（5）步位直，双脚落地时，脚掌内侧呈一线。

### ▶▶▶知识窗2：走姿的注意事项

（1）双臂摆动幅度不可太大，忌做左右式摆动。

（2）忌身体左右摇摆或摇头晃肩。

（3）忌走路脚外八字或内八字。

（4）不要低头后仰，更不要扭动臀部。

（5）多人一起行走时，不要排成横队，勾肩搭背。有急事要超过同行的人时，可大步超过，但应转身向被超越者致以歉意。

（6）穿礼服、裙子或旗袍时步度要轻盈优美，不可跨大步。

### ▶▶▶知识窗 3：错误的走姿

（1）横冲直撞。行走时，专爱挑人多的地方走，在人群之中乱冲乱闯，甚至碰撞他人的身体。

（2）抢道先行。行进时不注意方向和他人。

（3）阻挡道路。在道路狭窄之处，悠然自得地缓步而行，甚至走走停停，或者多人并排而行。

（4）蹦蹦跳跳。走路上蹿下跳，甚至连蹦带跳。

（5）制造噪声。行走时拖沓前行，发出“吧嗒吧嗒”的噪声。在比较安静的公共场合，穿带有金属鞋跟或带有金属鞋掌的鞋子走路。

## 实训任务 1－4：掌握蹲姿规范

### ▶▶▶知识窗 1：蹲姿规范

蹲姿是由站姿转变为双腿弯曲和身体下降的姿势。在捡拾物品或拍集体照片时，我们常采用蹲姿。蹲姿讲究屈腿而不弯腰，动作轻缓而不急促。

（1）蹲姿的基本要领：站立姿势，一足在前，一足在后。迈开一步，腿部弯曲，双膝一高一低。身体随之下降，重心在后面腿上坐下去。

（2）蹲姿的几种常见姿势：

① 高低式。下蹲时，左脚在前，右脚稍后。左脚完全着地，小腿基本上垂直于地面；右脚脚掌着地，脚跟提起。双腿一高一低，互为倚靠。此刻右膝需低于左膝，右膝内侧可靠于左小腿内侧，形成左膝高、右膝低之态。女性双腿应靠紧（见二维码中图 2－22 所示）。

② 交叉式。通常适用于女性人员，尤其是身穿短裙的女性。下蹲时，左脚在前，右脚在后，左小腿垂直于地面，全脚着地；左腿在上，右腿在下，两者交叉重叠；双腿前后靠近，合力支撑身体；上身略向前倾，臀部朝下（见二维码图 2－23 所示）。

③ 半跪式。下蹲后一条腿弯曲，另一条腿跪着。它的基本特征是双腿一蹲一跪。下蹲之后，改为一条腿单膝点地，臀部坐于脚跟之上，而以脚尖着地；另外一条腿则应全脚着地，小腿垂直于地面，双腿应尽量靠拢（见二维码图 2－24 所示）。

### ▶▶▶知识窗 2：蹲姿禁忌

（1）不应弯腰撅臀。因为弯腰时，背后的上衣会自然上提，露出背部皮肤和内衣，很不雅观。

（2）不应双脚平行。双腿左右分开弯腰或半蹲，又称“洗手间姿势”，很不雅观。

（3）不应面对他人，这样会使他人不便。

（4）不应蹲着休息。在公共场所，这种做法很不文明。

（5）不应蹲在椅子上。

## 实训任务2：掌握正确的鞠躬姿势

### 知识窗1：鞠躬规范

鞠躬礼是一种盛行于亚洲地区的见面礼节。行礼者行礼前呈站立姿势，需腰部挺直，目视对方，双手自然垂于身体两侧，女性可以叠手放在腹前。行礼时，身体上半部自然弯曲俯下，头不要下勾，双手同时向膝盖部位滑动，目光也随身体向下移动，略停片刻，恢复直立。

### 知识窗2：我国的鞠躬分类

在我国，鞠躬分为一鞠躬和三鞠躬两种。鞠躬幅度不同表达的意思也不同，各种场合应施以不同的鞠躬礼节。一般性行礼都以一鞠躬即可，在特别的场合、特别的时间下可行三鞠躬大礼。

### 知识窗3：鞠躬礼仪要领

（1）一般应酬：鞠躬弯度为15°左右，表示礼貌，适合在一般性致敬、感谢、问候、招呼等情境中使用。

（2）正式敬礼：鞠躬弯度为30°～45°，为正规的行礼，在表示谢意或歉意时使用，也可用于迎接和告别。

（3）最高礼节：鞠躬弯度为90°左右，多用于隆重场合和情境，如婚礼、葬礼、谢恩、忏悔、谢罪等，并且多为三鞠躬。

### 知识窗4：错误的鞠躬行为

鞠躬礼是行礼者向受礼者表达敬意的传统礼节。每一个细节都体现出传统文化的内涵，不可以肆意妄为，并且切忌出现以下失礼的动作：

（1）边走边行礼，或一边工作一边行礼。

（2）目光不移动，盯着对方俯身行礼。

（3）用身体随意晃动来代替弯腰行礼。

（4）速度太快，急切起身行礼。

（5）行礼时手里拿着太多东西。

### 知识窗5：训练鞠躬的动作

训练鞠躬的动作见二维码图2-25～图2-28所示。

## 实训场景2　手势礼仪

知识点：手势礼仪规范

关键技能点：掌握手势规范

## 实训任务：掌握规范的手势

### 知识窗1：手势的含义

手势是人们常用的一种肢体语言，通过手和手指的动作变化来表达感情和传递思想。手势表现的含义非常丰富，表达的感情也非常微妙复杂，如招手致意、挥手告别、拍手称赞、拱手致谢、举手赞同、摆手拒绝等；再如手指表怒、手抚表爱、手捧表敬、手遮表羞等。从发声学上看，手势作为信息传递方式是先于有声语言的。与人交流时，我们要恰当地使用手势，养成得体、文明、礼貌的手势习惯。

### 知识窗2：手势规范

规范的手势首先是使用“文明掌”。“文明掌”的手势规范是手掌自然打开，掌心向上稍侧，手指并拢，拇指自然分开；再是手腕伸直，使手与小臂成一直线，肘关节自然弯曲，大小臂的弯曲以140°为宜。我们在使用“文明掌”时，要讲究柔美、流畅，做到欲上先下、欲左先右，避免僵硬死板、缺乏韵味，同时配合眼神、表情和其他姿态，使手势更显协调大方。

### 知识窗3：常用手势

（1）横摆式。在表示“请进”“请”时常用横摆式。姿势：五指并拢，手掌自然伸直，手心向上，肘微弯曲，腕低于肘。开始时，手势应从腹部之前抬起，以肘为轴轻缓地向一旁摆出，到腰部并与身体正面成45°时停止。头部和上身微向伸出手的一侧倾斜，另一手下垂或背在背后，目视宾客，面带微笑，表现出对宾客的尊重、欢迎。

（2）前摆式。姿势：五指并拢，手掌伸直，由身体一侧由下向上抬起，以肩关节为轴，手臂稍曲，到腰的高度再由身前右方摆去，摆到距身体约15厘米，并不超过躯干的位置时停止。目视来宾，面带笑容，也可双手前摆。

（3）双臂横摆式。当指示对象较多时，表示“请”时可以动作幅度大一些；采用双臂横摆式。姿势：双臂从身体两侧向前上方抬起，双肘微曲，向两侧摆出。指向前进方向一侧的臂应抬高一些，伸直一些；另一手稍低一些，弯曲一些。双臂也可以向一个方面摆出。

（4）斜摆式。指示位置或上下方向时，常采用斜摆式。姿势：手要先从身体的一侧抬起，抬高至腰部后，再向下摆去，使大小臂成一条斜线。

（5）直臂式。需要指较远方向时，可采用直臂式。姿势：手指并拢，掌伸直，屈肘从身前抬起，向抬到的方向摆去，摆到肩的高度时停止，肘关节基本伸直。指引方向时，切忌用一根手指进行指示，这是极不礼貌的行为。

## 实训场景3　表情礼仪

知识点：表情礼仪的概念和常见的表情种类

关键技能点：掌握表情礼仪的概念和常见的表情种类

## 实训任务 1：认知表情礼仪的概念及内涵

### ▶▶▶知识窗 1：表情礼仪的概念

表情是指人的面部神态，是一种无声的语言，是人际交流中的一种“非语言信息传播系统”。表情是人体语言中最为丰富的部分，是内心情绪的反映。在日常的人际交往中，人们通过喜、怒、哀、乐等表情来表达内心的思想、情感及心理活动或变化。在人际沟通方面，表情起着重要的作用。美国心理学家艾伯特·梅拉比安把人的感情表达效果总结为一个公式：感情的表达＝55％的表情＋38％的声音＋7％的言语。可见，表情可以给人留下深刻的第一印象。

### ▶▶▶知识窗 2：常见的表情礼仪

常见的表情礼仪主要有两大表现：一是目光，二是微笑。眼神一向被人称为“心灵之窗”，既会“说话”，也会“笑”，能够最明了、最自然、最准确地展示出人内心的真实心理活动，是整个面部表情的核心。微笑是笑的一种类型，最能体现乐观向上、愉快热情的情绪。

## 实训任务 2：掌握目光礼仪

## 实训任务 2－1：掌握目光礼仪的基本要求

### ▶▶▶知识窗

人的眼睛的表现力极为丰富和微妙。人与人之间的信息交流，通常以目光交流为起点。目光交流时应注意如下几点：

（1）注视眼神要得体。与人见面时，我们都要睁大眼睛，目视对方，眼神专注，显现喜悦和热情。如果表示对谈话感兴趣，我们会用柔和友善的目光正视对方的眼区；如果想要中断与对方的谈话，我们可以有意识地将目光稍稍转向他处。尽量避免逼视，人只有在表示不信任、审视和抗议时，才会将两眼视线直射对方眼睛。当对方说了不合适的话正在拘谨、害羞时，我们不要马上转移自己的视线，而要用亲切、柔和、理解的目光继续看着对方，否则对方会误认为在讽刺和嘲笑他。谈兴正浓时，切勿东张西望或看表，否则对方会以为我们听得不耐烦。

（2）注视区间有讲究。注视区域场合不同，注视的部位也不同。注视一般可以分为公务注视、社交注视和亲密注视。

① 公务注视。这是指在洽谈、磋商、谈判等场合，注视的位置在对方双眼或双眼与额头之间的区域（见二维码图 2－29 所示）。

② 社交注视。这是指在各种社交场合使用的注视方式，注视的位置在对方唇部到双眼之间的区域（见二维码图 2－30 所示）。

③ 亲密注视。这是亲人之间、恋人之间、家庭成员之间使用的注视方式。注视的位置在对方双眼到胸之间（见二维码图 2－31 所示）。

注视的时间不宜过长。无论是使用公务注视、社交注视还是亲密注视，我们都要注意不可将视线长时间固定在所要注视的位置上。因为人会本能地认为，对方过分地注视是在窥视自己内心深处的隐私。

勇于对视，礼貌地正视是一种坦荡、自信的表现，也是对他人尊重的体现。谈话时眼睛往上、往下、眯眼、斜视、闭眼，游离不定、目光涣散，漫不经心等，都是交际中忌讳的行为。

### 实训任务2-2：实训眼神

**知识窗**

（1）睁大眼睛训练：有意识地练习睁大眼睛，增强眼部周围肌肉的力量。

（2）转动眼球训练：头部保持稳定，眼球尽最大的努力向四周做顺时针和逆时针转动，增强眼球的灵活性。

（3）视点集中训练：点上一支蜡烛，视点集中在蜡烛火苗上，并随之摆动，坚持训练可使目光集中、有神，眼球转动灵活。

（4）目光集中训练：眼睛盯住3米外的某一物体，先看外形，逐步缩小范围到物体的某一部分、某一点，再到局部、整体，反复训练。这样可以提高眼睛明亮度，使眼睛炯炯有神。

（5）影视观察训练：观看录像资料，注意观察优秀影视剧中的演员和节目主持人是如何通过眼神表达内心情感的。

### 实训任务3：认知微笑礼仪

### 实训任务3-1：学习微笑礼仪

**知识窗1：微笑的含义**

微笑是指用不出声的笑来传递信息的表情语。英国诗人雪莱说："微笑，实在是仁爱的象征，快乐的源泉，亲近别人的媒介。有了微笑，人类的感情就沟通了。"微笑是人际交往中的润滑剂，是广交朋友、化解矛盾的有效手段。面露平和欢愉的微笑，说明心情愉快，充实满足，乐观向上，善待人生，这样的人才会产生吸引别人的魅力。一个人面带微笑，表明对自己的能力有充分的信心，以不卑不亢的态度与人交往，使人产生信任感，容易被别人真正地接受。微笑可以表现出对他人的理解、关心和爱，是礼貌与修养的外在表现和谦恭、友善、含蓄、自信的反映。微笑可以表现出温馨、亲切，能有效地缩短沟通双方的距离，给对方留下美好的感受，从而形成融洽的交往氛围。

**知识窗2：微笑礼仪**

微笑的功能是巨大的，但要恰到好处也十分不易。微笑既是一门学问，又是一门艺术。微笑要发自内心、自然大方，显示出亲切，要由眼神、眉毛、嘴巴、表情等协调完成。眼睛亲切地注视对方，露出半齿，嘴角略微上扬。要微笑得体并非易事，天生的因素是一方面，后天的气质、风度也必然会反映在脸上。特别是，内心的真诚与行为主体的道德修养、学识水平有着密切的关系。所以，微笑训练必不可少，可以自己对着镜子练习，观察自己笑的表现形式，更要注意进行心理调整，可以想象对方是自己的亲人或多年不见的朋友。我们还可以在多人中间讲一段话，注意显露出阳光般的笑容，并请同伴给以评议，帮助矫正。

实训任务 3－2　边学边做

▶▶▶知识窗：微笑的步骤

第一步，把手举到脸前。第二步，双手做“拉”的动作，一边想象笑的样子，一边使嘴角上扬。第三步，把手指放在嘴角并指向脸的上方。第四步，一边上提嘴角，一边使我们的嘴充满笑意。

# 学习情境 2　仪容礼仪

## 实训场景 1　仪容基本规范

知识点：商务仪表基本要求

关键技能点：了解仪容礼仪基本要求

实训任务：掌握仪容基市要求

▶▶▶知识窗：仪容基本要求

仪容是个人仪表的基本内容，是指人体不需要着装的部位，主要是指面容及其他暴露在外的肢体部分，广义上还包括头发、手部及穿着某些服装而露出的腿部。由于仪容是商务交往中最先被对方观察到的点，所以我们必须展现积极健康的仪容。仪容基本要求是洁净清爽、整齐简约、庄重雅致、自然健康。

（1）洁净清爽、整齐简约指洁净整齐的整体姿容，无污渍、无破旧、无病疮。

（2）庄重雅致、自然健康指面容修饰得体，无过分夸张的装扮，呈现健康活力的状态。

## 实训场景 2　仪容细节规范

知识点：仪容细节规范

关键技能点：关注仪容细节规范

实训任务：掌握仪容细节部分

▶▶▶知识窗：仪容的细节部分

（1）面部保持清洁，容光焕发。做到早晚洗脸，洗脸时可借助洗面奶等清洁用品，清洗附着在脸、耳朵、脖颈上的污垢，确保不在脸上留有污渍、汗渍、眼屎等不洁之物。男士应每天剃须修面，修剪鼻毛。

（2）保持手部清洁，勤洗手。手部的清洁与否能反映出一个人的修养和卫生习惯。商务交往中常会使用到手部，在握手、传递、指示、致意时，伸出脏兮兮的手会令人不舒服、尴尬，应极力避免。指甲应修剪得当，不蓄长指甲，不使用醒目甲彩，不过分装饰。

（3）注重口腔清洁。坚持早晚刷牙，保持牙齿洁白，口无异味。吃东西后要漱口，避免食物残渣残留在牙齿上。工作之前不吃带异味的食物或吃后及时清洁。咀嚼口香糖时不宜边说话边嚼。

（4）勤洗澡，勤换衣物，身上不留异味。不要在人前做揪胡须、拔体毛、挖鼻孔、掏耳朵等一些引人反感的动作。不要喷洒过浓的香水。

（5）发型宜给人神清气爽之感，整齐干净、简约大方。男士头发前不覆额，侧不掩耳，后不及领。女士头发应修剪得美观大方，如是长发，工作时应将其挽束或盘起，不宜任意披散。坚持“日梳月理”，不随意烫发、染发，盲目追赶潮流。

（6）注意他人观感，不带憔悴病容参加商务活动。应尽量遮掩外露皮肤病，避免与人接触。

## 实训场景 3　美容化妆技巧

知识点：美容化妆技巧

关键技能点：掌握美容化妆技巧

### 实训任务 1：认知美容化妆

**知识窗**

美容化妆越来越受到人们尤其是女士人们的青睐。美容化妆已经成为很多人生活的一部分，不仅可以塑造美好面容，还能展现出个人的审美情趣和美学品位。故而，美容化妆绝不是简单地涂脂抹粉，更不是把自己打扮得浓妆艳抹、矫揉造作，而是为了更加充分地展示自己容貌上的优点，让自己容光焕发、神采奕奕，更是对交往对象的礼貌和尊重。天生丽质固然重要，但后期努力更能体现人的智慧的光芒。

美容化妆包括基础保养和彩妆两部分。彩妆根据不同的场合、不同的需要，分为舞台妆、宴会妆、新娘妆、职业妆、休闲妆、个性妆等。我们要依照自己的身份地位、职业岗位、个性气质、目的场合来选择不同的妆型。

### 实训任务 2：掌握基础保养的具体方法

**知识窗**

基础保养即指平时使用护肤品保养肌肤。做基础保养时，需注意以下事项：

（1）注意保湿。每人每天应摄取约 2000 毫升水，并随身携带保湿产品，适时补充，避免肌肤因干燥产生细纹。

（2）适度去除角质。可定期去除角质，也可视自己的肌肤状况而定。去角质时不一定要全脸去除，可以针对局部去除。若脸部肌肤变得粗糙、毛孔变得明显、有粉刺出现时，就应该去除角质了。

（3）做好肌肤防晒。在户外时，尽量避免肌肤在阳光下暴晒，尽量选择具有遮蔽性的衣物，并涂抹防晒产品。

（4）清洁动作要轻柔。每天清洁肌肤时，要避免过度拉扯肌肤。建议做清洁动作时用中指及无名指的指腹，这样比较温柔，不会给肌肤造成负担。

（5）避免抠抓肌肤。当肌肤出现瘙痒症状时，要避免用手指抓挠，以免破坏肌肤的组织结构，造成肌肤松弛，甚至留下疤痕。

（6）对容易产生表情纹的地方适度按摩。眉头、眼尾、嘴角等处容易产生表情纹，适度按摩可有效增强皮肤弹性，延缓皮肤衰老。

（7）睡眠要充足。充足的睡眠可以有效地帮助肌肉放松，使肌肤自我修护。良好的睡眠习惯是抗击衰老的有力“法宝”。

（8）多摄取具有抗氧化功效的食物。多摄取含维生素C、维生素E、茶多酚、葡萄多酚等具有抗氧化功效的食物。少摄入油炸食物等，可以有效避免体内过氧化物的形成。

## 实训任务3：掌握妆容礼仪

### 知识窗1：底妆的礼仪

（1）合格的底妆：底妆轻薄有质感；均匀的粉底，涂抹粉底时，不同部位要有厚度区别，要达到从侧面轮廓处几乎看不到明显粉底的效果；即使大笑也看不见干纹；底妆颜色自然融合肌肤，无色差。

（2）失仪的底妆：底妆均匀过了头，脸部无立体感；遮瑕过重，那些不反光的粉雾感区域在脸上明显；卡粉严重的脸能让人想到美术馆里的石雕像；底妆色调不合，偏白、偏灰、偏青，即便是化了妆，看起来气色也很差、没精神。

### 知识窗2：眼妆的礼仪

（1）合格的眼妆：睫毛浓密且根根分明，柔软自然；眼影浓淡适中，有层次感，颜色协调性佳；眼线有适当的晕染，感觉像是睫毛根部的一部分；睫毛弯翘的弧度适中，下眼线和下睫毛的处理自然，眼睛放大而不留痕。

（2）失仪的眼妆：眼线的线条僵硬，没有过渡和晕染，较俗气，或是上扬的角度不对；为了让眼睛看起来更大，经常故意将眼周化得又黑又浓；眼影色块明显，没有层次感，或是颜色搭配让人觉得诡异；睫毛纠结严重，或是块结明显，类似苍蝇腿；下眼妆处理不当，如下睫毛只涂尾端，或是下眼线涂得太黑，看起来较凶狠。

### 知识窗3：唇部的礼仪

（1）合格的唇部：唇部水润平滑，保养良好，看不见唇纹；唇型明显，唇膏的范围清晰且不越线，给人正式合宜、高尚优雅的感觉；唇色和腮红呼应，饱和的唇膏颜色和自身的唇部颜色完美地融合在一起。

（2）失礼的唇部：唇部脱皮，没保养好就急着上唇膏，死皮和唇膏黏在一起；唇膏乱涂，涂抹不均或画出唇线，用餐后唇妆掉色不补妆；使用太多层唇妆，颜色混在一起，像画家的调色盘；勾勒唇型的唇线过于明显。

**▶▶▶知识窗4：眉的礼仪**

（1）合格的眉妆：眉毛颜色与发色贴近，看起来柔和自然；眉型和脸型相呼应，线条清晰整齐且不会让人特别注意到。

（2）失礼的眉妆：眉毛上挑得过于明显，让人感觉尖酸刻薄；眉型角度太明显，呈现出一种惊愕状的表情；喜欢染发却不在意眉毛的颜色，黑色眉色会显得突兀。

# 学习情境3 服饰礼仪

## 实训场景1 服饰基本要素

知识点：服饰基本要素

关键技能点：掌握服饰基本要素

### 实训任务1：了解服饰要素与服饰构成

**▶▶▶知识窗**

服饰是由款式、色彩和面料三要素组成的，其中，面料是最基本的要素。服装面料是指构成服装的一切材料，可分为服装面料和服装辅料。服饰由上装、裤装、裙装、鞋帽、围巾、手袋、首饰等构成。

### 实训任务1-1：认知服装面料

**▶▶▶知识窗：常用服装面料**

（1）棉布：以棉纱线或棉与棉型化纤混纺纱线织成的织品，是实用性很强的大众化面料，可分为纯棉制品和棉的混纺两大类。其透气性佳，吸湿性好，穿着舒适，但易缩水、易皱、外观不挺括。

（2）麻布：由麻纤维纺织而成的纯麻织物，或麻与其他纤维混纺、交织的织物，统称为麻型织物。麻型织物的共同特点是质地硬挺、凉爽舒适、吸湿性好，是理想的夏季服装面料，麻型织物可分为纯纺和混纺两类。

（3）丝绸：纺织品中的高档品种，主要指由桑蚕丝、柞蚕丝、人造丝、合成纤维长丝为主要原料的织品。它具有薄轻、柔软、滑爽、高雅、华丽、舒适的优点，穿着舒适、典雅高贵，但易皱、易吸附身体、不结实、易褪色。

（4）毛料：以羊毛、兔毛、骆驼毛、毛型化纤为主要原料制成的织品，一般以羊毛为主。它是高档服装面料，具有弹性好、抗皱、挺括、耐穿耐磨、保暖性强、舒适美观、色泽纯正等优点，但洗涤较难，不宜做夏装。

（5）化纤：纯化纤织物是利用高分子化合物为原料制作而成的纤维纺织品。化纤面料以其牢度大、弹性好、挺括、耐磨耐洗、易保管收藏等特点而受到人们的喜爱。其特性由其化学纤维本身的特性来决定。化学纤维可根据不同的需要，加工成一定的长度，并按不同的工艺织成仿丝、仿棉、仿麻、弹力仿毛、中长仿毛等织物，但不耐热、透气性差。

（6）皮革：经过鞣制加工的各种动物皮毛。鞣制的目的是防止皮革变质。皮革可分为革皮（经过去毛处理的皮革）和裘皮（处理过的带毛的皮革）两类，多用于制作冬装和时装。皮革轻盈保暖、雍容华贵，但价格昂贵，护理和贮藏要求较高。

（7）针织物：由一根或若干根纱线连续地沿着纬向或经向弯曲成圈，并相互串套而成的织物。

（8）新型面料及特种面料：蜡染面料、扎染面料、太空棉等。

## 实训任务 1-2：认知服装色彩

### 知识窗 1：色彩的含义

色彩是构成服装的重要因素之一，是整个服装的灵魂。每种色彩均具有不同的特性，都有独特的情感与个性表现。服饰色彩的情感表达正是将不同的色彩进行组合搭配，表现出着装者热情奔放、温馨浪漫、活泼俏丽、高贵典雅、稳重成熟、冷漠刚毅等性格特质。

### 知识窗 2：色彩的属性

服装的色彩运用要协调。色彩具有三种属性，分别是色相、明度、纯度。色彩又可分为无彩色和有彩色两大系列。无彩色主要由黑、白、灰组成。有彩色按可见光的不同波长区分，有红、黄、绿、青、蓝、紫等色，其中，红、黄、橙及相近的色彩为暖色，给人以热的感觉；青、蓝是冷色，给人以寒冷的感觉；绿、紫是中间色。冬天宜选暖色，夏季宜选冷色。

### 知识窗 3：服饰配色

（1）主色调服饰搭配。这种配色可采用各种对比色，但要确定一种起主导作用的颜色作为主色。主色应与整套服饰及基调相一致，主色在整套服饰中应占大比例的面积或居于较重要的位置。辅色的选择也要符合服饰的整体基调。

（2）补色搭配：指两个相对的颜色组合，如红与绿、青与橙、黑与白等。补色配合能形成鲜明的对比，有时会收到较好的效果，例如黑与白的搭配是永恒的经典。

（3）同类色搭配：指深浅、明暗不同的同色系颜色的相配，如青配天蓝、墨绿配浅绿、咖啡配米色、深红配浅红等，同类色搭配的优点是显得服装整体感觉柔和文雅。

（4）近似色搭配：指两种比较接近的颜色相配，例如绿与嫩黄搭配，能给人一种初春生机盎然的感觉。

## 实训任务1-3：认知服装款式

### ▶▶▶知识窗：服装款式

（1）职业装：职业装款式的基本特点是端庄、简洁、持重和亲切。较为正式的场合，应选择正式的职业套服；较为轻松的职业环境，可选择造型感稳定、线条感明快、富有质感和挺括感的服饰，以便较好地表现职业能力。服装的质地应尽可能考究，色彩应纯正，不易皱褶。服装应以舒适、方便为主，以适应一整天的工作强度。

（2）公务礼服：公务礼服主要用于较为正式、隆重的会议，是迎宾接待的服饰。公务礼服是服饰中品位和格调的代表。公务礼服的品质是最为重要的，色彩应以黑色和贵族灰色为主色，忌用轻浮、流行的时尚色系，做工要精致得体，并应特别注意选配质地优良的鞋子。

（3）晚礼服：晚礼服是用于庆典、正式会议、晚会、宴会等礼仪活动的服饰。晚装既讲究面料的品质，又讲究细部的款式和精美的做工。女性晚装服饰的特色、款式和变化较多，需根据不同的场合和风格而定。闪亮的服饰是晚礼服永恒的风采，但全身除首饰之外的亮点不宜超过两处。晚礼服多以高贵优雅、雍容华贵为基本着装原则，西式的晚装多为开放型，强调美艳、性感、光彩夺目；中式传统晚装以中式旗袍为主，注重表现女性端庄、文雅、含蓄、秀美的姿态。

（4）休闲服：休闲服是为适应现代个性化的生活方式而产生的一类服饰，具有生活服饰和职业服饰的双重性，也成为一些轻松的职业场所适用的服饰。穿着舒适大方是休闲服的基本特点，成熟优雅是休闲服较高的着装层面。休闲服较多地体现了回归大自然的生活理念，从面料、款式上更好地与人体亲密接触，体现了服饰与人体之间更亲密、更坦承、更自由、更从容的生命规律，是新时尚、新观念的服饰语言。面料多天然、优质，色彩多亲切、柔和，吸汗性强，无须熨烫等复杂的打理方式。休闲服要特别避免体臭和服装异味，其高度洁净所表现出来的品质和魅力，甚至高于其他服饰。

## 实训任务2：了解服饰“T. P. O”原则

### ▶▶▶知识窗1：服饰“T. P. O”原则

在服饰打扮上，我们应服从国际公认的“T. P. O”原则。“T”（Time）即时间，指服饰打扮必须根据时间来决定。这是广义的概念，既指时令、季节，又指具体日期，也可具体到一日内的某个时间段或时间点，如不要穿着与时令不合或与潮流不符的服装。“P”（Place）指地点、场所、位置、职位，即服饰打扮应与所处的场合相协调。着装如没有“现场感”，会给人造成极坏的印象。例如，泳装在海滨、泳池出现是美的，但出现在宴会上就成笑话了。着运动装参加商务活动也是不合时宜的。“O”（Occasion）指场合，衣着要与场合协调。与顾客会谈参加正式会议时，衣着应庄重考究；与朋友聚会、交游时，着装应轻便舒适。我们要有目的地选择服饰，使之符合各种活动场合的需要，因为服饰不仅代表个人形象，更代表着企业形象。

### 知识窗 2：服饰要求

十分隆重的场合应穿着严肃、大方的礼服。我国男士一般着深色西装，女士着西装或长裙（最好是单色连衣裙）。在剧院看剧、听音乐会，男士可着深色西装，女士着西装或长裙。参加葬礼和吊唁活动，男士一般可着黑色或深色西装，女士着深色服装，内穿白色或暗色衬衣，不宜用花手帕、不抹口红、不戴装饰品。参加婚礼、到朋友家做客、参加联欢会等，则尽可能穿得美观大方，女士应适当地装饰打扮。郊游、远足时，我们可以穿上下不同颜色的便装。

乘汽车、火车、轮船、飞机旅行，可穿便装，但如在登机、上车以前，或下机、下车以后，有迎送仪式，应更换得体的服装。

## 实训任务 3：了解穿着方面应注意的事项

### 知识窗

任何服装均应注意清洁、整齐、挺括。上衣应熨平整，裤子要熨出裤线，衣领袖口要干净，皮鞋要上油擦亮；穿西装一般应打领带；穿长袖衬衣要将前后摆塞在裤内，袖口、裤腿不要卷起。女士除要求统一着制服外，衣着尽量不要千篇一律，样式花色应有所差别，女士夏天可光脚穿凉鞋。在参加各种活动时，进入室内场所均应摘帽，脱掉大衣、风雨衣、套鞋等，并送存衣处。男士任何时候在室内都不得戴帽子、手套；女性的纱手套、纱面罩、帽子、披肩、短外套等，作为服装的一部分则允许在室内穿戴。在室内一般不佩戴有色眼镜；就算在室外，遇有隆重仪式或迎送等礼节性场合，也不应佩戴有色眼镜。有眼疾需戴有色眼镜时，应向客人或主人说明，或在握手、说话时将眼镜摘下，离别时再戴上。在家中或酒店房间内接待临时来访的外国客人时，如来不及更衣，应请客人稍坐，立即换上外出服装，穿上鞋袜，不得赤脚或只穿着内衣、睡衣、短裤接待客人。参加正式外事活动，应避免穿夹克衫、牛仔裤、超短裙、旅游鞋、布鞋、长筒靴、半透明衬衣（衫）、短裤、紧身裤、破洞袜子等。

# 实训场景 2　女士服饰礼仪

知识点：女士服饰礼仪

关键技能点：了解女士服饰特点

## 实训任务 1：了解女士服饰基本礼仪

### 知识窗 1：女士服饰基本礼仪

在讲求男女平等的现代，女性处处希望与男性平等竞争，简单地追求外表的美观，并不能满足女性，她们想要在着装方面更具道德魅力、审美魅力、知识魅力及行为规范的魅力。这使服装无形中为协调人际关系、提高工作效率、增加职位升迁机会起到良好的协助作用。女士在搭配商务着装的时候，需要严格地区分职业套装、晚礼服以及休闲服，它们之间有非常本质的差别。在穿着正式的商务套装时，无领、无袖，或者是领口开得太低、太紧身的衣服都应该尽量避免。随着社会经济、文化的发展，穿着得体已成为一门大有可为的学问。对于寻职或在职的女性而言，服装风格得体是一个重要原则，尤其在政界、学术界，打扮过于时髦并不合适。

**知识窗 2：女士不恰当的着装**

（1）过分时髦。现代女性热爱流行的时装是很正常的现象。即使我们不去刻意追求流行，流行趋势也可能会左右我们。作为一名成功的职业女性，对于流行服饰的选择必须有正确的判断力。

（2）过分暴露。在主张个性张扬的时代，不少女性把追求理性的开放当成服饰的开放，把“突”“透”“露”当成时尚和美。殊不知，自己的才能和智慧之美更加重要。因此，职业女性应注意自己的服装大方得体。

（3）过分陈旧。由于缺乏对服饰认知和审美的能力，只是停留在服饰最基本的层面，缺少个人特色。

（4）过分个性。现代社会注重张扬个性，服饰搭配正是凸显个性的一个窗口，但在商务活动中，服饰搭配还是要顾及办公环境和社交要求。过于个性化的穿着非但不能表现自己的审美品位，更不能体现对他人的尊重。

（5）过分可爱。可爱俏丽的服装款式也不适合在工作场所中穿着，容易给人幼稚、不稳重的感觉。

### 实训任务 2：了解女士服饰搭配基本技巧

**知识窗**

基本技巧：视觉平衡能带给别人更好的感受；单色穿着是最为简单易行的法则；垂直线条有助于塑造修长的身段；依场合着装，可彰显魅力；善用饰品，增添光彩；巧妙搭配，凸显不凡品位；注重服饰细节，使造型更加完美。

### 实训任务 3：掌握女士服饰搭配基本规范

**知识窗**

（1）内衣不外穿、外露。穿裤子或裙子时不要露出内裤的轮廓或颜色，胸罩的肩带不要露出，不要穿睡衣裤出入公共场合。

（2）丝袜应选择与衣服相协调之色，并根据腿部的优缺点选择合适的纹理或花色。公务场合忌穿黑色丝袜或网眼袜，袜口不应低于裙边。切忌穿破损丝袜。应在手袋、办公室抽屉里常备丝袜，以备不时之需。

（3）正式场合不得穿拖鞋、靴子等。

### 实训任务 4：掌握配饰技巧

**知识窗：配饰技巧**

配饰是体小而质精的物品，多用在头、颈、胸、腕、腰等这些表现力强的重要部位，有很强的视觉冲击力。配饰的种类非常多，项链、耳环、发卡、胸针等是纯装饰性的配饰，而围巾、腰带、手表、手袋等则是装饰性与实用性兼具的配饰。配饰使用得当，能凸显女性气质和风情，彰显个人魅力和品位。配饰的使用规则：数量不可过多，质地统一，搭配协调，注意身份场合、季节规律、习俗信仰等。

## 实训场景3 男士服饰礼仪

知识点：男士服饰礼仪

关键技能点：了解男士服饰特点

### 实训任务：了解男士服饰基本常识

#### 知识窗1：男士服饰

现代男士西服基本上是沿袭欧洲男士服装的传统习惯而形成的，其装扮行为具有一定的礼仪意义。例如，双排扣西服给人以庄重、正式之感，多在正式场合穿着，适合于正式的仪式、会议等；单排扣西服穿着场所普遍，既可作为工作中的职业西服，又可作为生活中的休闲西服。

#### 知识窗2：男士服饰基本常识

在正式的商务场合，男士应该穿西装、打领带，衬衫的颜色、款式也要适宜。一般情况下，在正式的商务场合不宜穿夹克衫，或者在西装内搭配高领衫、T恤衫或毛衣等。男士的西装一般以深色为主，避免穿着图案花哨、颜色艳丽的西服。在穿单排扣西服的时候，特别要注意：系扣子的时候，两粒扣西服只系上面一粒；三粒扣西服只系上面两粒。穿着双排扣西服的时候，则应该系好所有纽扣。

#### 知识窗3：衬衫的选择

在套装与衬衫的组合上，衬衫的下摆要扎进裤腰里，整装后，衬衣领口和袖口均要比外衣长出1～2厘米。净白色或白色带有淡蓝条纹的长袖衬衫是最百搭的服装。另外，衬衫的颜色和西装整体的颜色要协调。由于中国人肤色偏黄，在选择衬衫颜色时应避免选择黄色、绿色、紫色等色系，宜选蓝色、灰色等色系。肤色较暗的男士，可选择浅色系。同时，衬衫不宜过薄或过透，需特别注意的是，当我们穿着浅色衬衫的时候，不要在衬衫里面穿深色内衣，即便是穿浅色内衣，也要避免内衣衣领露出衬衫领口。

#### 知识窗4：领带的选择

领带的颜色应与衬衫、西服的颜色相互配合，整体颜色要协调。同时，系领带的时候要注意长短的配合，领带的长度应正好抵到腰带上方，或者有1～2厘米的距离。打领带的时候，衬衫上所有的纽扣，包括领口、袖口的纽扣，都应该系好。

#### 知识窗5：皮鞋及袜子的选择

男士在穿西服、打领带时，一般要搭配皮鞋，且皮鞋要保持光亮整洁。在选择袜子时注意：袜子的质地、透气性要良好，同时袜子的颜色必须和西装的整体颜色相协调。如果穿深色的皮鞋，袜子的颜色也应该以深色为主，且避免穿着有花哨图案的袜子。

### 知识窗 6：必备物品

（1）公司的徽标。徽标应佩戴在西装的左胸口袋上方。

（2）钢笔。商务活动中经常要使用钢笔，因此要随着携带。钢笔应该别在西装内侧口袋里。一般情况下，尽量避免把钢笔放在衬衫口袋里，以免把衬衫弄脏。

（3）名片夹。接受他人的名片后，应该放进名片夹妥善收好，不可把对方的名片直接放入口袋中，或者放在手中不停地摆弄。

（4）纸巾、手帕。男士应该随身携带纸巾或者手帕，以便面部出现脏污时随时清洁，避免尴尬。

（5）公文包。男士在选择公文包的时候，样式、大小应该和整体的着装保持一致。手机、笔记本等物品可以放在公文包当中。男士在着西装的时候，应避免在口袋中塞入过多物品，这样十分臃肿，影响个人形象。

## 本章小结

商务工作礼仪规范主要包括仪态礼仪、仪容礼仪和服饰礼仪三个方面。其中，仪态礼仪包括体姿礼仪、手势礼仪、表情礼仪；仪容礼仪包括仪容基本规范、仪容细节规范和美容化妆技巧；服饰礼仪包括服饰基本要素、女士服饰礼仪、男士服饰礼仪。

## 主要概念

仪态　仪容　服饰　体姿　手势　表情　仪容细节规范　服饰基本要素　女士服饰礼仪　男士服饰礼仪

## 技能训练

### 一、基础知识题

1. 单选题。

（1）________是人的站、坐、走、蹲的姿态，是身体向外释放的一种语言信息。

A. 仪态　　B. 动作　　C. 体姿　　D. 神态

（2）规范的手势首先是使用________。

A. 打招呼　　B. 横臂式　　C. 手指指点　　D. “文明掌”

（3）注视的位置在对方双眼或双眼与额头之间的区域是________。

A. 私密区间　　B. 社交区间　　C. 公务注视　　D. 亲密区间

（4）在服饰中起到画龙点睛作用是________。

A. 化妆　　B. 领带　　C. 配饰　　D. 皮鞋

（5）最有魅力的表情是________。

A. 高贵的笑容　　B. 友善的目光　　C. 得体的体姿　　D. 自然的微笑

2. 多选题。

(1) 站立要点是________。

A. 头端　　B. 肩平　　C. 躯挺　　D. 腿并

E. 注意脚位

(2) 服装是由________三要素组成的。

A. 款式　　B. 色彩　　C. 配饰　　D. 面料

E. 扣子

(3) 色彩具有的三种属性是________。

A. 暖色　　B. 灰色　　C. 色相　　D. 明度

E. 纯度

(4) 仪容细节部分应注意________。

A. 面部清洁　　B. 足部清洁

C. 口腔清洁　　D. 勤洗澡，勤换内衣

E. 整齐干净的发型

(5) 服装款式包括________。

A. 职业装　　B. 公务礼服　　C. 晚礼服　　D. 时装

E. 休闲服

3. 简答题。

(1) 简述不雅走姿有哪几种。

________________________________________

(2) 简述不雅坐姿有哪几种。

________________________________________

(3) 简述服饰的"T. P. O"原则。

________________________________________

(4) 简述女士的不恰当着装。

________________________________________

(5) 简述着西服的要领。

________________________________________

## 二、案例分析题

(1) 一位财税专家在着装方面有明显的问题：她 26 岁，身高 147 厘米、体重 43 公斤，看起来机敏可爱，喜爱着童装，像个小女孩，客户对于她的感觉是缺少信任感、依赖感，所以她难以得到客户的认可。于是，她接受建议改穿深色的套装，戴镶边帽子，甚至戴上黑边眼镜。结果，客户的态度有了较大的转变。很快，她成为公司的董事之一。

(2) 一位女推销员在美国北部工作，总是穿着深色套装，提着一个男性化的公文包。她调到阳光普照的南加州后，仍然以同样的装束去推销商品，结果成绩不够理想。后来，她改穿色彩淡雅的套装和洋装，换了一个女性化的皮包，使自己看起来更有亲切感。着装的这一变化，使她的业绩提高了 25%。

**分析提示**

●职业装束不能忽视什么？

●服饰原则强调的时间性指什么？

●服饰的根本原则是什么？

●请续写你认为的“差装典型”。

## 三、技能操作与实训题

(1) 出席朋友的婚礼时应如何穿着？

(2) 请搭配一套适合你的商务会议装。

(3) 和几位同学一起逛街，找出三种气质的服饰类型。

[讨论记录]

# 模块三

# 商务交往礼仪

【学习目标】

素质目标：通过学习商务交往礼仪中打招呼、握手、交换名片、自我介绍等课程，提升自我形象和素质，能够在商务交往中给他人留下深刻的印象，保证交际活动顺利进行并达到交际目的。

知识目标：了解打招呼、握手、交换名片、自我介绍、安排位次等礼仪及其在商务场合的作用。

技能目标：熟悉商务交往礼仪的实施内容，掌握商务交往礼仪的规律和原则，提升商务修养。

能力目标：在商务交往中，能够根据不同的场合，恰到好处地运用礼节。

【引　　例】

### 斯诺在陕北抗日根据地的一件往事

斯诺在《西行漫记》中记述了这样一个耐人寻味的故事：

我坐下来和驻扎在这里的交通处的一部分人员一起吃饭……，像平常一样，除了开水以外，没有别的喝的，而开水又烫得不能进口，因此我口渴得要命。

饭是由两个态度冷淡的孩子侍候的，确切地说，是由他们端来的。……他们最初不高兴地看着我，可是在几分钟后，我就想起了其中一个孩子友善的微笑。这使我胆子大了一些，他从我身边走过时，我就招呼他："喂，给我们拿点冷水来。"

那个孩子压根儿不理我。几分钟后，我又招呼另外一个孩子，结果也是一样。

这时我发现戴着厚厚玻璃眼镜的交通处长李克农在笑我。他扯扯我的袖子，对我说："你可以叫他'小鬼'，或者可以叫他'同志'，可是，你不能叫他'喂'。这里什么人都是同志。这些孩子是少年先锋队员，他们是革命者，所以志愿到这里来帮忙。他们不是佣人。他们是未来的红军战士。"

正好这个时候，冷水来了。

"谢谢你——同志！"我带着歉意说。

那个少先队员大胆地看着我。"不要紧"，他说，"你不用为了这样一件事情感谢一个同志！"

我想，这些孩子真了不起。我从来没有在中国儿童中间看到这样高度的个人自尊。

分析提示

从斯诺刚刚进入陕北抗日根据地采访时碰到的这件小事中，我们可以看出在与人交往的过程中，尤其是初次见面时如何与人打招呼、如何称呼对方都会直接影响交际结果。

# 学习情境1　打招呼与握手礼仪

## 实训场景1　打招呼的概述

知识点：打招呼的概述及种类

关键技能点：了解打招呼的种类，掌握打招呼的技巧

### 实训任务1：认知打招呼的内涵

**▶▶▶知识窗**

打招呼是与熟人相遇时要实施的一种简单礼节。见人打招呼是有礼貌的表现，在路上、车上或其他公共场合遇到熟人，我们应当主动向对方打个招呼，也叫致意。

### 实训任务2：学会按双方相遇距离远近来选择打招呼的方式

**▶▶▶知识窗1：双方距离相近的打招呼方式**

双方近距离相遇，又无须深谈的，可以驻足稍寒暄即可，问候一声“你好!”或“上班去?”，回答也相当简单，甚至可以含糊其词。例如，与熟人在路上相遇时，一方“明知故问”：“上街了?”一方可答非所问：“今天我休息。”或问对方：“你干什么去?”

**▶▶▶知识窗2：双方距离稍远的打招呼方式**

双方距离稍远，则无须停步寒暄，只需目视对方，微微地点一点头即可，在同一场合双方多次相遇，也可以用点头礼打个招呼。在舞会上或其他社交场合与不相识的人近距离相遇，都可以用点头礼打招呼。

**▶▶▶知识窗3：双方距离较远或不便寒暄、点头时打招呼方式**

双方距离较远或不便寒暄、点头时，可以行招手礼，即举起一手同时注目微笑。迎接客人、见到熟人，可在握手前先招呼一下，或招一招手，表现自己的热情。告别、送行也常用招手礼。这时，招手应当多挥动几下，直到客人远去，还可以挥动帽子、手帕等表示深情。

### 实训任务3：学会根据对方情况选择打招呼的方式

**▶▶▶知识窗1：同事**

在办公室内，应向经过自己办公桌的同事主动打招呼。对周围的同事和比较熟悉的同事，更应保持有礼、和善的态度。在拥挤的电梯里，如果没有人说话，最好也不要开口。若遇到同事向我们打招呼或是目光相遇，应适时点头、微笑，做出回应，切忌视而不见。

### 知识窗 2：领导

#### 知识窗 2-1：在领导身边时

对于领导，态度要礼貌周到。若接近其身边，要站好后再打招呼；在走廊遇见领导，应面带微笑，行点头礼。

#### 知识窗 2-2：乘坐电梯遇见领导时

乘坐电梯遇见领导时，可主动大方地向领导打招呼，不宜闪躲或假装没看见。若和领导在电梯内单独相遇，也可以和领导聊一些普通的事或简单地问候一番，但不宜在电梯内与领导谈论公事。

#### 知识窗 2-3：回应领导的招呼

除非是在军队或重要部门工作，领导招呼你时，不必以“是的，首长”或“不是的，首长”这类字眼做回应，只要客气地回答“是的，×总”或“是的，×先生”即可。

### 知识窗 3：朋友

在路上或在公共场所遇见相识的人，应该主动打招呼，问候致意，可以说“您早”“您好”“晚上好”。别人主动向我们打招呼时，要立即应答或点头向他致意。遇到比较熟悉的朋友，除了问候致意外，还可以问问对方家人的情况，并请他代为问候，如“伯父伯母近来好吗?”“向您夫人（先生）问好!”“你的孩子一定很聪明可爱吧，有空带他（她）到我家来玩玩。”

### 知识窗 4：外国朋友

遇见外国朋友时，应按对方的习惯用外语打招呼，如与英美等国家的朋友初次见面时，可用“How do you do?”，熟人可用“How are you?”“Hi!”来打招呼。中国人见面打招呼常用“吃了吗?”“上哪儿去?”等问候语，但用这种方式向西方国家的朋友打招呼容易引起误会，他们会以为你要请他吃饭或干涉他的私事。

## 实训场景 2　握手的礼仪

知识点：握手的概述

关键技能点：了解握手的内涵，掌握握手的技巧

### 实训任务 1：认知握手的内涵

### 知识窗 1：握手的起源

握手最早发生在人类“刀耕火种”的年代。在狩猎和战争时，人们手上经常拿着石块或棍棒等武器。遇见陌生人时，如果大家都无恶意，就要放下手中的武器，并伸开手掌，让对方抚摸手掌心，表示手中没有藏武器。这种习惯逐渐演变成今天的“握手”礼节。

### 知识窗2：握手的内涵

握手是一种礼仪，但人与人之间、团体与团体之间、国家与国家之间的交往都赋予这个动作丰富的内涵。一般来说，握手往往表示友好，这种肢体上的交流可以加深双方的理解、信任，可以表示对对方的尊敬、景仰、祝贺、鼓励等，也会表示淡漠、敷衍、逢迎、虚假、傲慢等。团体领袖、国家元首之间的握手则往往象征着合作、和解、和平。第一次见面时的激动，离别之际的不舍，久别重逢的欣喜，误会消除、恩怨化解的释然等，这些握手的场景总是能让人印象深刻，久久难以忘怀。虽然握手是一个再简单不过的动作，但它贯穿于人们交往、应酬的各个环节，因此我们绝不能忽视握手礼节。

## 实训任务2：掌握握手的顺序

### 知识窗1：长辈和晚辈之间的握手顺序

长辈和晚辈之间，长辈伸手后，晚辈才能伸手相握；上下级之间，上级伸手后，下级才能接握；男女之间，女方伸手后，男方才能伸手相握。当然，如果男方为长者或上级，则应等男方伸手后再接握。

### 知识窗2：在公务场合的握手顺序

在公务场合，握手时伸手的先后次序主要取决于职位、身份等。

### 知识窗3：接待来访者时的握手顺序

在接待来访者时，要注意当客人抵达时，应由主人首先伸手与客人相握。在客人告辞时，应由客人首先伸手来与主人相握。前者是表示“欢迎”，后者则表示“再见”。这一顺序若被颠倒，很容易让人产生误解。

### 知识窗4：注意事项

应当强调的是，上述“尊者先伸手”的原则不必处处苛求。如果自己是尊者或长者、上级，当对方先伸手时，最得体的就是立即伸出自己的手，进行配合，而不要置之不理，使对方尴尬。

## 实训任务3：掌握握手的方法

### 知识窗1：握手的方式

握手时，距离受礼者约一步，上身稍向前倾，双脚立正，伸出右手，四指并拢，拇指张开，向受礼者握手。掌心向下握住对方的手，显示着一个人强烈的支配欲，是在无声地告诉别人，此时他高人一等，因此，我们在商务场合应尽量避免这种傲慢无礼的握手方式。相反，握手时掌心向里是谦卑与毕恭毕敬的表现。如果伸出双手去捧接，则更是谦恭备至。平等而自然的握手姿态是双手的手掌都处于垂直状态，这是一种最普通也最稳妥的握手方式。

**知识窗 2：握手时应出右手**

握手时应出右手，避免用左手。即使你是“左撇子”，握手时也一定要用右手。如果因右手受伤或其他原因不便握手，需提前声明。

**知识窗 3：握手力度**

要掌握好握手的力度，握得过轻，对方会觉得在敷衍他；过重，则会让对方感到不适。女士尤其不要把手软绵绵地递过去，显得敷衍、怠慢。如果要表示自己的真诚和热烈，也可较长时间地握手，并上下摇晃几下。企业的代表在洽谈中与人握手，一般不要用双手抓住对方的手上下摇动。

**知识窗 4：握手时的目光**

握手的时候，眼睛一定要注视对方的眼睛，传达自己的诚意和自信。千万不要一边握手，一边东张西望，或者跟这个人还没握完手就将目光移至下一位身上。握手时，也不应长时间注视对方，只需注视几秒钟，双方手一松开，目光即可转移。

**知识窗 5：握手时间**

握手的时间以 1～3 秒为宜，尤其是与重要人物握手，或男士与女士握手时，时间以 1 秒钟为宜。

### 实训任务 4：了解握手时应注意的方面

**知识窗 1**

男士在握手前应先脱下手套、摘下帽子。在严寒的室外，比如双方都戴着手套、帽子时也可以不脱，但这时应先说声“对不起”。

**知识窗 2**

多人相见时，注意不要交叉握手，即当两人正在握手时，第三者不要把胳膊从上面架过去，抢着和其中一人握手。

**知识窗 3**

在任何情况下拒绝对方主动要求握手的举动都是无礼的，但当手上有水或污渍时，应谢绝握手，同时解释并致歉。

# 学习情境 2　称谓与敬语、谦语的使用礼仪

## 实训场景 1　称谓的概念

知识点：称谓概念

关键技能点：了解称谓的内涵，掌握称谓的概念

### 实训任务：认知称谓的内涵

**▶▶▶知识窗**

称谓也叫称呼，称谓礼仪是人们在日常交往应酬之中，对亲属、朋友、同志或其他有关人员称呼时所使用的一种规范性礼貌语，能恰当地体现出当事人之间的隶属关系。人们经常在社交场合中称呼他人，有没有称呼或如何称呼，都涉及礼仪问题。在人际交往中，选择正确、适当的称呼，可以很好地反映自身的教养、对对方尊敬的程度，是人际交往中不可缺少的礼仪因素，甚至还体现着双方关系的发展程度和社会风尚。

## 实训场景 2 称谓的种类及使用

知识点：称谓的种类及使用

关键技能点：了解称谓的种类，掌握称谓的使用礼仪

### 实训任务 1：了解称谓的种类

**▶▶▶知识窗**

称谓的选择既要合乎常规，又要亲切自然，照顾被称呼者的个人习惯。称呼主要有尊称、平称和谦称三大类。

### 实训任务 2：熟悉称谓的使用

**▶▶▶知识窗 1：尊称的使用**

尊称是对别人恭敬的称呼，以表示敬重，一般是对上级、长辈、客人的称呼，可以分为：

（1）职务性称呼。以对方的职务相称，以示身份有别、敬意有加，这是一种最常见的称呼。具体分为三种情况：只称职务，如经理、科长等；在职务前加上姓氏，如李经理、王科长等；在职务前加上姓名，这适用于极其正式的场合。

（2）职称性称呼。对于具有职称者，尤其是具有高级、中级职称者，在工作中直接以其职称相称，比如“教授”“工程师”等。

（3）职业性称呼。在工作中，有时可按职业进行称呼。对于从事某些特定职业的人，可直接称呼对方的职业，如老师、医生、会计、律师等，也可以在职业前加上姓氏、姓名。

**▶▶▶知识窗 2：对同辈、同级、下属的称呼**

平称不表示尊卑，一般是对同辈、同级、下属的称呼，可以分为：

（1）姓名性称呼。可以直呼其名，不呼其姓，这通常限于同性之间，尤其是上级称呼下级、长辈称呼晚辈，在亲友、同学、邻里之间，也可如此称呼；只呼其姓，要是姓前加上“老、大、小”等前缀；在工作岗位上称呼姓名，一般限于同事、熟人之间。

（2）性别性称呼。对于从事商业、服务性行业的人，一般约定俗成地按性别的不同分别称呼“小姐”“女士”或“先生”，其中，“小姐”用以称呼未婚女性，“女士”用以称呼已婚女性。

（3）身份性称呼。在双方认识之初又共处一个团体时，以身份、关系称呼比较合适，如“同学”“队友”“团友”等。

### ▶▶▶知识窗 3：公众场合称呼的用法

恰如其分的称呼能反映出个人自身的良好教养和对对方的尊重程度。因此，我们在使用称呼时还要注意：不要在公众场合使用爱称；切忌念错别人的姓名，或弄错对方的年纪、辈分、婚姻状况及与其他人的关系等；避免使用不当、庸俗的称呼（如“伙计”“兄弟”“哥们儿”）等。

### ▶▶▶知识窗 4：国际交往中的称呼

在国际交往中，一般情况下，对男子不管其婚否都称为“先生”（Mister）；对于女性，已婚的称为“夫人”（Mistress），未婚的称“小姐”（Miss），婚姻状况不明的，也可称为“Miss”。在外事交往中，为了表示对女性的尊重，也可将其称为“女士”（Madam）。

对官方人士的称呼也各不相同：对高级官员，可称其为“阁下”，也可以职衔或“先生”相称；对有地位的女性，可称其为“夫人”，对有高级官衔的女性，也可称其为“阁下”；对其他官员，可以职衔或“先生”“女士”等相称。

## 实训场景 3　敬语、谦语的使用礼仪

知识点：敬语、谦语的使用礼仪

关键技能点：掌握敬语、谦语的使用礼仪

### 实训任务 1：掌握敬语的使用礼仪

### ▶▶▶知识窗 1：敬语的含义

敬语亦称“敬辞”，与“谦语”相对，是表示尊敬礼貌的词语，除了显示一个人更加礼貌外，还体现了一个人的文化修养。

### ▶▶▶知识窗 2：敬语的使用场合

第一，比较正规的社交场合。第二，与师长或身份、地位较高的人交谈的场合。第三，与人初次打交道或会见不太熟悉的人的场合。第四，会议、谈判等公务场合等。

### ▶▶▶知识窗 3：常用敬语

常用敬语包括人们日常使用的“请”字，第二人称中的“您”字，代词“阁下”“尊夫人”“贵方”等。在日常生活中，敬语也有一些习惯用法，如初次见面称“久仰”，很久不见称“久违”，请求指教称“请教”，请人原谅称“包涵”，麻烦别人称

“打扰”，托人办事称“拜托”，赞人见解称“高见”等。

▶▶▶知识窗 4：注意事项

在使用敬语时，我们还应注意：首先，要心有所存，才能口有所言。即要想有尊重每个人的良好修养，必须先有尊重每个人的意识，这样，才能在语言上表现出对别人的敬意。在使用敬语时，还要注意神态的专注和语气的真诚。语言是思维的外壳，需有与之相应的内涵。其次，要根据不同的对象，使用不同的敬语。例如，想询问一位长辈的年龄，应这样说：“您老人家高寿几何?”而对于一位平辈，则可以这样说：“请问您贵庚?”最后，养成使用敬语的习惯。当然，这其中的关键仍然在于时时存有敬人之心。只有这样，我们才会处处注意使用敬语。

### 实训任务 2：了解谦语的使用礼仪

▶▶▶知识窗

谦语亦称“谦辞”，与“敬语”相对，是向人表示谦恭和自谦的一种词语。谦语常用于在别人面前谦称自己和自己的亲属。例如，称自己为“愚”，称自己的家人为“家严、家慈、家兄、家嫂”等。自谦和敬人，是一个不可分割的统一体。尽管日常生活中谦语使用得不多，但其精神无处不在。只要我们在日常用语中表现出谦虚和恳切，自然会得到他人的尊重。

# 学习情境 3　名片礼仪

## 实训场景 1　名片的作用及种类

知识点：名片的作用及种类

关键技能点：了解名片的作用及种类

### 实训任务 1：认知名片的作用

▶▶▶知识窗

名片是一种经过精心设计、能表示自己身份、便于交往和开展工作的卡片。名片上通常包含姓名、职位、职称、工作单位、联系方式等信息，有些还包含公司业务简介或个人业务范围等信息。传递名片，可以让对方快速了解自己，留下深刻印象，为日后进一步展开商务合作打下基础。

### 实训任务 2：熟悉名片的种类

▶▶▶知识窗 1：名片的种类

因为内容、用途各有不同，日常生活中所用的名片可分为应酬名片、社交名片、公务名片和单位名片四类，前三类又统称为个人名片。

### ▶▶▶知识窗 2

在正式场合，面对不同的交往对象，应使用不同类型的名片。不分对象、不讲目的地滥用同一种名片则是失当的。

### ▶▶▶知识窗 2-1：应酬式名片

应酬式名片又称本名式名片。顾名思义，其内容通常只有姓名一项，有时还会加上本人的联系方式。应酬式名片主要适用于在社交场合应付泛泛之交，拜会他人时说明身份，馈赠时替代礼单，以及用作便条。

### ▶▶▶知识窗 2-2：社交式名片

社交式名片，特指主要适用于社交场合，用作自我介绍与保持联络之用的个人名片。其内容有二：一是个人姓名，应以大号字体印于名片中间区域；二是联络方式，应以较小字体印于姓名附近。联络方式主要有工作单位、电话号码等内容，必要时还可加上住宅电话号码。一般来说，社交式名片不应出现家庭地址，以示“公私分明”。若不喜欢被打扰，可只留下工作电话号码（图 3-1）。

图 3-1 社交式名片

### ▶▶▶知识窗 2-3：公务式名片

公务式名片指的是在政务、商务、学术、服务等正式的业务交往中所使用的个人名片，是目前最为常见的一种个人名片。一张标准的公务式名片应由归属单位、本人称呼和联络方式三项内容构成。

（1）归属单位

此项内容由企业标识、供职单位和所在部门三个部分组成，可酌情加减。供职单位与所在部门均不宜多于两个，免得给人留下用心不专的印象，必要时可多印几种名片。另外，供职单位与所在部门均应采用全称。

（2）本人称呼

本人称呼由本人姓名、所任职务以及学术头衔等三个部分组成，后两项可有可无，但不宜过多。注意：本人姓名后无须加注“先生”“小姐”“夫人”等称谓。

（3）联络方式

本项内容由单位地址、办公电话和邮政编码三个部分组成，因它们均不可或缺，故又称“联络方式三要素”（图3－2）。在此，不宜提供家庭住址与住宅电话。至于手机号码、传真号码、电子邮箱等是否需要列出，应根据自己的实际情况而定。

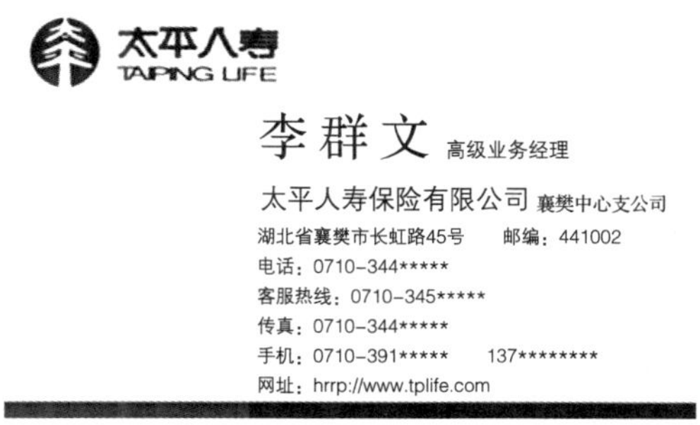


图3－2　公务式名片

**▶▶▶知识窗2－4：单位式名片**

单位式名片因多为公司企业所用，故又称企业名片，主要用于单位对外宣传、推广活动。它的内容分为两项：一是单位的全称及其标识，二是单位的联络方式。后者由单位地址、邮政编码、单位电话总机号码或公关部电话号码构成。

## 实训场景2　名片的使用礼仪

知识点：名片的使用礼仪

关键技能点：掌握名片的使用礼仪

### 实训任务1：掌握交换名片的礼仪

**▶▶▶知识窗1：交换名片的礼仪**

一般情况下，我们应事先准备好名片，放在容易拿取的地方，如上衣口袋或随身包袋里。不可将名片与杂物混在一起，以免使用时手忙脚乱，甚至拿不出来。单方递名片时，要用双手恭恭敬敬地把自己的名片递过去。必须强调的是，中国人交换名片采用双手递接的方式。同外国友人交换名片，则要尽量采用对方习惯的方式。递接名片时，一定要目光正视对方，面带微笑并说些如“某经理，这是我的名片，往后多多联系”“请多多关照”之类的寒暄语。大方谦逊的姿态可加深对方对自己的印象。名片不宜广为散发，只有当双方谈得较融洽，表示愿意建立联系时才可交换名片；或双方告辞时，可顺手取出自己的名片递给对方，以示愿结识对方并希望能再次相见。

**▶▶▶知识窗2：国际交往中的交换名片礼仪**

西方人、阿拉伯人和印度人习惯用一只手与人交换名片；日本人则喜欢在单手接过他人名片的同时，用另一只手递上自己的名片。

### 实训任务2：掌握接受名片的礼仪

**▶▶▶知识窗1**

接受对方递过来的名片时，要立即放下手中的事，用双手或右手相接，之后还要点头致谢。接过名片后，要认真看一下，也可以有意识地重复一下名片上所列的对方职务、学位以及头衔等，以示尊敬，或说些“认识您很高兴”之类的客气话以示友好。

▶▶▶知识窗 2

接到名片后，不可以不看一眼就随手放在一边，也不可捏在手中随意把玩，应郑重地放入自己的口袋、名片夹或其他稳妥的地方。接到名片后最好在名片背面做一些资料记录，如在何地、何时相识，对方的外貌特征、爱好习惯等，在下次见面时，我们便可脱口而出对方的姓名及其他相关信息，从而一下子缩短彼此的距离。

▶▶▶知识窗 3

当他人向你索取名片时，如自己有名片，可马上递上；如没有带，可向对方说明，并主动自我介绍。通常，不论他人以何种方式索要名片都不宜拒绝。若非常不愿意递给对方名片，在措辞上一定要注意，应以“不好意思，我忘了带名片”或“非常抱歉，我的名片刚好用完了”等告知，以免对方难堪。

## 实训场景 3　名片的其他功能

知识点：名片的其他功能

关键技能点：掌握名片的其他功能

### 实训任务 1：了解名片的其他功能

▶▶▶知识窗 1：名片的其他功能

名片不仅可用于自我介绍、保持联络，还可用于祝贺、答谢、拜访、辞行、委托、慰问、吊唁、随礼附言、备忘、访客、留言等方面。

▶▶▶知识窗 2：名片可替代便函

在人际交往中，我们有时必须对友人做出礼节性的表示，如向其祝贺新年、恭贺新婚、庆祝升职、表示感谢或慰问病人等。但由于公务繁忙，没空写长信或是当面致意时，可在自己名片的左下角写上祝福或问候的话语，寄给对方，一样可以表达自己诚挚的情意。在名片上写祝福或问候，宜短不宜长。在涉外活动中以名片替代便函，一般应按国际惯例用铅笔在其左下方写上表示特定含义的法文缩写。常用的有：“p. r.”表示谨谢；“p. f.”表示谨贺；“p. f. n. a.”表示恭贺新年；“p. p. c.”表示辞行；“n. b.”表示请注意，意即提醒对方注意名片附言。

▶▶▶知识窗 3：用名片为他人做介绍

如果介绍自己的友人或下属去见他人，而自己又不能同行时，可取一张自己的名片，在姓名的下方写几句相关的话语，或“敬介”字样（英文则注“TO PRESENT”），把它放在友人或下属的名片上面，用曲别针别上；然后装入信封，交由友人或下属面呈此人。这时，名片发挥着“介绍信”的作用。请他人替自己去见某人，同样可以请他带去一张自己的名片。

**▶▶▶知识窗 4：名片便于通报和留言**

拜访名人、长辈、职位高者或是其他地位高、不熟悉的人时，为了避免被拒见的尴尬，可先请人代为递上一张自己的名片，作为通报和自我介绍。这样既为双方留有余地，又不至于伤和气。拜访而不遇时，留下一张名片给被拜访者，比留张便条或托人转告更显正式。

**▶▶▶知识窗 5：名片替代礼单**

人们以往向他人赠送礼物时，常附以写有送礼人姓名的大红纸作为礼单。除此之外，我们在送礼时也可以把自己的名片装入未封闭的信封，将它置于礼品的外包装上方，一并交与友人。这时，名片便起到了礼单的作用。即使托人转交礼品，因有自己的名片到场，亦等同于自己亲自前往。在国外，人们大都这样为送出去的礼品署名，如送鲜花花篮时将名片附在包装袋上等。除此之外，名片还可用于邀宴，在名片的左下角写上时间、地点、着装。

# 学习情境 4　介绍礼仪

## 实训场景 1　介绍的概述

知识点：介绍的内涵

关键技能点：掌握介绍的基本概念

### 实训任务：认知介绍的内涵

**▶▶▶知识窗**

介绍是使互不相识的双方通过符合礼仪的介绍建立起关系的一种礼节形式。恰当的介绍可以使不认识的人之间缩短距离、消除误会、实现沟通，建立了解和信任的人际关系。介绍与被介绍是社交活动中相互了解的基本方式。

## 实训场景 2　介绍的形式

知识点：介绍的基本形式

关键技能点：掌握介绍的两种使用形式

### 实训任务 1：了解介绍的形式

**▶▶▶知识窗**

按社交场合分类，介绍可分为正式介绍和非正式介绍；按介绍者分类，介绍可分为为他人做介绍和自我介绍；按被介绍者的人数分类，介绍可分为集体介绍和个人介绍。

## 实训任务 2：掌握自我介绍

### 知识窗 1：自我介绍的分类

自我介绍可以有不同的方式，按照使用的语言来划分，可以分为口头介绍和书面介绍。

### 知识窗 2：口头自我介绍

在进行口头自我介绍时，应以先递名片再做介绍的顺序为佳。训练有素的商务人员要养成名片使用规范化的习惯。先递名片有三个好处：其一，少说很多话。自己什么头衔、什么职务，就都没有必要再说。其二，加深对方印象。其三，表示谦恭。注意：交换名片的时候，是地位低的人先递名片；作自我介绍的时候，也是地位低的先介绍。

在专业的场合，自我介绍包括四个要素，分别是姓名、单位、部门和职务。自我介绍时务必要使用全称。当我们第一次介绍单位和部门的时候，应使用全称。

### 知识窗 3：书面自我介绍

书面的自我介绍可以是自传性质的自我介绍，也可以是以事件为中心，突出个性特点的自我介绍。书面的自我介绍最忌讳平淡无奇，不能展示个人的特点；还忌讳写成简历形式，缺少文学色彩。

## 实训任务 3：掌握为他人做介绍的方法

如何使互不相识的陌生人通过介绍、接触，到了解乃至信任，关键在于介绍过程中需遵循的一些原则。

### 知识窗 1：做介绍的顺序

介绍时要有先后顺序，具体如下：

（1）应先将男士介绍给女士。若男士职位较高，则可例外。

（2）将职位低者介绍给职位高者，常用于正式场合。

（3）将晚辈介绍给长辈。

（4）将未婚者介绍给已婚者。

在介绍两个人互相认识的时候，应先把被介绍人介绍给所尊敬的一方，即“尊者居后”的原则；同时在语言表达上，要先称呼受尊敬的一方，再将被介绍人介绍出来。上述介绍的顺序已为国际所公认，颠倒和混淆顺序会产生令人不愉快的后果，甚至引起国际友人的误会。

遇到需要将一个人介绍给众人时，最好按照一定的次序，顺时针或逆时针，从左到右或从右到左等依次进行。尤其不能挑三拣四地进行“跳跃式”介绍，那样的介绍方法很失理。当然，地位特别显赫的贵宾例外。

### 知识窗 2：介绍人人选

在公务活动中，公关人员是最适当的介绍人人选。若是接待贵宾，介绍人则应是本单位职位较高的人士。在社交场合，如出席宴会、招待会，参加舞会时，介绍互不相识的来宾相互认识，是主人义不容辞的责任。在另外一些非正式场合，与被介绍人双方都相识的人也可以充当介绍人。当然，如果想认识一个人，也可主动邀请一位与双方都比较熟悉的人来做介绍。

#### 实训任务3：熟悉为他人做介绍的礼仪

##### ▶▶▶知识窗1：介绍前

介绍前需提前询问被介绍人的意见，了解双方是否有结识的必要或愿望，以防为他人做介绍时冷场。在为不同的国际人士做介绍时，宜先考虑两国的关系等情况。

##### ▶▶▶知识窗2：介绍中

介绍人的陈述应清晰明了，不可含糊其词，时间宜短不宜长，内容宜简不宜繁。介绍时应注意实事求是、掌握分寸，尤其是职务、职称不可胡吹乱捧，如是副职，不可免“副”，如是讲师，不能称其为教授。通常的做法是连名带姓地加上尊称、敬语。较为正式的场合可以说：“尊敬的麦考·史密斯先生，请允许我把张荣先生介绍给您。”非正式场合则可略去敬语与被介绍人的名字，如“王小姐，让我来给你介绍一下，这位是林先生”。最为简单的介绍则是以手势辅助介绍，先指向一方，说“这位是×先生”，再指向另一方，说“这位是×先生”。注意：介绍时右手掌心向上，胳膊略为外伸。

##### ▶▶▶知识窗3：介绍后

介绍人在做介绍时要注意神态、态度，要热情友好、诚心实意，不要给人以敷衍了事或油腔滑调的感觉。在介绍一方时，应微笑着用自己的视线把另一方的注意力吸引过来。介绍后，双方都应注意趋前微笑、点头、目视对方，举止端庄得体。

介绍后，通常被介绍人应主动伸出手来与对方握手以表现出结识对方的诚意，目视对方并向对方点头微笑，互问“您好”。即使厌恶某一类型的人，也应大大方方、以礼相待；同时对于所尊敬的人也要避免过于殷勤，以免给人不自信之感。

## 学习情境5　位次礼仪

### 实训场景1　位次礼仪概述

知识点：位次礼仪概述

关键技能点：掌握位次礼仪的基本要求

#### 实训任务1：掌握位次礼仪的基本要求

##### ▶▶▶知识窗1

在商务活动中，位次的排列往往备受关注。位次是否规范，是否符合礼仪，既反映了商务人员自身的素养、阅历和见识，又反映了对交往对象的尊重和友善。为了避免贻笑大方或造成负面影响，我们必须特别注意在不同场合的位次排列礼仪。

### ▶▶▶知识窗 2：位次礼仪的基本要求

（1）认真对待：每一位商务人员在正式的交往中，尤其是在一些较为隆重热烈的场合，必须认真对待位次问题。

（2）遵守常规：行进、乘车、会客、会议、谈判、签约、宴会等位次排列均有规范。商务人员必须认真学习和领会，并熟练运用。国际礼仪中的普遍性原则是“以右为尊”。

（3）礼让有度：讲究位次排列应适当，在不伤及国家、单位和个人尊严的前提下，当事人不宜过于计较，也不必过于谦让。

（4）灵活应变：在一般商务场合中，偶尔出现与常规稍有不符的情况，在没有冒犯对方的前提下，可以不必拘泥，待适当时机再进行纠正。

## 实训任务 2：掌握位次尊卑判断的基本原则

### ▶▶▶知识窗 1：尊左与尊右

按照国际惯例，“以右为尊”是普遍适用的次序原则。在我国，从古至今，“尊左”或“尊右”不是一成不变的，有年代和地域的区别，至今仍存在争议。因此，不能简单地认为我国是“以左为尊”。在座次安排上，首先要看会议的性质。政务会议、国企内部的大型会议，一般仍然遵守“左为上”的原则；其他商务、社交、涉外活动一般遵循“以右为尊”的国际惯例。

### ▶▶▶知识窗 2：中间与两边

中间的位置为上，两边为下。相比两边的位置，位于中间的人讲话更能使两边的人都清楚地听到，便于与两边的人进行交流。

### ▶▶▶知识窗 3：前排与后排

前排为上，后排为下。“前”总是与“领先”相关。在会议中，前排适宜安排更重要的人士。

### ▶▶▶知识窗 4：面门为上

面门为上，背门为下，面门的位置比背门的位置更加优越。

### ▶▶▶知识窗 5：注意事项

除了以上四项原则，针对不同的会场情况，还应该以会议合理、高效进行为原则来判断座位次序。

### 实训任务3：掌握不同形状会议桌的功能

#### ▶▶▶知识窗1：长方形会议桌

这种会议桌适用于内部会议或者双边谈判的现场。召开内部会议时，职务最高的人应该位于短矩形边的一侧，并且应该面门而坐。进行双边谈判时，双方可分别坐于桌子长边的两侧。各方职位最高者应在己方居中的位置，职位排在第二位的人坐在他的右边，第三位者坐其左边，依次排列。

#### ▶▶▶知识窗2：椭圆形会议桌

适用于内部会议，职务最高的人应该位于椭圆形会议桌的一头。

#### ▶▶▶知识窗3：“U”形会议桌

适用于内部会议。

#### ▶▶▶知识窗4：圆形会议桌

适用于回避座次概念的内部会议或者多边谈判。圆桌会议刻意体现与会人员平等互利的原则，淡化了尊卑概念。圆桌会议虽然回避了座次尊卑的问题，但是在入座时，按照国际惯例，各方与会人员应该尽量同时入场。

#### ▶▶▶知识窗5：设有主席台的会议桌

内部大型会议或者对外新闻发布会一般采用这样的会议形式。主席台座次排列为前排先于后排、中间先于两边、右边先于左边。主持人的位置可以在前排中间，也可以在最右端，发言席在主席台正前方或右前方。台下与会人员与主席台面对面，遵循同样的座次原则。

## 实训场景2　商务场合的位次安排

知识点：商务场合的位次安排

关键技能点：掌握各种商务场合的位次礼仪

### 实训任务1：掌握行进中的位次排列

#### ▶▶▶知识窗1：常规

并行时，一般让客人走在内侧或者中间；一条线行进时，应该让客人走在前面。

#### ▶▶▶知识窗2：上下楼梯

上下楼梯时，应靠右侧单行。一般情况下，让客人走在前面。如果客人为女士，接待人员可以走在前面。

#### ▶▶▶知识窗3：出入电梯

出入无人值守的电梯，应请客人后进先出，接待者先进后出，方便控制按钮。

### 知识窗 4：出入房门

一般情况下，位高者先进或先出，如遇特殊情况需要引导或在昏暗的室内，则接待者应先进去，为客人服务。

## 实训任务 2：掌握乘坐轿车的位次

### 知识窗 1：专职司机驾车

专职司机驾车时，上座为后排右座，下车方便。

### 知识窗 2：车主驾车

车主驾车时，上座为副驾驶座，表示平起平坐，相互尊重。

### 知识窗 3：重要客人乘车

重要领导乘车时，上座为司机后面的座位，隐秘性好，安全系数高。

## 实训任务 3：掌握商务谈判的位次安排

### 知识窗

商务谈判多为双边谈判。双边谈判时，宾主分列长桌或椭圆形桌的两侧，如果横放，则面对正门的一方为上，属于客方；背对正门的一方为下，属于主方。如果竖放（顺着门的方面），应以进门方向为准，右侧为上，属于客方；左侧为下，属于主方（图 3－3）。主谈人员应在自己一方居中而坐，其他人员则按照右高左低的原则，自近而远分坐。如果双方各带翻译，应就座于主谈人员之右。

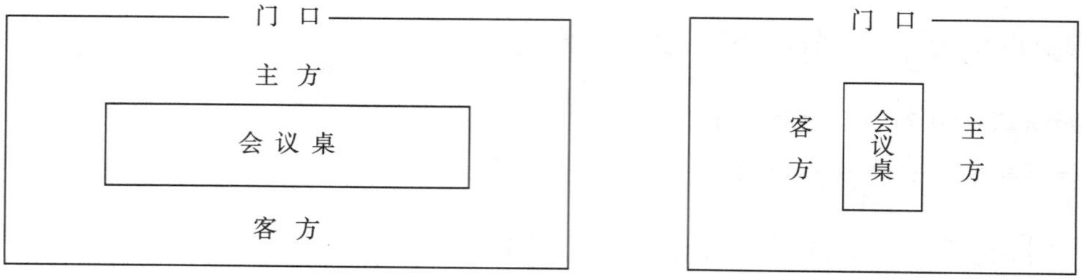


图 3－3　谈判座次

## 实训任务 4：掌握大型商务会议的位次安排

### 知识窗 1

大型商务会议一般是指与会者众多、规模较大的会议。它的最大特点是会场上应分设主席台与观众席。前者应依次入座，后者的座次则可排可不排。

### 知识窗 2

大型会场的主席台，一般应面对会场主入口。在主席台上就座之人，通常应当与在观众席上就座之人呈面对面之势。在主席台就座成员面前的桌上，均应放置双向席卡。

### 知识窗 3

主席团是指在主席台上正式就座的全体人员。目前，国内排定主席团位次的基本规则有三：一是前排高于后排，二是中央高于两侧，三是左侧高于右侧。具体来讲，主席团的排座又有单数与双数的区分，主席台人数为单数时，主要领导居中，2号领导在1号领导左手位置，3号领导在1号领导右手位置。主席台人数为双数时，1、2号领导同时居中，2号领导依然在1号领导左手位置，3号领导依然在1号领导右手位置（图3-4）。

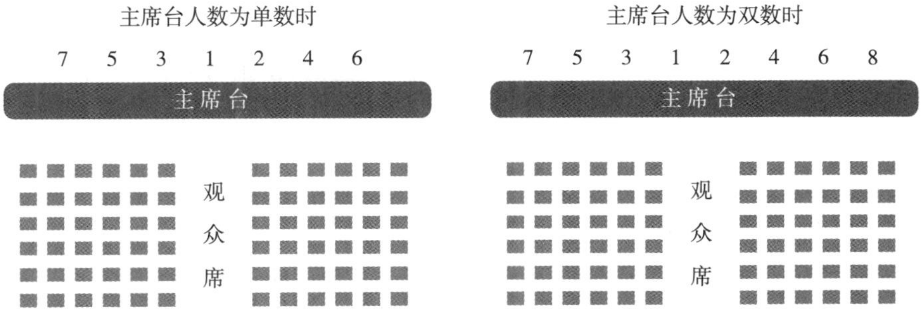


图3-4　主席台座次

### 知识窗 4：主持人座席

会议主持人，又称大会主席，其具体位置有三种方式可供选择：一是居于前排正中央；二是居于前排两侧；三是按其具体身份排座。

### 知识窗 5：发言者席位

发言者席位，又叫作发言席。在正式会议上，发言者发言时不宜就座于原处发言。发言席的常规位置有二：一是主席团的正前方；二是主席台的右前方。

### 知识窗 6：观众席

在大型会议上，主席台之下的一切座席均称为观众席。观众席的具体排座方式有二。其一，自由式择座，即不统一安排，由大家自由择位而坐。其二，按单位就座，指的是与会者在观众席上按单位、部门或者地位、行业就座。按单位就座时，若分为前排、后排，一般以前排为高，后排为低；若分为不同楼层，则楼层越高，排序便越低。在同一楼层排座时，又有两种普遍通行的方式：一是面对主席台，自前往后进行横排；二是面对主席台，自左而右进行竖排。

## 实训任务 5：掌握小型商务会议的位次安排

小型商务会议，一般指参加者较少、规模不大的会议，其主要特征是全体与会者均应排座，不设立专用的主席台。小型商务会议的排座，目前主要有如下三种具体形式。

**▶▶▶知识窗 1：面门设座**

面门设座一般以面对会议室正门之位为会议主席之座，其他的与会者可在其两侧自左而右依次就座。

**▶▶▶知识窗 2：依景设座**

所谓依景设座，是指会议主席的具体位置，不必面对会议室正门，而是应当背依会议室之内的主要景致，如字画、讲台等。其他与会者的排座，则略同于前者。

**▶▶▶知识窗 3：自由择座**

自由择座是指不安排固定的具体座次，全体与会者自由地选择座位就座。

## 实训任务 6：掌握茶话会的位次安排

**▶▶▶知识窗 1：环绕式**

不设立主席台，把座椅、沙发、茶几摆放在会场四周，不明确座次的具体尊卑，与会者在入场后自由就座。这一安排座次的方式与茶话会的主题相符。

**▶▶▶知识窗 2：散座式**

散座式排位常见于在室外举行的茶话会。座椅、沙发、茶几四处自由地组合，甚至可由与会者根据个人的要求而随意安置。这样容易创造出一种轻松、惬意的社交环境。

**▶▶▶知识窗 3：圆桌式**

圆桌式排位指的是在会场上摆放圆桌，请与会者在周围自由就座。圆桌式排位又分两种形式：一是适合人数较少的，仅在会场中央安放一张大型椭圆形会议桌，请全体与会者在圆桌前就座；二是在会场上安放数张圆桌，请与会者自由组合就座。

## 实训任务 7：掌握中式宴请的桌次和位次安排

**▶▶▶知识窗 1：中式宴请的桌次排列礼仪**

按照惯例，桌次的主次以离主桌位置的远近而论。一般来说，遵循“以右为尊、以远为上、居中为上”的原则，这里的“右”是指进入房间、面对正门的位置，“远”是指距离正门较远。桌数较多时，要摆放桌次牌。中餐餐桌通常采用圆形桌。常见的有小型桌次排列（图 3-5），大型桌次排列（图 3-6）。如果桌数较多，各桌的第一陪同人员应尽量面朝主桌的第一主人，也可以与主人的位置相同（图 3-7）。

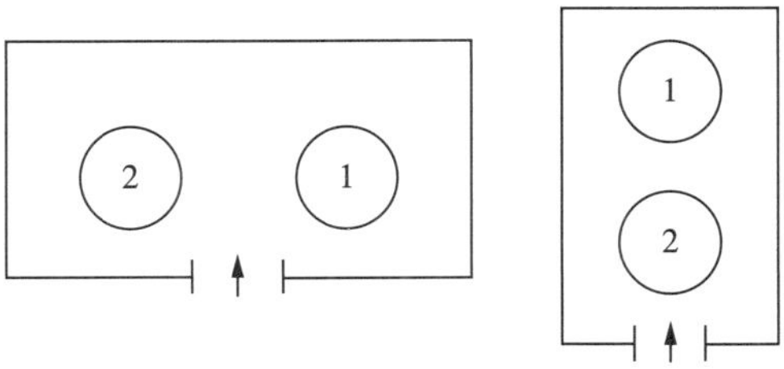


图 3-5　小型桌次排列

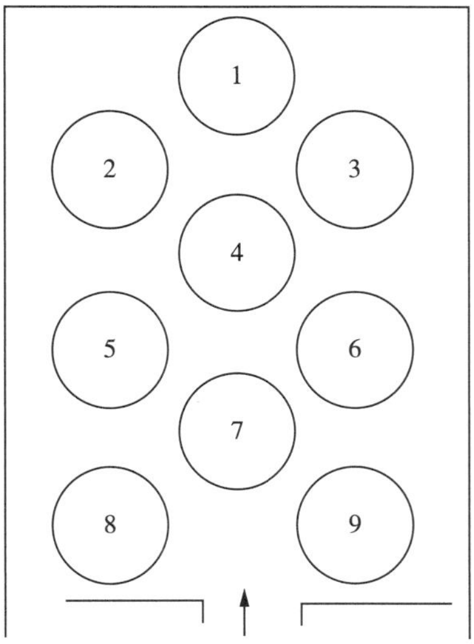


图 3-6　大型桌次排列

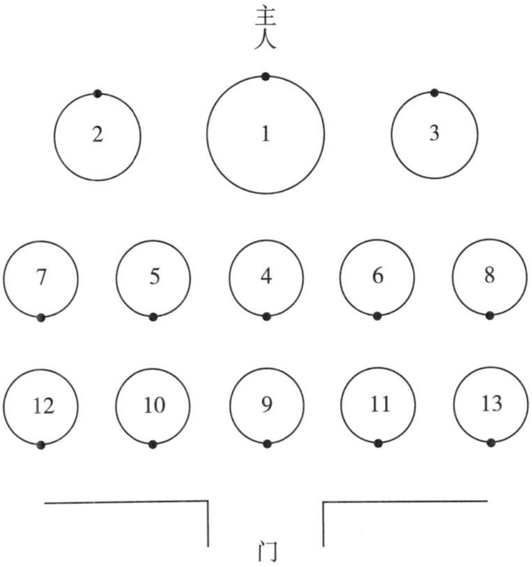


图 3-7　大型桌次排列

## 知识窗 2：中式宴请位次安排

首先是面门居中者为上，坐在这个位置上的人一般是主人，这个位置称为主位（主陪）；对面背对门的是第二主位（副陪）。主人右侧的位置是第一主宾位（主宾），左侧是第二主宾位，第二主位右侧是第三主宾，左侧是第四主宾（图 3-8）。有时候不必交叉安排宾主双方的其他赴宴者，客人一方坐在主人的右侧，陪同人坐在主人的左侧，也就是“主左宾右”。这样一目了然，介绍起来也十分方便。

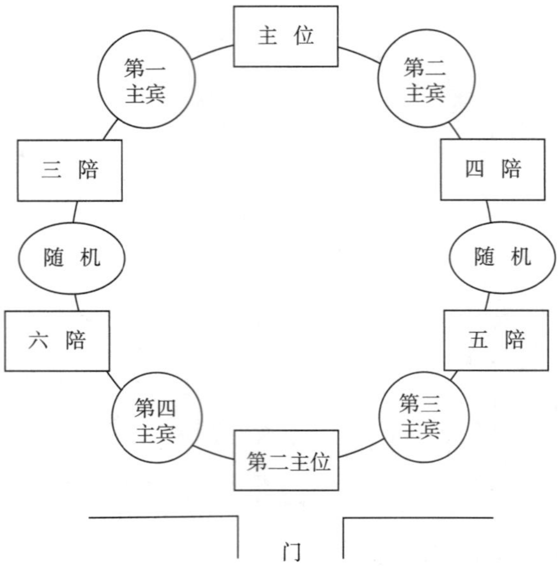


图 3-8　中式宴请位次安排

## 实训任务 8：掌握西式宴请的位次安排

### 知识窗：西式宴请的位次安排

西式宴请多采用长方形桌，位次安排依照国际惯例：以主人为基准，右高左低，近高远低。在正规西式宴请中，一般要求男女人数相等，并且男女穿插而坐，因此，只要接受了主人的邀请，一般要按时赴约，如确实有事不能赴约，需尽量提前告知主人。西式宴请常采用下面两种方法安排座次（图 3-9）。

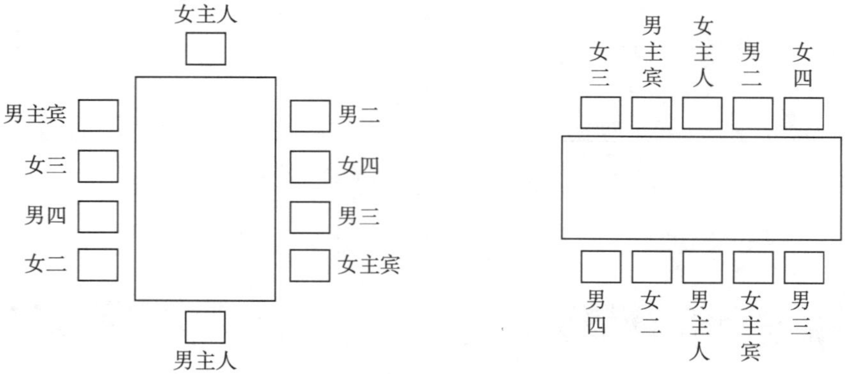


图 3-9　西式宴请位次安排

### 本章小结

本章主要介绍了商务交往中基本礼仪的概念、要求及规律，要求正确运用商务礼仪中的交往礼仪，达到交际目的，提高个人修养。

## 主要概念

打招呼　握手　称谓　敬语　谦语　名片　介绍　位次

## 技能训练

### 一、基础知识题

1. 单选题。

(1) 商务场合男女握手时，应当由________先伸手。

A. 男士　　B. 女士　　C. 无所谓　　D. 尊者

(2) 接受别人递给你名片之后，应把它放在________。

A. 名片夹或者上衣口袋里　　B. 西装内侧口袋里

C. 裤袋里面　　D. 随便放

(3) 在社交场合，下列介绍顺序，错误的是________。

A. 将男性介绍给女性　　B. 将年轻的介绍给年长的

C. 将先到的客人介绍给晚到的客人　　D. 将晚辈介绍给长辈

(4) 双边谈判中，通常用长方形、椭圆形桌子，如果桌子竖放，宾主相对而坐，以进门方向为准，主人应坐在________。

A. 面门的一侧　　B. 背门的一侧

C. 门的左侧　　D. 门的右侧

(5) 在商务会餐中，贵宾的位置应安排在________。

A. 主人的左侧　　B. 主人的右侧

C. 主人的左侧右侧都可以　　D. 主人的对面

2. 多选题。

(1) 握手原则有________。

A. 女士主动将手伸向男士　　B. 男士主动将手伸向女士

C. 年轻者主动将手伸向年长者　　D. 年长者主动将手伸向年轻者

E. 上司主动将手伸向下属

(2) 递送名片礼仪规范________。

A. 身体微微前倾　　B. 双手呈上名片

C. 名片的字迹面向对方　　D. 递于对方手中

E. 接过名片一定要看

(3) 进出电梯时应注意________。

A. 安全问题　　B. 领导先进后出

C. 领导后进先出　　D. 与熟人同乘要讲先来后到

E. 与熟人同乘要讲后来先到

(4) 自我介绍要不失分寸，必须注意________。

A. 措辞简洁　　B. 举止大方

C. 表情亲切　　D. 极力表现

E. 喧宾夺主

5. 称谓礼仪的总体要求________。

A. 随意　　B. 庄重　　C. 正式　　D. 规范

E. 礼貌

3. 简答题。

(1) 握手是交际场合最自然而常见的一种礼仪，请谈谈握手的有关礼仪。

________________________________________

(2) 在使用敬语时应注意哪些问题？

________________________________________

(3) 判断位次尊卑的基本原则有哪些？

________________________________________

(4) 为他人做介绍时应注意哪些问题？

________________________________________

(5) 名片在社交场合的作用有哪些？

________________________________________

## 二、案例分析题

(一) 分析下列为他人做介绍的事例

(1)“这位是×××公司人力资源部的张经理，他可是实权派，路子宽、朋友多，你若需要帮忙可以找他。”

(2) 约翰·梅森·布朗是一位作家兼演说家。一次，他应邀去参加一个会议，并进行演讲。演讲开始前，会议主持人将布朗先生介绍给观众。下面是主持人的介绍语：“先生们，请注意了。今天晚上我给你们带来了一个不好的消息。我们本想邀请伊塞卡·马克森来给我们讲话的，但他生病了，来不了。(下面一片嘘声) 后来我们要求参议员布莱德里奇前来，可他太忙了。(嘘声) 最后，我们试图请堪萨斯城的罗伊·格罗根博士，也没有成功。(嘘声) 所以，我们最后请到了——约翰·梅森·布朗。(掌声)”

(3) 我给各位介绍一下：这小子是我的铁哥们儿，开小车的，我们管他叫“黑蛋”。

### 分析提示

(1) 以上介绍各存在什么问题？

________________________________________

(2) 在交际场合中介绍他人时应注意哪些规范？

________________________________________

(二) 分析下文交换名片的事例

某年4月，新城举行春季商品交易会，企业家们济济一堂。华新公司的徐总经理在交易会上听说衡诚集团的崔董事长也来了，很想利用这个机会认识一下这位素未谋面又久仰大名的商界名人。终于，他们在午餐会上见面了，徐总彬彬有礼地走上前去打招呼："崔董事长，您好，我是华新公司的总经理，我叫徐刚，这是我的名片。"说着，徐总便从随身带的公文包里拿出名片，递给了对方。崔董事长显然还沉浸在之前与他人的谈话中，他顺手接过徐刚的名片，草草看了一眼，就放在一旁的桌子上，同时说了一声"你好"。徐总在一旁等了一会儿，见崔董并没有交换名片的意思，便失望地走开了……

**分析提示**

结合名片礼仪知识，谈谈这位崔董事长的失礼之处。

## 三、技能操作与实训题

（1）两个人一组，模拟不同角色的介绍、握手与打招呼等礼仪。

［讨论记录］

（2）两个人一组，模拟递接名片的基本动作。

［讨论记录］

# 模块四

# 商务工作礼仪

【学习目标】

素质目标：通过对一般商务活动中商务工作礼仪的学习与训练，提升在商务活动中的工作能力，完善商务往来工作程序，提高工作效率。

知识目标：了解商务工作礼仪的作用，掌握商务工作礼仪所涵盖的基本规范和基本要求。

技能目标：理解商务工作礼仪在商务活动中的重要性，培养商务工作中的职业素质，提高业务能力。

能力目标：在商务工作中，能够熟练、准确、自然地运用商务工作礼仪规范及技巧。

【引　例】

今年24岁的小杨进入一家新的单位，工资待遇全面提高了。由于工作性质特殊，小杨经常和老板一起外出公干。每次和老板一起出外工作时，小杨都特别卖力，极尽所能地展现自己的公关才干，甚至不向老板汇报情况或不等老板做出决定便与对方敲定合同细节。小杨非常满意自己的表现。新的工作让小杨有了使用各种办公设备的机会，他经常趁同事不在时，复印些自用资料，或是给远在异乡的家人打电话，有时还会将公用设备，如数码相机等带回家，和朋友一起拍照，借以炫耀自己获得的工作特权。一次，小杨的朋友来公司找小杨，小杨就在办公室里和朋友高谈阔论起来。老板经过时，小杨并没有停止聊天，也没有向朋友引荐自己的老板。他认为自己和老板很熟，不需要客套。半年后，小杨因一个很小的工作失误就被公司开除了。

分析提示

该案例中，小杨在得到新工作后，非常“珍惜”好的机会，努力工作。他总在老板指示之前擅作主张；还“以公司为家”，公私不分，把公司的物品占为己用；或是不重视办公场所的地点特性，在办公室里接待亲友，甚至忽视老板的存在。这些行为使得小杨失去了这份对他来说很有前途的工作，根本原因就是小杨不懂得商务礼仪规范，没有遵循办公室的行为准则，虽有工作能力却缺乏职场综合素质。他在与领导配合和相处的过程中没有摆对自己的位置，在日常工作中没有注意明确区分公与私，最终导致工作上的失败。这说明，掌握商务工作礼仪在工作、商务活动中非常重要，是培养职业素质、提高工作能力的必经之路。

# 学习情境1 办公室礼仪

## 实训场景1 办公室礼仪概述

学习情境1图片

知识点：办公室礼仪的概念

关键技能点：掌握办公室礼仪的概念和内涵

### 实训任务：认知办公礼仪的概念及内涵

#### ▶▶▶知识窗

办公室是办公的重要场所，办公室里的一切行为举止应遵循办公室礼仪。办公室礼仪是指公务人员在从事办公室工作时要尊敬他人，讲究礼节规范和程序，包括工作环境礼仪、工作服饰礼仪、工作举止礼仪、工作语言礼仪等。

## 实训场景2 办公室环境礼仪

知识点：办公室环境礼仪的概念

关键技能点：了解办公室环境礼仪规范

### 实训任务1：认知办公室环境礼仪

#### ▶▶▶知识窗

办公室以其综合性、广泛性、程序性等特性，成为现代商务活动的重要交际场所。办公室环境的优劣直接影响工作效率和质量。办公室环境包括空间环境和人文环境。

### 实训任务2：掌握办公室空间环境礼仪规范

#### ▶▶▶知识窗1：办公室空间环境礼仪规范

办公室空间环境应具有文明、友善、积极、奋进的氛围。办公环境合理的布置和规划能使置身其中的人自觉地提升职业素养，铸造非凡的工作成就（见二维码图4-1所示）。

#### ▶▶▶知识窗2：办公室空间环境礼仪规范具体做法

（1）办公室设计装修宜选用庄重、大方的风格，不可过于豪华气派。明亮、通风、安全是基本要求。

（2）空间的布置、布局、结构要合理，各部门间既要区隔，又要利于联系。各种功能区室应齐全，设施设备要尽量完备。

（3）环境卫生要干净整洁。保持清洁整齐，地面、墙壁、门窗、过道、桌椅、各类设备、设施要打扫干净。

(4) 办公桌上的东西要分门别类，物品摆放部位要体现顺手、方便、整洁、美观，有利于提高工作效率。

(5) 文件、资料的摆放要归类合理、整齐收纳。

(6) 私人物件、与工作无关的物品，应一律清除。

## 实训任务 3：认知办公室人文环境礼仪规范

### ▶▶▶知识窗 1：办公室人文环境的含义

办公室人文环境是指影响工作人员工作心理的环境因素，有同事关系、上下级关系、异性关系、客户关系等影响因素。

### ▶▶▶知识窗 2：与同事共处

同事是一起工作的人。与同事能否和谐相处，决定了个人或集体的工作能否顺利开展。同事之间相处，应注意以下几点：

(1) 注意团结合作，主动帮助和关心同事。

(2) 宽宏大量，尽量谅解同事的错误，产生误会要及时化解。

(3) 不评议同事，指责他人。

(4) 不在背后议论、中伤别人。

### ▶▶▶知识窗 3：与下级共处

与下级共事的礼仪强调平等对待，不可趾高气扬、高高在上，具体为：

(1) 指示明确，领导有方。

(2) 言行一致，以身作则。

(3) 宽容下属，培养下属的工作能力。

(4) 知能善任，多多赞赏。

(5) 言而有信，不轻易允诺。

### ▶▶▶知识窗 4：与上级相处

与上级相处的礼仪有很多，核心要义是体现尊重，具体为：

(1) 服从领导，执行上级的工作指示，维护上级的领导地位。

(2) 及时汇报，多接受上级的指导和批评建议。

(3) 礼遇相待，不可熟视无睹，甚至避而远之。

(4) 公私分明，不可混淆工作和社交之间的关系，胡乱攀认。

(5) 懂得分寸，在上级忙碌或不方便时不要打扰。

(6) 多做请示，不可越俎代庖，行使领导的权责。

(7) 知情重义，在领导给予关怀和帮助时要及时致谢，不可受之当然、心安理得。

(8) 自尊自爱，面对上级不可盲目屈从、无原则地妥协，丧失自我。

### ▶▶▶知识窗 5：与异性共事

现代社会提倡男女平等，男女共事已是司空见惯的事情。俗话说：“男女搭配，干活不累。”这正说明，男女性别差异有助于男女在性格、能力、心理上形成互补之势，在工作中相互平衡、互相帮助，发挥各自的优势，达到事半功倍的效果。职场人士在工作中是工作伙伴，在生活中则都是社会人，各自都有其他社会角色。故而，男女同事在交往中要把握好尺度（见二维码图 4－2 所示），不可交往过密，混淆了角色身份，引发家庭和社会矛盾。男女同事交往要注意：

（1）不要在隐蔽空间或私密空间里共处，如男女单独在一间办公室里并锁上房门，或单独到娱乐场所的包厢等地相聚等。

（2）不要穿着不雅服饰。

（3）不要做非分无礼的举动，如男士不可随便接触女士身体任何部位，女同事不要和男同事打打闹闹等。

（4）不要谈论各自的隐私。

（5）不要共用私人财物，如借款、借物要说明，并且及时归还。

#### 知识窗 6：与客户相处

与客户相处的办公礼仪涉及礼宾礼仪的范畴。在办公场所接待客户时要注意：态度热情，照顾周到，坦诚大方，进退自如，不可忽视来宾或者怠慢客户（见二维码图 4－3所示）。不与走进办公室的客人打招呼；冷漠地回答询问；漠视客人的存在，自顾自地做自己的事情；推诿接待责任等都是极不礼貌的行为。

## 实训场景 3　办公服饰礼仪

知识点：办公服饰礼仪

关键技能点：掌握办公服饰礼仪的规范

### 实训任务 1：认知办公服饰礼仪规范

#### 知识窗

和其他场合相比，办公服饰要求显得传统、保守，甚至非个性化。办公人员的服饰不仅是个人形象的问题，还涉及组织形象的问题，是企业单位整体形象和个人工作性质的展示。办公人员给人的总体印象应该是严肃认真、积极努力的，这样才能获得周围人的尊重和认可。

### 实训任务 2：认知办公服饰礼仪具体规范

#### 知识窗

在商务活动中，办公服饰的要求虽然根据各行业的性质各有不同，但也是大同小异。无论是统一着装还是自由着装，都应遵循以下服饰礼仪规范：

（1）着装要庄重大方、整洁文雅。统一着装时要整套穿着，不可随意搭配。

（2）男士主要以西服为主，也可以着商务休闲夹克类。服装应以黑、灰、蓝、白为主色调，可以搭配少量其他颜色或饰品，但要避免花哨、另类。服装质地要好，避免因面料劣质导致衣服的变形、褶皱、残破等问题出现。运动装、旅游鞋等功能装不可以出现在商务办公场合。

（3）男士不能在办公场所随意脱解衣物，戴帽子和墨镜，穿背心、短裤、凉鞋或拖鞋，更不适合赤脚穿鞋，甚至赤膊。

（4）女士一般着套装、套裙、连衣裙或长裙。裙长应当讲究：年轻女性的短裙至膝盖上不超过5厘米为宜，中老年女性的短裙以盖住膝盖为宜。

（5）女士不宜穿过于艳、露、透、短、小的衣服，内衣不可外现。在办公室里工作，佩戴的首饰也不宜过多，如走路摇来摇去的耳环会分散他人注意力，叮当作响的手镯也不适宜。服饰颜色不宜过于艳丽，“花枝招展”的打扮不符合办公室工作的氛围。

（6）女士发型应大方得体，指甲不可以超过2毫米，甲油以淡色为宜。

（7）男士的发式整齐干净，长度达到“前不附额，侧不遮耳，后不及领”的标准。

（8）服饰要经常换洗，讲究卫生，注意整洁。

## 实训场景4　办公举止礼仪

知识点：办公举止礼仪

关键技能点：掌握办公举止礼仪的规范

### 实训任务1：认知办公室举止礼仪规范

**▶▶▶知识窗：办公室举止礼仪规范**

商务办公活动中，工作人员处在公开场合，公共视线之下，因举止行为不当造成的不良后果可能不是当事人自己能够承担的，所以在公开场合的举止行动应符合礼仪规范。

### 实训任务2：认知办公室举止礼仪规范具体要求

**▶▶▶知识窗：办公室举止礼仪规范具体要求**

在办公场所要注意以下内容：

（1）准时到岗，养成守时的习惯。不管是日常上班还是开会，总迟到的人会给人留下拖拖拉拉、不敬业、不干练的印象。准时守约是职场人士的一种基本素质。

（2）站、坐、走的端庄姿态。无论是站着还是坐着，都要保持端正、文雅的姿势，不能趴在桌上、躺在椅子里。走路慌慌张张、做事毛手毛脚，让人感觉不可信任。

（3）保持安静。不可高声交流、争论，或重声开关门窗、拉关抽屉，以免影响他人工作。

（4）妥善安排时间，提高工作效率。上班时间埋头工作，努力完成任务，不要散漫、拖拉、不思进取。

（5）不干私活，认真工作。工作时间不可以做私人的事情，比如织毛衣、看小说、打瞌睡、吃零食等。

（6）爱护公共财产，不公为私用，不滥用手中权力。办公区的设施设备是为工作所设，不可见利忘义，比如将办公用品捎带回家、在办公室复印与工作无关的资料、用办公电话打私人电话、擅自使用他人的私人物品等。

（7）主动担当责任，参与打扫、搬迁等业外事物。不能遇事情就躲、拈轻避重。

（8）办公室内用餐，要注意保持卫生，及时清理。吸烟应在专用的吸烟室或室外。

（9）不干预、窥视别人工作，不在办公室交朋会友、闲聊天、串门等。

（10）出入打招呼，不要直闯入室，或长时间占用他人办公桌椅，以免给人造成目中无人的印象。

## 实训场景5　工作语言礼仪

知识点：工作语言礼仪

关键技能点：掌握工作语言礼仪的规范

### 实训任务1：认知工作语言礼仪规范

#### 知识窗：工作语言礼仪规范

工作语言的礼仪规范讲究“言辞得体”。办公人员的言语可以反映其精神面貌，体现其文化教养。在办公场合什么话可以讲、怎么讲、对什么人讲、讲到什么程度等问题，都需符合得体的原则。语言得体主要指：

（1）讲究语言的礼貌性。中华民族自古是个礼仪之邦，在任何场合与人见面，都应礼貌地与人交谈。语言的礼貌性反映一个人对社会文明的认知程度。要注意尊称、敬辞、敬语以及其他礼貌用语的得体使用，并辅之以相应的声调、语气等。可以将“您”“请”“谢谢”“对不起”“打扰”等常用的礼貌词语组合于自己的口语表达中，做到规范、标准。

（2）讲究言辞的恰当性。说话用词准确恰当才能使表达得体自然。虚浮夸张的言辞很难让人产生信任感，热情过头的词语也很容易让人感觉虚假。例如，与上级对话时，过分的夸赞很容易演变成“拍马屁”“阿谀奉承”。

（3）讲究言辞的技巧性。在言语交流中，少不了语言的技术处理。得体地变换语调、语气可以使所讲内容更加生动有趣、友善可亲。例如，上级批评下级时，应该语气柔和、情理交融，不能粗暴谩骂、作威作福；同事间讨论争议时，语气要中肯得当，选词要委婉，音量要适中，多使用征询口气来表述，如“我可不可以这样修改你的方案”“你认为我这样做行吗”。

### 实训任务2：掌握工作语言礼仪规范具体要求

#### 知识窗：工作语言礼仪规范具体要求

（1）学会让别人讲话。如果只有自己一个人在滔滔不绝、夸夸其谈，毫不理会旁人的感受，那么不管多么精彩，总会让对方感觉处在被动接受的状态。让对方说话，发表见解，有利于同事间的相互理解和沟通。

（2）有条有理、清晰明了地表达。工作交流的目的是更好地工作，所以最有效的语言是“一清二白”的，让对方明白我们说的“是什么意思”，比让对方知道“他是个懂得辞藻的人”更重要。

（3）少用“我”字，多用“您”字。即使是熟稔的同事之间，语言交流也要体现尊重。说话时，应避免以自我为中心。恰当地使用“依我拙见”“您的高见”等谦恭的词句，能给人留下有修养的印象。

（4）尽量不打断别人的谈话。抢说、争辩等都应力避。若确实需要打断别人的谈话，也该首先表示歉意，并告知对方理由，求得对方的谅解后再开口。如果有人想交谈，可先主动地询问，打消对方的顾虑，帮助他打开话题。

（5）学会婉言拒绝。工作中，同事之间应当互相帮助，答应别人请求时可以直接说“好的”“我愿意”“没问题”，但有的请求没办法满足，就不能简单地拒绝了。得体的拒绝需要技巧，直接拒绝与婉言拒绝产生的结果是不同的，婉言拒绝可以帮助我们得体地打破进退两难的僵局。一般情况下，婉言拒绝的方式有：

① 先感谢后阐明拒绝的理由。“你能来参加我的宴会吗？”“谢谢你的好意，我已经有约会了。”

② 阐明后果再拒绝。“你把这个给我吧。”“真对不起，我如果把它给您，就会影响工作了。”

③ 先肯定后否定。“你愿意帮我做吗？”“我很愿意，可真抱歉，我实在没有时间。”

④ 拒绝之后另寻办法。“这件事我要这样办。”“照您的意思办大概不行，我想您可以试试另一种办法。”

⑤ 引导对方自己放弃。钱钟书先生在拒绝一位很想拜访他的美国女士时说：“如果你吃了一个鸡蛋觉得味道不错，又何必要认识下蛋的那只母鸡呢？”这让我们认识到大师拒绝时的幽默与智慧。

（6）注意不要激怒对方。在办公场合说话，话题的选定要适合周围的氛围，举例用典不要涉及别人的隐私；遣词造句应考虑对方的背景，避免触犯别人的禁忌；拿别人的短处开玩笑是很不得体的。

（7）多一些赞美，少一些批评。赞美会令人感到愉快。工作中，恰当地给同事一些赞美，如“您的观点很独到”“您的计划很有趣”“您的工作值得称赞”，这样的话语很容易拉近彼此的距离，获得对方的好感。像“你的想法太愚蠢了”“你的工作能力太差”“你要改改你的缺点”这类的语言，则会让人觉得很刺耳。如果在批评前，先抓住对方的长处给以真诚的赞美，就能化解被批评者的对立情绪，使批评在和谐的气氛中进行，达到非同一般的效果。

（8）多一些讨论，少一些争辩。语言得当会使讨论更加平和高效。在工作中交流不同的观点时，采用相互探讨的语言易于被接受。

（9）学会调动对方参与谈话的积极性。巧妙得体的提问是调动谈话积极性的好方法，如“你不觉得我的想法很特别吗”“能给我介绍你的经验吗”。

（10）学会聆听。任何谈话都是说与听的双向循环，说与听的角色在不断互换。听，不仅是接收信息的主要手段，还是反馈信息的必经渠道。做个忠实而感兴趣的听众，竖起耳朵，目视对方，时而点头报以微笑，并辅之以适当的提问，会让自己赢得别人的尊敬、喜爱和接纳。

### 实训任务3：认知办公场所忌讳语

**▶▶▶知识窗：办公场所忌讳语**

作为商务职场人，要懂得语言的“场合原则”。办公室是一个充满原则、纪律，讲求策略的场合，同事之间最好保持一种平等、礼貌的关系。在办公场所需要注意的语言禁忌有以下几点：

（1）不可公开谈论、探听同事的薪资。同事之间的薪资往往有不小的差别，打听别人的或说出自己的有可能既得罪领导，又惹恼同事。

（2）不要诉说自己私事，如自己的感情生活、家庭财产、生理健康问题等。

（3）不能炫耀自己。不管是自己的财富，还是自己的能力，或者外貌，都不能拿来做炫耀的资本。办公室里最好不要搞得与众不同，好像鹤立鸡群，因为这其实也是在变相地轻视、侮辱别人。

（4）不要大谈理想。表现得野心勃勃或者狂妄自大，都是不成熟的做法，后果不言而喻。

（5）不要直呼上级或老板的名讳。下级见上级，不可直呼其名，一般性的尊称是姓氏加上职务，比如“某局长”“某老板”，为表示更亲切、更尊重可以直接叫“局长”“老板”。对上级或老板绝不可直呼其名的，“名讳”即是“忌讳的名字”。

### 实训任务4：了解办公场所礼仪世界各国的共性

**▶▶▶知识窗：办公场所礼仪世界各国的共性**

被普遍认定的七大陋习是：①同事间见面不说“你好”“早上好”；②不为公司客户端茶倒水；③在办公室大声喧哗；④随口许愿；⑤用手机接私人电话；⑥未经允许使用他人的办公物品；⑦窥探同事的私生活。

# 学习情境2　日常工作礼仪

## 实训场景1　日常工作礼仪概述

知识点：日常工作礼仪的概念

关键技能点：掌握日常工作礼仪的概念

学习情境2图片

### 实训任务：认知日常工作礼仪的概念及内容

**▶▶▶知识窗：日常工作礼仪的概念及内容**

日常工作礼仪指工作人员日常工作时，所应遵循的礼仪规范。日常工作礼仪所涵盖的内容较多，前面模块介绍的办公室礼仪和后面模块的会议会务礼仪都有涉及。此外，其还包括迎来送往、人员交流、工作布置、工作交接、通信交流、文案处理、汇报工作、工作出差等诸项工作的礼仪规范，这里只针对具体的汇报工作、出差工作两大内容进行介绍。

## 实训场景2　汇报工作礼仪

知识点：工作汇报礼仪的概念

关键技能点：掌握日常工作礼仪的概念和涵盖内容

### 实训任务：认知汇报工作礼仪

#### ▶▶▶知识窗1：汇报工作礼仪

向上级汇报工作是日常工作的重要内容，汇报者要做到事前准备、遵守约定，清晰简练、谦虚谨慎，表现大方、彬彬有礼（见二维码图4-4所示），主要应从以下几个方面注意自己言行举止：

（1）事前准备。汇报前要做充分准备，务必弄明白要汇报的内容范围和汇报对象意欲了解的具体事项。

（2）遵守约定。下级向上级汇报工作，务必准时到达。过早到达，会打扰上级；姗姗来迟，会让上级等候过久，这些都是失礼的行为。若不能准时，则应尽早告知，同时说明原因并致歉，以争取领导的谅解。即便是临时约定的特殊汇报，也不能爽约。

（3）敲门入内。即使领导办公室的门是敞开的，也应敲门或打招呼示意后才能进入；征得汇报对象同意后，才能开始汇报。

（4）汇报时，或站或坐，都要注意仪态，吐字清晰，语调、音量适中。若汇报对象工作较忙，则汇报者的口头汇报应力求简短精练。

（5）汇报内容要实事求是、条理清楚，不可“察言观色”、投其所好、歪曲或隐瞒事实真相。

（6）多人一起汇报时，要自觉服从预先确定的发言次序。

（7）呈送书面汇报时，正方向朝向对方递送，并口头简略说明。

（8）汇报结束后，汇报对象如果谈兴犹在，要礼貌作答，等到汇报对象表示结束时才可以告辞。

（9）告辞时，要整理好自己的材料、衣着与茶具、座椅，当领导送别时要主动说“谢谢”或“请留步”。

（10）利用电话汇报要言简意赅且应注意场合，要有意识地避开视听干扰，注意保守秘密。

#### ▶▶▶知识窗2：应注意的举止

不管是向上级汇报请示工作，还是向下级做报告总结，都要遵循礼仪规范，尊重汇报工作任务。应注意的举止有：

（1）不能爽约或随意改变汇报时间。

（2）不可以不打招呼、大大咧咧、破门穿堂而入。

（3）不要有意作神秘之状，不可对汇报对象俯首耳语、低声交谈或使用暗语。

（4）不可乱送、滥送或随手搁置书面文件。

（5）不可随意吸烟、吃东西。

（6）不可有意逞强、大模大样、骄傲自负，不可给自己评功摆好、独揽功劳。

（7）不可歪曲事实、编造谎言，不可打别人的“小报告”。

（8）不可随意打断，或是当即予以否定对方提出的意见。

（9）向下级通告工作时，不要傲慢无礼、不屑一顾。

（10）不可故设悬念，或反诘对方，或对汇报对象的提问置之不理。

## 实训场景3　出差工作礼仪

知识点：出差工作礼仪的概念

关键技能点：掌握出差工作礼仪规范

### 实训任务1：认知出差工作礼仪

#### 知识窗：出差工作礼仪

出差是指工作人员临时被派遣外出办理公事，即出外公干。身为商务人员，外出参加会议、联系洽谈业务、考察和考核项目等的机会很多。既然是公事，那么身份是单位的工作人员，行动应以公事为主。组织的外派人员代表组织与外单位联系洽谈工作，举止言谈更应遵循礼仪规范，彰显组织的形象和个人的职业素质。不管是单独出差还是多人出差，都要注意出行礼仪。

### 实训任务2：认知出差工作礼仪具体内容

#### 知识窗：出差工作礼仪具体内容

出差外地，衣、食、住、行与日常的生活、工作有所不同，所以要注意的礼仪规范有很多：

（1）衣：出差时的服饰穿着不可能太讲究，但仍需要注意基本的礼仪。应尽量带两套以上的服饰。一套衣服为旅行途中穿着，以方便、安全、舒适为准，女性不宜穿过长、过短的裙子和高跟鞋；不宜佩戴太多首饰，以防招来不测。另一套衣服专门为公务时备用，要符合公务性质，整洁大方。如果有需要，我们还应准备一套礼服类服饰，以备在对方举行接待晚宴或特别仪式时穿着。

（2）食：在外地用餐，会遇上和本人饮食习惯有冲突的麻烦，还可能有和自己家乡的风俗礼节不同的问题，要特别加以注意。我们要遵循入乡随俗、客随主便的礼节，仔细观察主人的行为，了解习俗后再饮食。

（3）住：住宿要考虑公费额度问题，不可随心所欲，奢侈浪费。入住酒店后要做一名文明旅客，到前台办理相应手续后才可进入客房。客房不是住客的私有财产，应文明使用租用的房间。

(4) 行：旅行离不开交通工具。这里主要介绍乘坐飞机和火车的礼仪规范。

① 乘坐飞机的礼仪规范。

随着经济的发展，乘坐飞机进行商务旅行的人也越来越多。乘坐飞机时应保持良好的形象，避免出现尴尬局面，具体来说应当遵循以下“空中礼仪规则”：

a. 乘坐飞机通常要求在半个小时前登机。飞机场一般都设在城市的郊区，距市区较远，赶往机场时一定要预留出充足的时间，避免因塞车等特殊情况造成迟到，延误航班，给大家带来麻烦。

b. 不要携带易燃易爆的危险物品。小刀等物品（包括女士日常使用的修眉刀与修眉剪）应当事先放在托运的行李当中，不要随身携带，否则这些物品可能无法通过安全检查。

c. 体积大的旅行包要托运，不能带上飞机，也不能塞在机舱通道或其他妨碍行走的地方。

d. 把随身携带的手提箱、衣物等整齐地放入座位上方的行李舱中。避免东西掉下来砸到其他乘客。乘务员通常会在飞机起飞前检查行李是否放好，不要给乘务员增添太多的麻烦，以免延误起飞时间。

e. 坐下时可以向旁边的乘客点头示意。聊天要注意时间不要太长，说话声音不可过大。如果对方没有想聊天的意愿，尽量不要去打扰。

f. 飞机上不能使用任何带磁场的电子产品。手机应打开飞行模式，直到下飞机后才能关闭。

g. 不要把座椅靠背放得过低。在旅途中如果想把座椅靠背向后放下，应当先和后面的人打声招呼，不要突然操作，以免碰到他人。进餐时要将座椅靠背放直。

h. 飞机机舱内空间狭小，通风不良，故不可过多使用香水，也不要使用味道浓烈的化妆品。

i. 可以请求乘务员做个人服务，如送茶水、毛毯、药品等，但不可提过多、过分的要求。

j. 在飞机上与人交谈时要避开恐怖的话题，如劫机、坠机等事件。

② 乘坐火车的礼仪规范。

乘火车应提前到火车站候车。候车时，要爱护候车室的公共设施，不大声喧哗，携带的物品要放在座位下方或前方，不抢占座位或多占座位，不躺在座位上使别人无法休息。保持候车室内的卫生，不乱扔垃圾。检票时要自觉排队，不拥挤、插队。进入站台后，要站在安全线以内等候。火车停稳后，方可在指定车厢排队上车。有次序地进入车厢，并按要求放好行李，行李应放在行李架上，不应放在过道或小桌上。不在车厢内吸烟、随地吐痰、扔果皮纸屑。在座席车上休息时，不应东倒西歪，卧倒于座席上下、茶几上、行李架上或过道上；更不应靠在他人身上，或把脚跷到对面的座席上。去餐车用餐时，如果人数过多，应耐心排队等候。在用餐时，应节省时间，不要大吃大喝、猜拳行令；用餐完毕，应即刻离开，以免影响别人用餐。使用卫生间后要及时清理，不宜长时间占用。下车时，应自觉排队等候，不拥挤、踩踏座椅靠背或强行从车窗下车。

### 实训任务3：了解与领导一起出差的礼节

**知识窗**

和上司一起在异地出差，跟其他性质的工作略有不同，此时我们的身份既是他的助手，也可能是朋友。业务洽谈时，我们是助手，要全力辅助上司，尽己所能地助上司一臂之力。但是，请一定不要忘记自己的“陪衬”身份，不要以为出门在外就可以我行我素。从另一方面看，身处人生地不熟的异乡，我们是上司唯一熟识的人，心理上更容易有亲近感和认同感。与领导出差应该注意的礼节如下：

(1) 不应被动跟随，事事依赖上司的安排。凡事待上司吩咐后才去做，表面上看是尊重领导，服从安排，其实是，像订房、买票等事应主动承担。职场的规则是男女平等，女下属不可在此时要求得到优待。

(2) 不应好大喜功，一味表现，喧宾夺主。

(3) 不应擅作主张，不管是工作上的大事还是生活中的细节，都应该先听听上司的意见。提出建议、说明理由，把决定权交给上司。

(4) 不应和上司过于亲密，异性之间更应注意不做工作之外的交往。

(5) 不应和异性上司住相邻客房，尽量不进入异性的客房，尊重各自私人空间。如必须入室交流工作，则应保持房门打开，并只做短暂的停留。

(6) 不应可借机向上司提额外要求，比如购买礼物或特产。

# 学习情境3　会务、会议礼仪

## 实训场景1　会务安排礼仪

知识点：会务礼仪的概念

关键技能点：掌握会务礼仪规范

### 实训任务1：认知会务、会议工作礼仪

**知识窗：会务、会议工作礼仪**

会务、会议礼仪包括在召开会议前的准备工作，会议中、会议后及参会人应注意的事项，以及各种会议约定俗成的程序和仪式等多项内容。遵循会务、会议礼仪对会议的顺利召开和会议精神的执行有较大的促进作用。会务、会议礼仪具体内容包括会务安排礼仪、与参会者礼仪、常用会议仪式及程序。

### 实训任务2：了解会务工作安排礼仪规范具体内容

随着社会经济的发展各种商务会议的召开频繁，重视会务、会议礼仪日显重要。会务工作是为会议取得预期效果，保证会议顺利召开、进行、闭幕而做的准备工作。

会务工作越详尽，所尽会务礼仪越周全。

## 知识窗1：会议之前

（1）明确主题。开会之前，必须明确会议主题和目的。确定会议主题才能明确本次会议的预期结果，并为得到该结果而展开工作。负责筹备会议的工作人员则应围绕会议主题，将领导议定的会议规模、时间、议程等进行组织安排并落实。

（2）明确分工。组成会务组，明确分工，将具体工作事项责任到人。确认会务组主要负责人，主要负责人全面主持工作，包括联络各责任人、协调各方面关系等。

（3）确定与会人数与会议规模。会议召开之前，根据会议目的确定召开对象，统筹人数，并确定与会人员名单或范围。与会人数应科学制定。研究表明，根据会议性质，各种会议类型有其相应的人数效应。决议性会议要3～5人；解决问题的会议，要少于5人；调查问题性的会议要不少于5人、不多于10人；工作汇报或成绩展示性会议一般少于30人；动员型会议人数要越多越好。参会人数越科学，越能产生理想的会议效果。

（4）由会务组拟好并送达通知或邀请函。通知或邀请函应写明会议标题、主题、会期、出席对象、报到时间、报到地点及与会要求这七项要点。会议通知或邀请函的内容应完整而规范，并确保及时送达与会人员，不得耽搁延误。

（5）选择会议场所。根据会议的性质和规模确定会议的场所。不同等级、规模或性质的会议，所设场所具有不同要求。动员性会议人数多，所需场地则较大，突出热烈宏大的氛围；决议性会议一般有相应的保密需要，应选择比较安静，空间不是很大的会议室等场所。

（6）会场的布置。提前调试检查开会时所需的各种音响、照明、投影、摄像、摄影、录音、空调、通风设备和多媒体设备等，悬挂标语、横幅等应有的装饰物，设置路牌、路标，张贴海报，摆放鲜花、旗帜等。注意：装饰物不宜堆砌过多，以免影响会议的严肃性、正式性。

（7）安排座次，安放主席台或主宾席位。主席台上应按照礼仪次序原则排座，还应注意安排主持人和发言人席位。

（8）大型会议要安排好进退场的时间和路线，安排引导员做出相应的引导和现场指挥。

（9）与外界安保部门沟通，确保会议各方面安全。

（10）文件的起草。会议上所用的各种文件材料，一般应在会前准备妥当。主要包括会议的议程、开幕词、闭幕词、主题报告、大会决议、典型材料、背景介绍等。注意：有些文件应在与会者报到时下发。

（11）会议用品的采办。会议用品，如纸张、本册、笔具、文件夹、姓名卡、座位签，以及饮料、声像用具、纪念品等，都应专门、提前采办，如有必要还需在用品上印制会议标志。

## 知识窗2：会议期间

（1）例行服务。会议举行期间，一般应安排专人在会场内外负责迎送、引导、陪同与会人员。对与会的贵宾及老、弱、病、残、孕者，以及少数民族人士、宗教界人士、港澳台同胞、海外华人和外国人，往往还须进行重点照顾。会场内还应安排人负责设施管理、呈递物品、打扫卫生等。对于与会者的正当要求，应有求必应。

（2）会议签到。为掌握到会人数，严肃会议纪律，凡大型会议或重要会议，通常要求与会者在入场时签名报到。会议签到的通行方式有三种：一是签名报到，二是交券报到，三是刷卡报到。负责此项工作的人员，应及时向会议的负责人进行通报。

（3）餐饮安排。举行较长时间的会议，一般应为与会者安排会间的工作餐。与此同时，还应为与会者提供卫生且可口的饮料。会上所提供的饮料，最好便于与会者自助饮用，不提倡为与会者频频斟茶续水。那样往往既不卫生、安全，又有可能妨碍对方。如果必要，还应为外来的与会者在住宿、交通方面提供力所能及、符合规定的方便条件。

（4）现场记录。凡是重要的会议，均应进行现场记录，具体方式有笔记、打印、录入、录音、录像等。可单独选用某一种记录方式，也可综合使用。手写会议记录时，对会议名称、出席人数、时间、地点、发言内容、讨论事项、临时动议、表决选举等基本内容要力求做到完整、准确、清晰。

（5）编写简报。有些重要会议，往往需要在会议期间编写会议简报。编写会议简报的基本要求是快、准、简。快，是要求讲究时效；准，是要求准确无误；简，则是要求文字精练。

（6）会间服务。有些会议时间较长，为丰富与会者的生活，可以在晚间或无会议的下午安排茶会或文娱活动，还应提供相应的医疗卫生、安全保卫、咨询等服务。

### 知识窗3：会议结束

（1）形成文件。具体包括会议决议、会议纪要等。一般要求尽快形成，会议结束后立即下发或公布。

（2）整理、处理材料。根据工作需要与有关保密制度的规定，在会议结束后应对会议相关的一切图文、声像材料进行细致的收集、整理工作。

（3）发放纪念品或组织摄影、摄像；分发商务往来通信录及其他传单。

（4）组织参观、个别洽谈或合同签单等商务往来活动。很多的商务会议都是以促进商务往来、加强业务联系、拓展商业营销为目的的。会议结束后会催生很多的商业机会，抓住这个机会对主办方和与会者都很重要。

（5）协助返程。大型会议结束后，会议主办单位一般应为外来的与会者提供返程的便利。若有必要，应主动为对方联络、提供交通工具，或是替对方订购、确认返程的机票、船票、车票。当团队与会者或与会的特殊人士离开本地时，主办单位还可安排专人送行，并帮助其托运行李。

## 实训场景2　与会者礼仪

知识点：参加会议礼仪

关键技能点：掌握参加会议礼仪规范

## 实训任务：掌握与会者礼仪规范

### 知识窗

商务会议要取得良好的会议效果，不仅需要会议组织者讲究会务礼仪，会议的参与者和工作者也都要符合相应的礼仪规范。

（1）携带通知或邀请函，准时抵达会场，按照会场的指定座位或区域落座。

（2）主席台就座人员要按规定入座，注意仪态，认真听取发言，不可擅自离席。

（3）出席正式会议和宴请，要穿正装，男士一般应穿着深色西服，贴身穿衬衣，系领带。女士的衣服最好为正装或礼服类。女士服饰要与会议性质相吻合，符合会场气氛。

（4）正式会议开始以后，尽量避免频繁进出会场，或在场内来回走动。

（5）不在会场、走道、餐厅里大声喧哗，不在会场大声接听电话。

（6）会议期间，将手机调成静音状态，并尽量避免接打电话。如实在有必要接打电话应离开会场。

（7）无论在主席台上，还是在台下，都要注意仪态，坐姿要端正。不可倚靠在椅子上打瞌睡或有其他不雅姿态。

（8）注视台上发言人，做好会议记录，不和其他与会者交头接耳，不做其他与会议无关的事情，该鼓掌时给予热烈的掌声。

（9）发现错误应以妥善方式与发言人或主办方交流，不可做出起哄、喝倒彩或其他无礼行为，影响会议正常进行。

## 实训场景3　会议发言者礼仪

知识点：发言者礼仪

关键技能点：发言者注意事项

## 实训任务：认知发言人礼仪规范

### 知识窗

商务会议发言有正式发言和自由发言两种。正式发言者应衣冠整齐，步态自然地走上主席台，保持自信大方的风度与气质。发言时应口齿清晰、主题明确、简明扼要。如果是书面发言，要时常环顾一下会场，不能闷头读稿、旁若无人。发言完毕，应向听众表示谢意。自由发言较随意，但要注意讲究顺序和秩序，不能争抢发言；发言音量适中，观点明确；如与他人观点有分歧，应和谐交流讨论，态度平和，不能大吵大闹。不管是正式发言还是自由发言，如果有与会者对发言人提问，发言人都应礼貌作答，对不能回答的问题，应机智而礼貌地应对；对提问人的批评和意见应认真听取，即使提问者的批评是错误的，也不应失礼失态。发言应简短，不可冗长啰唆，占用他人时间。

## 本章小结

本模块的编写主要从工作环境、同仁关系、工作任务、工作类别等方面阐述了在商务工作中应遵循的礼仪规范，涵盖了商务工作方方面面的行为准则和程序规则。

商务工作礼仪规范包括办公室礼仪、日常工作礼仪、会务和会议礼仪三个主要方面。其中，办公室礼仪包括办公室环境礼仪、办公服饰礼仪 、工作举止礼仪、工作语言礼仪。日常工作礼仪包括汇报工作礼节和出差礼节。会务、会议礼仪包括会前准备、会中工作与接待及会后服务等。

## 主要概念

办公室环境礼仪　办公室服饰礼仪　办公语言礼仪　办公举止礼仪　汇报工作礼仪　出差工作礼仪　会务礼仪　会议发言人礼仪　与会者礼仪

## 技能训练

### 一、基础知识题

1. 单选题。

(1) ________可营造出文明、友善、积极、奋进的氛围。

A. 办公室空间环境　B. 办公室人文环境　C. 办公室人际环境　D. 办公室语言环境

(2) 与上级相处的礼仪有很多，核心要义的礼仪规范是________。

A. 打招呼礼　B. 服从　C. 正确工作　D. 尊重

(3) 办公服饰要求________。

A. 美观　B. 个性化　C. 显得传统、保守　D. 简洁

(4) 呈送书面汇报时，方向朝向对方递送应该________。

A. 横着　B. 面向自己　C. 正向对方　D. 随便

(5) 和异性同事出差________。

A. 可以进入异性的客房　B. 可以共用物品

C. 可以做私密交谈　D. 可以同游景点

2. 多选题。

(1) 办公场所举止要注意哪些事项？________。

A. 准时到岗　B. 注意姿态　C. 保持安静　D. 不公为私用

E. 用办公座机电话给父母打电话

(2) 出差服饰应注意________。

A. 女性可以穿过长的裙子　B. 可以穿高跟鞋

C. 不要佩戴太多贵重物品　D. 准备一套整洁大方的衣服

E. 女性可以穿过短的裙子

(3) 工作语言礼仪规范的得体指________。

A. 言辞的礼貌性　B. 言辞的恰当性

C. 言辞的技巧性　D. 言辞的严肃性

E. 言辞的爽朗性

(4) 和领导出差应注意________。

A. 不要被动跟随　　B. 不要好大喜功

C. 不要擅作主张　　D. 不要和上司过于亲密

E. 可以自己做主

(5) 会议的准备工作要做好________。

A. 明确主题　　B. 明确分工

C. 发放纪念品　　D. 确定与会人数

E. 确定会议规模

3. 简答题。

(1) 简述办公室语言的得体性体现在哪些方面。

________________________________________

(2) 简述办公场合的忌讳语。

________________________________________

(3) 简述办公语言规范中的办公室语言禁忌。

________________________________________

(4) 简述向领导汇报工作时应注意的事项。

________________________________________

(5) 简述会务工作中会议期间的主要工作。

________________________________________

## 二、案例分析题

以下是网络上的一篇趣味博文《MM出差定律》，阅读后，请根据文章中的信息回答问题：

我的女友要出差，我给她写下了如下定律。不要穿得太暴露，最好不要抹香水。不要穿幼稚的衣服，这样让人觉得容易骗。不要随便吃别人的东西，不要喝别人给的饮料，当你自己的饮料脱离视线之后就不要再喝。进入宾馆后，首先要熟悉火警的疏散通道；进入房间先检查卫生间、房间和衣橱中是否有人；在卫生间和房间中小心检查是否有微型摄像头。坐火车时，不要把头靠在车窗上睡觉；坐卧铺时，避免穿裙子，最好选择中铺，不要坐软卧。坐汽车时，最好选择右边的座位，靠近过道，靠近门和紧急出口，不要坐副驾驶座，不要睡觉，保持清醒。坐飞机我就没有什么可说的了，我也只坐过一次，如果可能的话带个降落伞。原则也是要记住紧急出口的位置。在到达陌生的地方之后，不要在车站逗留和徘徊。切忌拿着地图到处走。

### 分析提示

(1) 不应忽视的出差的目的有哪些？

________________________________________

(2) 如何注意出行安全?

(3) 你学到了哪些好经验?

(4) 请续写你认为的出差十个“不要”。

## 三、技能操作与实训题

(1) 针对第一天上班任务，实践自己该如何穿着。

[讨论记录]

(2) 和几位同学一起，讨论如果遇上领导批评自己做的工作有差错，该如何应对?

[讨论记录]

(3) 和几位同学一起说说，和异性一起出差应注意的礼节。

[讨论记录]

# 模块五
# 商务通信礼仪

【学习目标】

素质目标：熟悉现代通信礼仪的概况。

知识目标：掌握现代通信礼仪基本要求以及通用规范。

技能目标：掌握信函请柬等常用文书的基本书写格式，以及使用电话、电报、短信、电子邮件等电子通信的礼仪规范。

能力目标：理解通信、通信的基本礼仪，熟悉通信、通信时常用的语言，掌握通信、通信时应注意的礼仪要点。

【引　例】

小王今天刚上班，办公室电话响起来，小王接听来电："喂，哪位?"对方是女性，很大地说："什么哪位呀？是我!"小王很奇怪地问："你是谁呀?"对方答道："我是我呀。你怎么连我都没听出来呀!"小王觉得莫名其妙，只好说："你打错了吧?"对方一愣，说："你是谁呀?"小王说："你找谁?"对方却反问："你是谁?"对方甚至还追问小王在哪里，电话号码是多少，小王说出办公室电话。对方一听，就把电话给挂掉了。"别人错把电话打给我，我客气地告诉对方打错了，可对方不依不饶，非要问出个所以然，经我解释后，对方二话不说就挂断电话，连句道歉的话都没有。"小王无奈地说："这种情况已不止一次了，让人束手无策。这种不讲文明的行为真让人气愤。"

分析提示

打错电话虽是生活小事，但如果遭遇粗暴态度，着实让人心郁闷。这都是因为电话礼仪的普及率远落后于电话的普及率。人们一方面在最大限度地享受着现代通信所带来的便捷的生活方式，另一方面却忽视了应随科技发展而发展的礼仪文化。忽视通信礼仪的后果，往往比人们见面时的礼节不周带来的后果更严重。

# 学习情境 1　通信礼仪概述

## 实训场景 1　通信礼仪概述

知识点：了解通信礼仪所包含的内容
关键技能点：掌握通信礼仪的基本要点

### 实训任务：认知通信礼仪所包含的内容

#### 知识窗：通信礼仪所包含的内容

通信是指人们利用一定的通信设备进行传送消息或音讯。被传递的消息或音讯，既可以是语音、文字、符号，也可以是表格、图像。如今，通信已经成为人们必不可少的一种交流方式，商务人士的使用尤为频繁。在日常生活里，商界人士接触最多的通信手段，主要有信函、电传、传真、电子邮件等。通信礼仪指在利用各种通信手段传送消息或音讯时，所应遵守的礼仪规范。通信礼仪包括纸质通信礼仪和电子通信礼仪。纸质通信有一般书信、感谢信、慰问信、贺信信函类，以及礼仪电报和卡片类等，在信函的书写格式、常用文书形式等方面都有传统的礼仪规范。电子通信礼仪如电话礼仪，传真、电报等电子通信工具礼仪，以及网络通信礼仪等。

## 实训场景 2　通信礼仪基本要求

知识点：了解通信礼仪的基本要求
关键技能点：掌握通信礼仪的基本要点

### 实训任务：认知通信礼仪基本要求

#### 知识窗 1：通信礼仪

通信礼仪包括纸质通信礼仪和电子通信礼仪两大类型。不论是信函往来、电话接听，还是网络交流的通信方式，都是以交流信息、表达情感、沟通联络为目的，是为商务交往活动服务的交际手段。这些手段运用得是否合理、得体，是否遵循了交际的既定规范，都决定着商务活动能否达到理想的效果。作为商业人士，在通信中要注重通信礼仪，在通信过程中给予交往对象充分的礼遇，这样才能给对方留下良好的印象，促进商务活动顺利地进行。

#### 知识窗 2：通信礼仪的基本要求

（1）保持尊重。商务礼仪的核心作用是体现人与人之间的相互尊重。商务通信也应遵循这一基本原则。不论以信函还是电子信息传递消息、沟通交流，都应在文字、信息内容、传递方式等方面体现出尊重的原则。例如，信函礼仪中有不可以使用不正规的纸张书写，不可以用红笔书写等具体要求，都应严格遵守，否则会被认为对收信人不敬。

（2）传承传统形式，发扬新式礼范。通信交际自古便有，中西方的传统文化中关于通信的既定礼俗部分应加以继承和发展。如在书信往来中，中西方都各有不同的固定格式和书写习惯。在涉外商务交往中，应特别注意使用收信人所习惯的书写形式。而在使用新型通信手段时，应多采用最广为接受的形式。例如，在传统的节日时，很多人喜欢用微信传递祝福。

# 学习情境2　纸质通信礼仪

## 实训场景1　书信礼仪

知识点：书信礼仪所包含的内容

关键技能点：掌握书信礼仪的基本要点

### 实训任务1：认知书信

**知识窗：书信的含义**

书信是一种向特定对象传递信息、交流思想感情的应用文书。根据史书记载，我国古代先秦时期就有了书信这种信息交流方式。在纸张发明之前，书信常被写在白绢或布匹上，称作“尺素”。另外，书信还被写在竹片、木片上，竹片称作简，木片称作札或牍，简札的长度和素绢一样，都取一尺，故而写在竹片或木片上的书信也叫尺牍。到了清末，随着西方的邮政制度传到我国，书信最终走进了千家万户。书信可分为一般书信和专用书信两类。一般书信是指亲人、朋友、同事间为了传递信息或表达相互鼓励、问候、关照等思想感情而写的信函。专用书信包括介绍信、证明信、感谢信、表扬信、贺信、慰问信、咨询信、推荐信、公开信等。书信的历史源远流长，书信礼仪也十分丰富。

### 实训任务2：认知一般书信礼仪

**知识窗1**

现代生活中，电话、网络已经相当普及，但书信以其独具个性、易于珍藏等特有的魅力，仍然是商务交往中不可或缺的通信手段之一。一般书信包括信封和信瓤两部分，书写时应遵循相对固定的格式。

**知识窗1-1：信封书写**

（1）邮寄书信，书写邮政编码时要注意，信封正面左上方空格内应填写收信人所在地区的邮政编码，右下方的空格应填发信人所在地的邮政编码。寄往城市家庭的书信，要在信封上写清楚收信人所在的省（市、自治区）、市（县）、城区、路、街（弄）和门牌号码等信息。寄往农村家庭的书信，则要在信封上写清楚收信人所在的省、县、乡、村甚至街道等信息。寄往收信人工作单位的，不仅要写明收信人的详细地址，还应写明单位全称和具体部门。书写地址时，可在一行内写完，也可分两行书写。在大地名和小地名、地名和号码之间，都应空开一个字的位置，如图 5－1 所示。

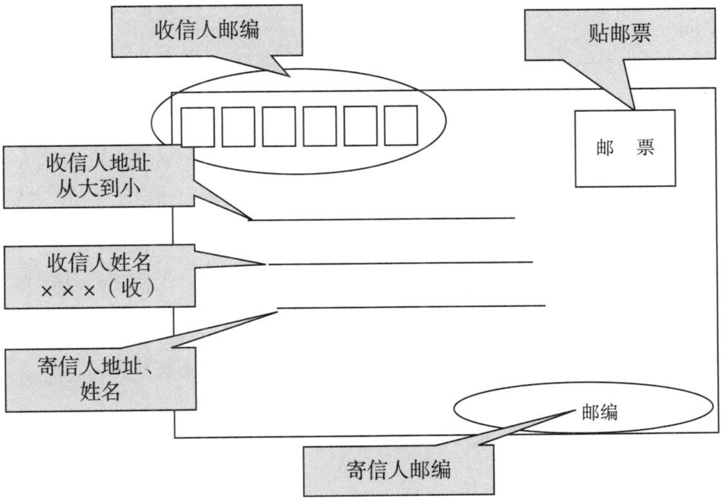


图 5－1　信封书写格式

（2）如果是托人转交的信件，一般不封口或由受委托人封口，以示礼貌。信封上可以省略书写地址，只写“烦交”“面交”“呈交”及收信人姓名等文字。落款注明“某某委托”，如图 5－2 所示。

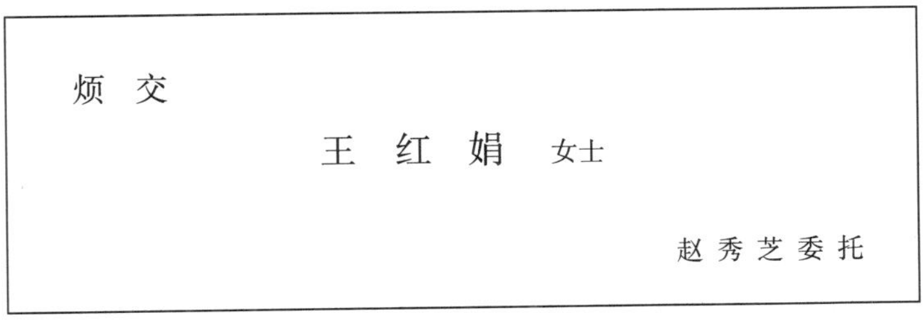


图 5－2　转交信封书写

## 知识窗 1－2：信瓤基本格式

信瓤为书信的主要部分，包括称谓、问候、正文、祝颂、署名、日期等组成部分。每个部分的书写都应符合礼仪规范。

（1）称谓。称谓是写信人对收信人的称呼。称谓要顶格写，单独成行加冒号。称谓要合乎身份、注意礼貌。可按习惯称收信人为“某某同志”或“某某先生”，也可按职务称其为“某教授”或“某经理”，对高龄者也可称其为“某老”。对有亲属关系的长辈，不可直呼其名；对没有亲属关系的长辈，也应尽量避免指名道姓，以示尊重。

（2）问候。问候应写在称谓的下一行空两格处，可单成一行，也可后接正文。

（3）正文。寄信人要向收信人询问、回答、叙述的内容，都需在正文中表述。正文也是书信的核心部分。

（4）结尾。结尾一般要有表示祝愿或敬意的文字。可以在正文写完后，紧接着写“此致”，转一行顶格或空两格再写“敬礼”。不写“此致”，也可以另起一行空两格写“敬礼”“平安”“祝×××”等敬辞。此外，还可以用“敬颂钧安”“即问近好”“春安”“日祺”等词句。

（5）署名。署名写在结尾右下方后半行的地方，可加上自己的身份，如小妹、愚兄等，不必写姓。名字后边或名字的下一行需署上发信日期。

（6）附言或补遗。信写完以后，发现还有内容要补充，可以加在后面。为醒目起见，常以“另”“又”或“还有”开头。或先写附加内容，最后注明“又及”或“某某（写信人的名字）又及”作为结束。附告详细地址；托带问候的话，如“某某附笔问安”；附件说明，信中附有照片、票据等，均在日期下边空两行、距左边线两格开始书写。

### 知识窗 1-3：其他

信瓤的折叠方式以收信人方便打开为宜。书写的信笺纸要整洁、美观，易于反复阅读和收藏。

### 知识窗 2：写信忌讳

（1）信纸不规范、不整洁。用随手拿到的纸张、纸片，或者以撕扯的犬牙交错、邋邋遢遢的纸张写信是对收信人的藐视。更不可用公函纸写私人信件，这既是礼仪要求，也是人格修养的表现，还是国际惯例。

（2）用笔不合规矩。不可以用铅笔，更不可以用红色笔写信或消息。

（3）字迹潦草。信的文字是写给别人看的，如果字迹过于潦草导致收信人读不懂、看不清，信文也就失去了其本身的意义。

（4）信文是打印的文字。若属于统一函件类，抬头称谓和最后的落款或署名一定要手写。这是尊重“见字如面”的传统。

（5）收信后不回复。收信人在收到来信后要及时回信或以其他方式回复发信人。不及时回信被认为是行动上欠礼貌，德行上欠修养。

## 实训任务 3：认知专用书信礼仪

### 知识窗：专用书信的含义

专用书信是指用于某种特定的场合、针对某种特定的事务所写的书信。专用书信有许多不同的种类，如介绍信、证明信、感谢信、表扬信、贺信、慰问信、咨询信、推荐信、公开信等。这些不同类型的书信，各有各的用途，应用于不同的场合，写给不同的对象，因此在写法上也有不同的格式和要求。

### 知识窗 1-1：介绍信

介绍信是介绍本单位人员到外单位参观学习、联系工作、了解情况或出席某种会议等所写的一种书信。介绍信具有介绍和证明的作用。使用介绍信，可以使对方了解来的人的身份和目的，以便得到对方的信任和支持。介绍信一般有书信式和填表式两种。书信式介绍信一般用印有单位名称的信笺书写，格式与一般书信基本相同。填表式介绍信使用印有固定格式的专用信纸，需根据要办的具体事项填写相关内容。填表式介绍信有存根，便于查存。介绍信要写明对方的称呼，交代清楚持介绍信人的姓名、身份、人数、联系事项，以及对对方的要求等。落款处要写明本单位的名称和开具介绍信的日期，有的还要注明有效期限。介绍信要加盖公章才能生效。

【例文】书信式介绍信

介　绍　信

××县××乡政府：

兹介绍我公司李××、陆××两位同志，前往你处联系有关乡镇企业管理事项，请接洽。

此致

敬礼！

××××公司（公章）

××××年×月×日

## ▶▶▶知识窗 1-2：表扬信

表扬信的作用是对个人或集体的先进事迹、先进思想进行表扬，使被表扬的个人或集体受到鼓励，使更多的人受到被表扬人的正面影响。表扬信可以写给对方的单位，也可以写给报社、电台等主体。写表扬信的人可以是当事人，也可以是见证人。写表扬信，一定要把事情的时间、地点、经过情形说清楚，事实要准确无误，评价要恰如其分。如果无法了解到被表扬人的单位和姓名，就把他的特征写清楚，以便查找。

## ▶▶▶知识窗 1-3：感谢信

感谢信用于对某人或某单位，对自己或自己一方的关心、帮助、支援表示感谢。感谢信可以用于单位与单位之间，个人与个人之间，个人与单位之间。写感谢信要写明在什么时候，因为什么事，得到了对方哪些具体的帮助和支援，并向对方表示谢意。感谢信的收信人一般都了解事情的经过，这一点是感谢信和表扬信不同的地方。表扬信的收信人一般不知道发生了什么事情，所以写表扬信，要把事情的经过情形叙述清楚；而写感谢信，则要重点写自己遇到什么困难，得到了哪些帮助，对方的帮助产生了怎样的效果。在向对方致以谢意的时候，感情要真挚、诚恳，并表明自己将学习对方高贵品质的态度。赞扬对方时，用词要确切、恰当，不要夸大、吹捧。感谢信可以直接寄给对方，也可以用大红纸写好，送到对方单位，或者送到报社、电台等进行宣传。

【例文】

感　谢　信

××电网公司：

我局 35 kV 花街变电所综合自动化改造项目使用贵公司的保护及测控设备，原计划于20××年××月××日正式开始。××月××日，贵公司钟毅同志来我局开始进行装置的指导接线及设备的讲解培训工作。后由于工作计划的原因，工作推迟到××月××日开始，至20××年××月××日验收，工作结束。

贵公司钟毅同志在我局配合调试期间，积极配合我局安装调试人员开展工作，认真细致，一丝不苟，这种工作精神值得我们学习！

在此，特向贵公司及钟毅同志表示感谢！

此致

敬礼

××电局

20××年××月××日

### 知识窗1-4：慰问信

慰问信是以组织、团体或个人的名义向辛勤工作的人或者遭受某种不幸的人表示问候、安慰、鼓励、关怀的一种书信。

慰问信可以写给不同的人。要根据收信人不同的工作特点，有针对性地对对方的辛勤工作进行问候和安慰，对对方的工作成绩要充分肯定，热情赞扬他们的奉献精神，鼓励他们再接再厉。对遭受灾难或哀痛的人，除了对他们的不幸表示关切和安慰，还要鼓励他们振作起来，要有战胜困难和伤痛的勇气。写慰问信，用词要亲切、热诚，感情要真挚。

【例文】

全市系统员工及家属同志们：

你们好！

过去的一年，是我公司不断深化改革，协调发展，全面增强综合实力和核心竞争力的一年，也是全市系统团结一致，顽强拼搏，扎实工作，求实创新，经受种种考验，克服重重困难，改革、发展、管理等各项工作取得新跨越的一年。这些成绩的取得既是全体员工爱司敬业、辛勤工作的结果，也是广大家属们默默支持、无私奉献的结果。在此，我们真诚地向全市系统每位员工和家属道一声：你们辛苦了！谢谢你们！

展望未来，我们信心百倍……让我们团结起来，以敢为人先的信心，开拓创新的气魄，励精图治，奋发有为，不断开创人保财险事业的新局面。坚信各位员工家属会一如既往地关心和支持我们的事业，携手相助，使我们的员工能以愉悦的心情、充沛的精力投入到人保财险事业中，向着一流财险公司的共同目标而努力。

祝大家春节快乐、事业进步、身体健康、阖家幸福！

祝我们共同的事业蒸蒸日上、再攀新高！

### 知识窗1-5：吊唁信

人在遭受不幸的时候，非常需要得到亲人、朋友的安慰和鼓励。对于那些深受失去亲人的打击与伤痛的人来说，一封感情真挚、用词恳切的吊唁信，会给他们带来温暖和慰藉，为他们增添勇气和信念。写吊唁信时，态度要真诚，措辞要严谨，不要滥用华丽的辞藻，也不要写得过长。写吊唁信时，不宜询问死者伤病及去世的细节，要避免触及对方伤痛、悲哀的话题。

【例文】

吊唁友人祖父丧

××吾兄：

惊悉您的祖父大人于本月××日于××医院骑鲸西归。这样一位慈祥的老人，抛弃了我们，魂归天国，怎能不令人悲哀！

令祖大人年逾古稀，且子孙满堂，今虽仙逝，但亦已享尽人间福寿。在他本人而言，并没有什么可遗憾的了。不过他老人家对社会贡献很大，对我们小辈的帮助更大，如今失去了他，您固然痛不欲生，即使我辈亦不免伤心落泪。但是，人死不能复生，您应当顺变节哀。您是一名有抱负的青年，一定能够继承令祖的遗志，化悲痛为力量，使令祖在天之灵得安慰，兹请人上素幛一幅，敬申哀挽之意。希代为拜奠，不胜感荷。弟因忽染疾病，不克躬亲执绋，万望原谅是幸，专此奉唁。

并望

保重！

弟××拜上

××××年××月××日

### ▶▶▶知识窗1-6：贺信

贺信是对对方在某一方面所取得的成就或突出贡献表示庆贺、赞扬、表彰的信。对某一项科研任务的成功、某一重要工程的竣工、某一重大会议的召开以及对某个人物的寿辰、某个节日等，也可以写信表示祝贺。贺信一般有四种类型：

（1）上级单位写给下级单位或所属职工的贺信。这种贺信，有的是祝贺节日，有的是祝贺所取得的成绩，同时向对方提出希望和要求。

（2）单位之间的贺信。这种贺信一是表示向对方祝贺，二是表示向对方学习，是对对方的一种鼓励。

（3）下级单位向领导机关发出的贺信。通常是对上级单位召开的某种重要会议表示祝贺，同时汇报自己的成绩，向上级单位表示自己进一步做好工作的决心。

（4）以个人或单位、组织的名义给某人祝寿，或者向在某一方面做出突出贡献的人表示祝贺，要发出贺信。写贺信要说明向谁祝贺，因为什么祝贺，祝贺什么，还要根据不同的祝贺对象，写出不同的人或事的意义、影响、作用等。

对祝贺对象赞扬、鼓励的同时，往往会提出新的要求和希望。贺信的感情要充沛、饱满，字里行间要洋溢着喜庆、热烈的气氛，要给人以热情和鼓舞。写贺信要实事求是，对成绩和贡献的评价要恰如其分，赞美和颂扬不能过分，否则适得其反，有溢美之嫌。与贺信的性质、写法相同的还有贺词（辞）、贺电。

【例文】

庆祝报社周年纪念

×××报社社长同志：

今晨接到贵社寄来的请柬，欣悉×月×日为贵报创立一周年纪念。本公司全体同仁谨以万分的热忱，向贵社庆贺。

回想去年贵报创刊的时候，……

希望贵报业务蒸蒸日上，不但风行本省，不久还能风行全国。

敬祝贵社全体同志

身体健康！

×××公司

××××年××月××日

### 知识窗1-7：咨询信

咨询信用于向有关部门询问某事项或请求托办某事务。咨询信的内容比较广泛，工作或日常生活中遇到的一些需要了解的工程进度或办事手续，都可向有关部门咨询。咨询信一般是个人向有关部门的咨询，单位也可以发出咨询。写咨询信的目的是就某些问题向有关部门征询、请教，以期得到圆满的回答，因此，提问题要清楚、明确，不要含糊、笼统，使对方无从回答。同时，要注意文字简洁，有礼貌。

【例文】

给市公安局户籍处的咨询信

××市公安局户籍处：

我在北京的父母年纪大了需要照料，我准备把户口从外地迁入北京，请问应到哪里办理入户手续？

此致

敬礼

×××

××××年××月××日

### 知识窗1-8：推荐信

推荐信一般用于向对方荐举人才，使对方能够接纳。推荐信可以由个人写给个人，个人写给单位或单位写给单位。推荐信一般是由第三者写给对方，也有向某单位、部门自荐的。写推荐信，要把自己的或被推荐人的基本情况以及之所以要自荐或推荐的理由写清楚。要全面地、实事求是地介绍自己或被推荐人的情况，对优点和长处不要夸大、渲染，对缺点和不足也不要隐瞒，要以客观、公正的态度向对方提供真实的情况。如果是以个人名义写推荐信，要在信中简要地介绍自己的身份，说明自己与被推荐人的关系。单位向单位写推荐信，要由主管人员签名，并加盖公章。

### 知识窗1-9：邀请信

邀请信是一个组织正式邀请有关部门或人士参加会议、典礼、宴会、参观等活动的信件。邀请信和复信都使用第三人称，双方名称和名字都要写明。邀请信一般需打印出来，以示正规庄重。

【例文】

邀 请 信

尊敬的××先生/女士：

您好！

首先，我们感谢您在过去的时光里对我们的关注和支持，感谢您对我们所有工作的理解和肯定！在此，董事长马丽率全体员工为您送上我们最真挚的问候和最衷心的祝福！

河南××××公司专门经销……

我们拥有一支“敬业、专业、精业”的销售服务团队，为用户提供……

因公司业务发展，为了更好、更快地服务客户，我公司现决定设立××分公司。

我公司将于××××年×月×日举行××分公司成立大会，我们诚挚邀请您亲临，感受××的生机和活力。

让我再次代表全体同事，感谢您长期以来对我们的关心和支持，同时也对您的即将莅临表示欢迎！

时间：××××年×月×日上午9：30

地址：……

联系人：

胡××联系电话：……

陈× 联系电话：……

××××有限公司

### 知识窗1-10：聘书

聘书是由常见的印制好的聘书格式填写中心内容而形成的。“聘书”字样为标题，正文是聘书的核心内容，首先，交代受聘者担任的职务；其次，写明聘任期限，如“聘期自某年某月某日至某年某月某日”；最后写上聘任待遇，如“聘任期间享受集团高级工程师全额工资待遇”。落款署上发文单位名称并加盖公章，最后落款日期。聘书应短小精炼，语言简洁明了、准确流畅，同时体现发文者郑重严肃、谦虚诚恳的态度。

【例文】

聘 书

兹聘请赵××同志为××家电集团维修部总工程师、主任，聘期自××××年×月×日至××××年×月 ×日，聘任期间享受集团高级工程师全额的工资待遇。

××家电集团（章）

董事长××

××××年×月×日

## 实训场景2 卡片礼仪

知识点：了解卡片礼仪
关键技能点：掌握卡片书写礼仪

### 实训任务：熟悉卡片使用礼仪

▶▶▶知识窗1

卡片是另一种纸质通信联络的形式。卡片作为联络方式最早可追溯到秦朝时期的“谒”，东汉末年改称为“刺”，并由竹木片改成了便于携带的纸张；唐宋时，参加科举的考生为了将来被提携，四处拜前科及第、位高权重者为师。在拜访老师之前，需要先递写自己情况的“门状”。明朝时，官员、商贾、文人雅士相互拜访时呈递的简单自我介绍的卡片称为“名帖”。现代人吸纳了西方人使用卡片的习俗，扩展了卡片的功能，使卡片不仅可以用来介绍自己，还可以用来表达感情、传递信息。在一方制作精美的卡片上，写上几句表达祝福、问候、祝贺、道歉、示爱、感谢等的话语，简单明了，情真意切。卡片在文字编排上没有过多的讲究和规定，直抒心意就是卡片书写的特点。

▶▶▶知识窗2

卡片根据用途不同可以分为祝贺卡、节日卡、致谢道歉卡以及明信片等。卡片上的书写内容一般应简短，表述清晰，有针对性。祝贺的语言要热烈欢快，如生日贺卡上应有“生日快乐”“健康长寿”等吉祥话；节日卡片上一般写有应时应景的祝贺语言。卡片上的内容具有半公开性，所以需注意不可写涉密或隐私的内容。卡片宜亲自手写，措辞要诚恳、精准，还需写明收卡人并落款署名。卡片样式以制作精良、图案美观为佳。明信片可以直接邮寄，其他卡片需要装在信封中寄出。有时效性的卡片，如生日贺卡、节日卡应在相应时间之前送达对方，否则就失去了它的意义。有时在寄送物品时，附上一张写有文字的卡片，可起到说明、注释等作用。人际交往中，学会适时奉上一张精美的卡片，可能会有意想不到的收获。

# 学习情境3 电子通信礼仪

## 实训场景1 电话礼仪

知识点：电话礼仪
关键技能点：掌握电话礼仪基本要点

### 实训任务：认知电话礼仪规范

### 实训任务1-1：掌握电话礼仪基本规范

▶▶▶知识窗1：电话礼仪

随着科技的发展，电话、手机、电子邮件、传真、网络设备等给人们带来众多方便快捷的通信方式。现代人的沟通和交往在很大程度上依赖这些便捷通信工具。电话被现代人公认为是最便利的通信工具之一，除了无法亲眼见到对方，电话交流和面对面谈话相差无几，但也正因为“只闻其声，不见其人”的特性，人们在接打电话时，就有可能会犯下礼仪错误。

## ▶▶▶知识窗 2：打电话礼仪

（1）做好准备：拨打电话前应做一定的准备，要将想讲的事情打好腹稿或写在纸上，避免挂断电话后发现有遗漏，反复打给对方造成麻烦。

（2）时间控制：

① 要选择适宜的时间打电话，不宜在晚上 10 点后至早上 8 点前，或用餐、午休时段拨打电话。遇到紧急事情必须通话时，应该礼貌告扰。如果与国外通话还应考虑时差问题，应选择在对方方便的时间进行。

② 要控制说话时间，一般通话 3～5 分钟为宜，过长时间会干扰到对方的生活或工作。寒暄之后直奔主题，不要含糊不清，吞吞吐吐，浪费时间。

（3）征询告扰：电话接通后，应该说明身份和来电意图，征询对方同意后，方可进入正题。不可直接开讲，不考虑对方处境，造成妨碍或尴尬。电话结束要说打扰以示礼貌。

（4）语气、语调适中：建议微笑着讲电话，传递“带着微笑的声音”。语气要温和，语调调值上扬，可以让听者感觉亲切友好。

（5）礼貌结束：交流完毕不可急匆匆挂断电话，应以“打扰、谢谢、再见”等礼貌用语作为结束。电话挂断的顺序以尊者为先，也就是将“嘟嘟”声留给自己。

（6）挂错道歉：打错电话要向对方道歉，不可直接挂断，以免显得粗鲁无礼。

## ▶▶▶知识窗 3：接电话礼仪

（1）礼貌接听：若电话铃声响起，应尽快接听，不要让对方等待太久。接听后先问候“你好”。有必要时要自报单位或岗位。切忌拿起电话劈头就问：“喂，找谁?”

（2）仔细倾听：认真倾听来电，明白对方语义若为转告代接，务必将需转告的内容向来电者复述一遍，确定没有误解，以避免传话时造成错误。代接电话时应该说明自己的身份：“对不起，他不在。我是某某，有什么事我可以转告吗?”不要贸然介入。

（3）婉言拒绝：如果暂时不便接听电话，应委婉告知对方，另约时间详谈。

（4）积极回应：不要在接电话时做别的事情，三心二意，让对方感觉好像是在自言自语。应该不时地回应对方，表示正在倾听。

## ▶▶▶知识窗 4：接打电话禁忌

接打电话忌讳行为：不自报身份，直接说“是我”，让对方猜；单方面直接中断电话，不给对方反应的时间；边打电话边做别的事情，或者躺着打电话；吃着东西、含糊不清地说话；没完没了地讲话，不理会对方的示意；故意打骚扰电话，干扰对方正常的生活和工作。

### 实训任务1-2：掌握移动电话礼仪规范

#### ▶▶▶知识窗：移动电话礼仪规范

移动电话已被广泛使用在人们的日常生活和工作中。正确使用移动电话是商务人士不可忽视的礼节。

（1）手机只是通信工具，并不是炫富的物件。

（2）使用手机要注意场合，如电梯间、公交车上、餐厅里等公共场所都不可以旁若无人地接打电话。

（3）注意适时开机与关机。在影院、剧场、会议室、休息间等场所，应该关机或调成静音状态，以免电话铃声突然响起，打扰他人。

（4）无论业务多忙，都要注意安全使用手机，不可在加油站、医院病房和乘坐飞机、开车等情况下使用手机。

（5）保持手机畅通，手机更改号码、暂停使用或丢失都应及时知会有关人士，以方便他人与自己联络。发现手机上有未接来电，应及时去电，主动回复。

（6）手机收发短信或微信应多使用短句，并注意语言文字的逻辑性。

（7）不要在手机里存储或转发不健康、不文明的内容。

（8）手机是私人物品，不可随意借用或处置。

## 实训场景2　电子、网络通信礼仪

知识点：邮件、网络通信礼仪

关键技能点：了解新型通信礼仪规范

### 实训任务：掌握网络礼仪规范

#### ▶▶▶知识窗：网络礼仪规范

随着科技的发展和电脑的普及应用，网络已经成为人们工作和生活的一部分，人们登录互联网、浏览网页、通过互联网获取资料或使用电子邮件联系沟通已经越来越普遍。为了使网络沟通更顺畅，人们交流更和谐，学习并运用相关的礼仪规范就显得非常必要了。发送电子邮件时需要注意以下几点：

（1）主题要明确。主题是接收者了解邮件的第一信息，因此要提纲挈领，切忌含义不清。表意明确的主题可以让收件人迅速了解邮件的内容并判断其重要性，不可使用空白标题，标题文字要简短，不宜冗长。标题尽量只概述邮件中最主要的内容，利于对方阅读和收藏。回复对方邮件的主题可以根据回复内容需要更改标题。可适当使用大写字母或特殊字符（如“*！”等）来突出标题，引起收件人注意，但应适度。不要随便使用“紧急”之类的字眼。

（2）语言要流畅。邮件行文要通顺流畅，多用简单词汇和短句，准确清晰地表达，尽量不用生僻字、异体字及长句、晦涩语言；引用数据、资料时，则最好标明出处，以便收件人核对。

（3）内容要简洁。电子邮件内容应当简明扼要，短小精炼，便于阅读。选择便于阅读的字号和字体，加快阅读文稿的速度，同时注意必要的信文格式和相应的礼貌用语。

（4）不滥发电子邮件。

（5）合理使用附件：

① 如果邮件带有附件，应在正文中提示收件人查看附件。

② 附件文件应按有意义的名字命名，不可用看不懂的文件名。

③ 正文中应对附件内容做简要说明，特别是带有多个附件时。

④ 附件数目不宜超过 4 个，数目较多时应打包成一个压缩文件。

⑤ 如果附件是特殊格式文件，应在正文中说明打开方式，以免影响使用。

⑥ 如果附件过大（不宜超过 2MB），应分割成几个小文件分别发送。

（6）尊重对方的习惯，不主动发送英文邮件。如果对方与我们的邮件往来是采用中文，请不要自作聪明地发送英文邮件；如果对方发来的是英文邮件，我们也应用英文回复。

（7）恰当签名。签名档可包括姓名、职务、公司、电话、传真、地址等信息，但信息行数不宜过多，一般不超过 4 行。

（8）应及时回复邮件。收到重要的电子邮件后，应即刻回复对方，这是对他人的尊重，理想的回复时间是 2 小时内。

（9）同一问题不要多次回复讨论。如果收发双方就同一问题的交流回复超过 3 次，说明交流不畅，没有说清楚，此时应采用电话等其他方式进行交流沟通后再做判断。对于较为复杂的问题，多个收件人频繁回复发表看法，将导致邮件过于冗长影响阅读。此时应对之前讨论的结果进行小结，突出有用信息。

（10）要区分 Reply（单独回复）和 Reply All（回复全体）。如果只需要单独一个人知道的事，单独回复即可；如果对发件人提出的要求作出结论响应，应该回复群体，让大家都知道。注意：不应让对方帮助完成这件事情。

## 本章小结

本模块的编写主要从如何使用通信工具和正确运用通信方法等方面，阐述了在商务通信活动中应遵循的礼仪规范。

商务通信礼仪规范包括通信礼仪概述、纸质通信礼仪和电子通信礼仪等方面。其中，纸质通信礼仪包括书信礼仪、卡片礼仪；电子通信礼仪包括电话礼仪、传真及网络邮件礼仪。

## 主要概念

通信礼仪　一般书信礼仪　专用书信礼仪　卡片礼仪　电话礼仪　传真礼仪　网络邮件礼仪

## 技能训练

### 一、基础知识题

1. 单选题。

(1) 书信作为联络方式，最早可追溯到秦朝时期的________。

A. 谒　　B. 信

C. 简　　D. 名片

(2) 竹木片称作简，木片称作札或牍，简札的长度和素绢一样，都取一尺，故而书信也叫________。

A. 谒　　B. 信件

C. 尺竹　　D. 尺牍

(3) 一个组织正式邀请有关部门或人士参加会议、典礼、宴会、参观等活动的信件是________。

A. 函件　　B. 请柬

C. 邀请信　　D. 感谢信

(4) 寄往收信人工作单位的书信，不仅要在________上写明收信人的详细地址，还应写明单位全称和具体部门。

A. 信纸　　B. 信瓤

C. 信封　　D. 信的背面

(5) 在发送________时，应检查是否注明了本公司的名称、发送人姓名、发送时间及自己的联络电话。

A. 寄信　　B. 电子邮件

C. 贺卡　　D. 传真

2. 多选题。

(1) 打电话礼仪包括________。

A. 做好准备　　B. 时间控制

C. 征询告扰语气　　D. 语调适中、礼貌结束

E. 调大声音

(2) 正确使用移动电话应该做到________。

A. 不可以做炫富工具　　B. 不可以随时接打

C. 保持手机畅通　　D. 随意借用或处置

E. 一直开机

(3) 在发送传真时，应检查是否注明了________。

A. 公司的名称　　B. 发送人姓名

C. 发送时间　　D. 自己的联络电话

E. 本人职位

(4) 发送电子邮件时需要注意________。

A. 主题要明确　　B. 语言要流畅

C. 不滥发电子邮件　　　　D. 合理使用附件

E. 恰当签名

（5）写信忌讳________。

A. 信纸不规范、不整洁　　　　B. 用笔不懂规矩

C. 字迹潦草　　　　D. 打印的文字

E. 画图说明

3. 简答题。

（1）简述通信礼仪的基本要求。

（2）简述信瓤书写的基本格式。

（3）简述接电话礼仪包括了哪些内容。

（4）简述卡片内容的书写规范。

（5）简述感谢信的主要内容。

## 二、案例分析题

小王加班到深夜，手机没电关机了，回家后很累便蒙头大睡。第二天早上，公司领导没见小王来上班，于是找到小王的同事小刘询问当天需要的文件。小刘急忙给小王打电话，可是电话处在关机中。领导因急需文件，便派小刘去找小王。小刘找到小王时，小王还在睡觉，当小刘说明来意后，小王赶紧给领导打电话回复，小王躺在床上和领导通话，告诉领导自己因加班而没有准点上班，甚至欲把加班的情况向领导描述。领导在电话里非常生气，没有等小王说完就挂断了电话。

**分析提示**

（1）小王使用手机时忽视了什么？

（2）领导为什么生气？

（3）你认为案例中出现了哪些不妥行为？

## 三、技能操作与实训题

（1）给朋友写一封学习感受的书信。

（2）学习使用传真机。

（3）写一篇《邀请信》的习作。

[讨论记录]

# 模块六

# 商务拜访、接待礼仪

【学习目标】

素质目标：通过形体姿态、着装佩饰、谈吐课程的学习与训练，学生可以迅速提升整体形象，做到举止大方，谈吐优雅，更好地展现个人独特气质与魅力。

知识目标：了解拜访和接待的基本礼节，掌握接待前准备工作的内容及接待工作基本程序和方法，掌握礼品馈赠礼仪。

技能目标：掌握接待工作流程，掌握见面接待致意礼仪规范。

能力目标：能够在日常商务交往中根据现实情况灵活运用，从而建立良好的人际关系。

【引　例】

### 丰子恺的待客之道

丰子恺先生是著名的画家，家里经常有客人来访。每逢来客人，他总是耐心地对孩子们说："客人来了，你们要热情招待，要主动给客人倒茶、添饭，而且一定要双手捧上，不能用一只手。因为用一只手，就好像是皇上给臣子赏赐，或是像对乞丐布施，是非常不恭敬的。"他还说："要是客人送你们什么小礼物，你们可以收下，但接的时候，要躬身双手去接。躬身，表示谢意；双手，表示敬意。"这些教导都深深地印在孩子们的心里。一次，丰子恺在一家菜馆里宴请一位远道而来的朋友，孩子们有礼貌、守规矩地吃饭。饭后，他们中有人嘟囔着想先回家。丰子恺听到了，就悄悄告诉他们不能急着回家。事后，丰子恺对孩子们说："我们家请客，我们全家人都是主人，你们也不例外。主人比客人先走，是对客人不尊敬，就好像嫌客人吃得多，这很不好。"在丰子恺的正确教导下，孩子们个个都懂规矩、讲礼貌，长大后成为有出息的人。

分析提示

如果你是客人，你喜欢到丰老先生家里做客吗？如果我们作为客人，在拜访的过程中应该注意哪些细节或礼仪呢？如果我们作为主人，在接待客人的过程中又应该遵循什么样的规则呢？

# 学习情境1　商务拜访礼仪

## 实训场景1　商务拜访礼仪概述

知识点：商务拜访及拜访礼仪的基本概念，商务拜访的特点及作用，商务拜访的基本类型及原则

关键技能点：理解商务拜访的特点，掌握商务拜访的基本类型

### 实训任务1：认知商务拜访含义及特点

### 实训任务1-1：认知商务拜访及拜访礼仪的含义

**知识窗：商务拜访及拜访礼仪的含义**

商务拜访又称商务拜见、拜访、访问或探访，是商业领域常见的一种交际形式，通常是指个人或单位代表以客人的身份，有针对性地前去拜访其他单位、部门或个人，就有关事宜与有关人员进行探讨或磋商的一种社会交往形式。在拜访的过程中应当遵循的一切行为规范和准则即称为拜访礼仪。

### 实训任务1-2：理解商务拜访的特点

**知识窗：商务拜访的特点**

商务拜访具有三个基本的特点：第一，拜访是社会交往的一种方式；第二，拜访具有目的性；第三，拜访的主体是个人或单位。

### 实训任务2：理解商务拜访的作用

**知识窗1：促进联系，提高工作效率**

拜访是面对面的交往。通过这种交往，双方可以将各自的想法、观点及某些细节性的问题表达出来，从而提高工作效率，促成合作。

**知识窗2：交流感情，了解信息**

俗话说："有朋自远方来，不亦乐乎。"这句话说的就是朋友相见分外高兴。通过亲朋之间的拜访，畅叙友情、增进了解，自然可以促进感情的交流和加深。同时，通过拜访，还可以开阔视野，扩大信息量，在与对方的交流中还可能会增长很多见识，就像古人说的那样"听君一席话，胜读十年书"。

### 实训任务3：掌握拜访的主要分类

**知识窗1：按拜访的目的不同进行分类**

（1）事务性拜访：是指为达成某一特定事务而进行的有计划、有目的的拜访。事务性拜访又分为商业拜访和政治拜访。

（2）礼节性拜访：是指朋友之间为拉近彼此的情感距离或表达对对方的尊重、关心而进行的拜访。

#### 知识窗 2：按拜访的地点不同进行分类

（1）到工作场所拜访。

（2）到住宅拜访。

（3）到医院拜访。

#### 知识窗 3：按拜访的方式不同进行分类

（1）应邀拜访：是指拜访者在接到有关单位或个人的正式邀请后进行的拜访。

（2）主动拜访：是指拜访者为达成自己的一定目的而主动联系的拜访。

### 实训任务 4：掌握商务拜访的基本原则

#### 知识窗 1：尊重原则

在商务拜访过程中，应尊重主人，客随主便。主动拜访前应征得主人的同意，拜访时应有礼有节。

#### 知识窗 2：适度原则

在商务拜访过程中应该尽量不给主人带来麻烦，不要影响主人的正常生活。

## 实训场景 2　商务拜访基本流程

知识点：商务拜访的基本流程

关键技能点：掌握商务拜访的预约、赴约及告辞流程

### 实训任务 1：理解商务拜访的预约

### 实训任务 1-1：理解预约的内涵

#### 知识窗：预约的内涵

预约是指拜访前向对方提出拜访的意向，以征得对方同意的一项工作。预约可以使拜访顺理成章，免做不速之客。可通过电话、书信或当面交流的方式进行预约；预约时要用商量的口吻，不能用命令的口气要求对方，以免引起不快。

### 实训任务 1-2：理解预约工作注意事项

#### 知识窗 1：明确拜访的目的及目标

做任何事情之前都应该明确目的，确定自己所要达成的目标。拜访的首要工作就是要确定一个清晰的目标，这样才能做到有的放矢，达到事半功倍的效果。同时，还应视交往的不同情况制定好不同阶段的小目标，这样每次拜访结束后都会有成就感，与拜访对象的密切程度也会稳步提升。随着各个小目标的实现，大目标的实现也就水到渠成了。

### 知识窗 2：了解拜访对象情况

在拜访之前，尤其是初次拜访之前，应对即将拜访的对象做一个基本的了解。不仅了解对方的性情、脾气、喜好等性格情况，同时也要了解对方的基本家庭资料，比如说家庭人数、家人的大概年龄等。所准备的信息资料包括基础信息和特殊信息，基础信息主要是一些公共信息，如客户的公司名称、所属行业、发展规模、市场行情等；特殊信息是被一般人忽视的，或者不容易收集到的信息，比如客户引以为豪的事件、曾获得的荣誉、购买产品的动机、深层次的顾虑等。我们应该在特殊信息上多下功夫，多做准备，只有充分掌握拜访对象的信息，才更容易提高沟通效率，获得客户的好感和重视，为拜访的目标进一步拓展做好铺垫。

### 知识窗 3：注意时间的选择

拜访者所选定的拜访时间在很大程度上决定了对方是否接受拜访。预先约定时间，最符合礼貌，尽量不做不速之客、不请自到。拜访时间的选择，应和拜访对象商量，客随主便，按照拜访对象的具体情况来确定。如果是公务拜访，则应选择对方的上班时间，尽量避免下班前半个小时或星期一上午、星期五下午；如果是私人情感拜访，则尽量不要选择在吃饭和休息时间，应以不妨碍对方休息为原则，节假日和周末是拜访的好时机。

## 实训任务 2：掌握商务拜访的赴约

## 实训任务 2-1：理解赴约的内涵

### 知识窗

赴约是指当拜访者的预约得到拜访对象同意，按照预定的时间和地点进行拜访的活动。赴约的准备充分与否，直接影响到拜访目的能否顺利实现。

## 实训任务 2-2：掌握赴约工作注意事项

### 知识窗 1：准备拜访时所用的资料

拜访是有一定目的的交际活动，因此在拜访前一定要根据拜访的目的和性质做必要的拜访准备，把相关的材料准备充分，以免措手不及。如果是商务拜访，应事先将与本单位有关的介绍资料、单位的意见材料等准备齐全，具体包括产品说明书、企业宣传资料、名片、计算器、笔记本、笔、价格表、宣传品等，同时也要准备应对客户的所有问题，最好能够在拜访前对客户可能提出的问题做预设。做好充分的准备，以便在后来的拜访工作中，无论客户提出什么样的问题，我们都能从容应对，给客户留下良好的印象。同时还要为客户准备一定的礼品，这有助于促进双方情感的交流，增进相互的了解。

### 知识窗 2：注意服装的选择

"第一印象有 90%取决于仪表。"因此，拜访时要选择与具体情况相适应的服装，以体现专业形象。如果是公务拜访，最好是穿与自己的职业、年龄相称的服装，比如穿公司统一的服装，可以让对方觉得公司很正规，企业文化良好，通过良好的个人形象向对方展示品牌形象和企业形象。如果是朋友之间的拜访，则不必太过于讲究，整洁、朴素、大方即可。

**▶▶▶知识窗 3：准备乐观的心态及进行拜访演练**

事实证明，心理素质是决定拜访成效的重要因素。而想要突出自己最优越的个性，让自己受欢迎，还要在拜访时保持积极乐观的心态。同时要对即将进行的拜访进行模拟演练，以便为拜访做好充分的准备。

**▶▶▶知识窗 4：谨慎处理意外情况**

如果预约后又确实因为特殊原因而不能按时赴约，一定要提前通知对方，然后诚恳地说明不能赴约的原因，并表示歉意。如实在来不及或没有办法通知对方，一定要在过后及时向对方说明原因，并表示歉意。在致歉的同时可提出重新安排拜访的时间、地点，并在拜访时对上次的爽约做出解释，以取得对方的谅解。"无声无息"地取消预约是极不礼貌的。

### 实训任务 3：掌握商务拜访的告辞

**▶▶▶知识窗**

商务拜访一般以半个小时左右为宜，在拜访的目的已基本实现或达到预约的时间，或拜访的话题已经谈完而无新的话题时，应起身告辞。如果是商务性拜访，还应将准备好的礼品呈上。

## 实训场景 3　商务拜访礼仪

知识点：商务拜访礼仪

关键技能点：掌握商务拜访的基本礼仪

### 实训任务：掌握商务拜访基本礼仪

**▶▶▶知识窗：商务拜访基本礼仪**

由于拜访的具体情况不同，如初次登门、老友串门、应邀赴约、有求于人等，所以拜访的礼节也稍有不同，但无论何种情况，拜访者作为客人的身份都一样，都要为主人着想，客随主便，尽量避免给主人带来不便。切不可失礼于人，而有损于自己或单位的形象。

### 实训任务 1－1：掌握按时到达的礼仪

**▶▶▶知识窗**

按时赴约是拜访最基本的礼节。一般情况下，拜访者要早于事先约定时间 5 分钟或准时到达，这样一方面可以避免主人等待，另一方面也可以避免因到得过早，主人还没有做好准备而出现尴尬的局面。所以，在拜访时按时到达，能够给人留下守信、守时的良好印象，可以使双方的交流有一个良好的开始。

## 实训任务1-2：掌握登门应礼貌

### 知识窗1

到达被拜访者办公室门口或住所门口时，最好先整理一下自己的衣服和发型，同时把鞋擦干净，然后微笑着按门铃或叩门。这样可以表示对主人的尊重。

### 知识窗2

按门铃或叩门时应该注意力度和节奏，不可用力太大、时间太长，更不能用力敲打或用脚踹门。如果到达时，主人的门是开着的，也不可贸然进入，仍然要按门铃或叩门，等主人说“请进”的邀请之后方可进入。

### 知识窗3

进门之后，应该主动询问是否要换鞋或穿鞋套，如果携带有雨具，要询问雨具的存放处，切勿随意乱放，然后再轻轻把门关上。

## 实训任务1-3：掌握进门要问候

### 知识窗1

无论拜访的性质、目的是什么，进门后，首先要与主人握手及问好。如果还有其他成员，应主动向他们打招呼，并一一问好。如果是带着孩子一起去拜访的，也要让自己的孩子向主人家的所有人问好。

### 知识窗2

如果是私人性质的拜访，还应及时将自己准备的礼品呈上。

## 实训任务1-4：掌握举止要得体

### 知识窗1

待问候完毕，应在主人的安排下入座，坐姿要端正自然，既不要过于拘谨，也不应大大咧咧。

### 知识窗2

在拜访的过程中，遇到主人倒茶，应该双手接住，并致谢；喝茶时要以礼还礼，双手接过主人递来的茶，点头致谢。品茶时，要小口品饮，并适当称赞茶好；主人端上的点心要等年长者先吃后自己再品尝，同时要礼貌地说“点心真好吃，谢谢”。

### 知识窗3

在交谈时，应开门见山；交谈时应该精神饱满，面含微笑，言词有礼；如与主人意见相左，不要争论。温文尔雅的拜访礼仪有助于拜访目的的实现。在拜访的过程中，应注意尽量不要接听电话。在一般情况下，会谈一开始就应当着主人的面将手机关机或设置成静音、震动状态，以表示对主人的尊重及对拜访的重视。

**知识窗 4**

在拜访做客时，应讲究卫生，不要把瓜果纸屑乱扔。如果带着小孩，应嘱咐孩子注意卫生，不要乱跑、乱翻、乱叫。

**知识窗 5**

在拜访时不能随意走动、左顾右盼，不得随意翻动主人的书籍、报刊或信件。

### 实训任务 1－5：掌握告辞须礼貌

**知识窗 1：择机告辞**

选择适宜的告辞时机也是拜访的重要礼节，切忌在别人正在讲话或者话刚讲完就提出告辞，这样会被认为是对主人的不礼貌、不重视；最好是在双方的对话告一段落，没有新的话题时先说一段有告别意思的话后起身告辞，或者是在主人家来了新的客人而自己又不认识时提出告辞。

**知识窗 2：告辞要利索**

一旦提出告辞，就应该说走就走，不要告而不辞。

**知识窗 3：注意辞谢**

告辞时，对于主人及其家人的热情款待，一定不能忘记感谢，这是一种最起码的礼貌，可以简单地说几句感谢的话，如“给您添麻烦了”“多谢您的盛情款待”。当与主人告辞时，最好不要让主人远送，应主动与主人握手道别，并向主人说“您请回”“请留步”或“再见”等礼貌用语，并适时回头挥手致意，并请主人快回家，不用再送了。

# 学习情境 2　商务接待礼仪

学习情境 2 图片

## 实训场景 1　商务接待礼仪概述

知识点：商务接待礼仪的基本概念，商务接待的基本类型及原则

关键技能点：掌握商务接待的基本类型及原则

### 实训任务 1：理解商务接待的基本概念

**知识窗 1**

接待是指个人或单位以主人的身份招待有关人员，以达到某种目的的社会交往方式，如接待来访的记者、协作单位、上级主管部门、股东、投诉的顾客、社会团体、参观者、外宾等。接待工作是组织的“脸面”，其工作质量与工作效率对组织形象有直

接影响。接待是社会商务交往活动中最基本的形式和重要环节，是表达主人情谊、体现礼貌素养、给客人留下良好印象的重要工作。

### ▶▶▶知识窗 2

接待礼仪是指在商务接待的过程中应遵守的礼节规范。现代社会经济的发展，组织业务往来的增加，对外交往面的扩大，使组织的商务接待工作显得越来越重要，商务接待礼仪的重要性也随之凸显。因此，注重礼貌、礼节、礼仪，是商务接待服务最重要的内容之一，应通过优质的服务树立良好的组织形象。

## 实训任务 2：理解商务接待对形象管理的重要性

### ▶▶▶知识窗：商务接待对形象管理的重要性

商务接待是一项经常性的公关工作，平凡、繁杂、费事费时且看来收效不大，但是却有较大的影响，这是因为来访接待是组织的专门工作和基础工作，优质的接待服务对组织形象管理具有重要意义，公关人员绝不能掉以轻心（图 6－1）。

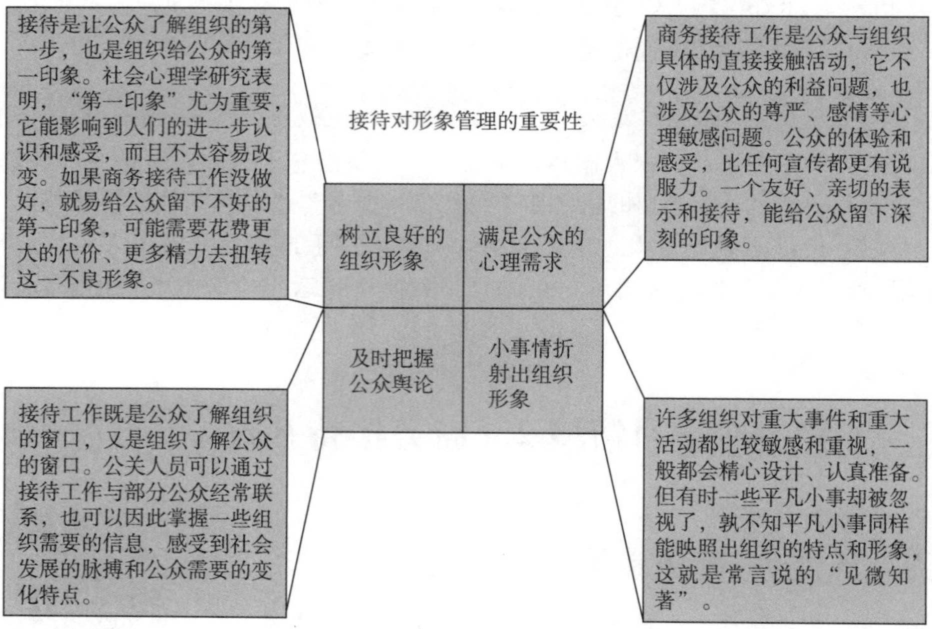


图 6－1　接待对形象管理的重要性

## 实训任务 3：掌握商务接待的原则

### ▶▶▶知识窗：商务接待的原则

无论是单位还是个人在接待来访者时，都希望客人能乘兴而来、满意而归。为达到这一目的，我们在接待的过程中要遵循平等、热情、礼貌和真诚的原则（表 6－1），这样才能赢得来访者的尊重和好感，达到沟通信息、交流感情的目的。

表 6-1　商务接待应遵循的原则

| 原　则 | 说　明 |
| --- | --- |
| 平等相待 | 不论单位大小、级别高低，不论朋友远近、地位异同，都应一视同仁，以礼相待，热情友善，这样才能赢得来访者的尊重和好感，达到沟通信息、交流感情、广交朋友的目的 |
| 热情接待 | 无论对方是来了解情况的、联系工作的、致谢的，还是来投诉的，都应热情、友好地予以接待。对对方欲了解的问题，应不厌其烦地讲清楚。对前来致谢的来访者热情接待并不难，对前来投诉的来访者热情接待就较困难些。这时应从公共关系工作大局出发，考虑到投诉者的心情，不能火上浇油，而应以平息对方怒气为主，应说明原因，不能一推了之，否则将给组织带来更大的坏影响 |
| 以礼相待 | 无论来访者是何事由、是何人等，均是组织的客人，应一律以礼相待，切忌“以衣帽取人”“以事由取人”。起立、问好、迎送、请坐、倒水是最起码的礼节 |
| 真诚相待 | 可能由于种种原因，不能对来访者有问必答、有求必应。但是，对这类来访者也不应拒绝接待和会见，而应委婉地说明难处。对已发生的事故最好不要隐瞒真相，要明确表示组织知错必改和敢于承担责任的态度 |

### 实训任务 4：熟悉商务接待的类型

#### 知识窗 1：以接待对象的不同进行分类

（1）公务接待：指为完成上下级之间、平行机关之间的公务活动而进行的接待，包括日常的例会、座谈会、新闻发布会等。

（2）商务接待：指针对一定的商务目的而进行的接待活动，包括生产厂家、供货单位，也有本企业的顾客及相关领域的企业。

（3）上访接待：指政府职能部门对上访群众的接待。

（4）消费接待：指在消费活动中进行的接待。在经营活动中，任何企业都应把“顾客第一”作为自己经营的基本宗旨，提供优质的产品和优质的服务。

（5）朋友接待：指朋友之间为增进友谊、加强联系而进行的接待。

#### 知识窗 2：以接待的场所的不同进行分类

（1）室内接待：是指相关人员在自己的办公室、接待室对来访者进行接待。

（2）室外接待：是指对来访者到达时的迎接、逗留期间的陪访及进行时的接待。

## 实训场景 2　商务接待准备

知识点：商务接待准备工作

关键技能点：掌握商务接待准备工作

### 实训任务 1：了解客人信息

#### 知识窗：了解客人信息

接待的准备工作，首先应从了解客人的基本情况入手，以便进行下一步工作的安排。应主要了解的信息包括来客的姓名、性别、年龄、职务、人数，来访的目的、任务，需要提供什么帮助，乘坐何种交通工具，到来的时间等。了解客人的目的和任务，便于有的放矢地做好会谈的准备；了解客人的人数、性别和是否有家人同行等具体情况，便于安排交通工具和住宿，以防准备不足，造成接待不周；了解客人的职务和级别，便于做相应规格的接待。

## 实训任务 2：掌握确定接待规格

### ▶▶▶知识窗：确定接待规格

所谓接待规格，就是接待的隆重程度和迎接人员的身份安排。确定接待规格，就是确定接待工作的具体标准，主要依据来客的身份和来访的目的，同时还应考虑双方的关系，不可过高也不可过低。接待规格不仅事关接待工作的档次，而且还能反映对来宾的重视程度。家庭接待一般不必确定接待的规格；商务接待通常应考虑接待的规格问题。

## 实训任务 2－1：了解确定接待级别

### ▶▶▶知识窗：确定接待级别

根据来宾的身份、地位来确定接待级别，如表 6－2 所示。

表 6－2　接待级别及适用情况

| 接待级别 | 内　容 | 适用情况 |
|---|---|---|
| 对等接待 | 是指陪同人员与来宾的身份、地位大体一致的接待，这是在接待工作中最常见的。一般来说，依据客人的级别派遣相应级别的人员接待 | ●适用于普通情况的接待 |
| 高规格接待 | 是指接待人员的身份、级别要比来宾的身份、级别高的接待。以高规格接待来访者通常是由于重要事情和重要人物需有关负责人直接出面 | ●上级机关派工作人员来检查工作情况或传达指示。<br>●同级单位派工作人员来商谈重要事宜。<br>●下级机关有重要事情来请示报告。<br>●社会知名人士或先进人士来访或做报告 |
| 低规格接待 | 是指接待人员的身份、级别要比来宾的身份、级别低的接待。采用低规格接待时一定要特别注意热情、礼貌 | ●上级领导来调查研究、视察工作。<br>●来访人士的目的在于参观学习 |

## 实训任务 2－2：了解确定接待规模

### ▶▶▶知识窗：接待规模

主要根据来宾的主要目的、来访性质来确定规模。如上级机关派工作人员来检查工作情况或传达指示，同级单位派工作人员来商谈重要事宜，社会知名人士或先进人士来访或做报告等都应高规模接待。

### 实训任务 2－3：认知接待费用预算

**▶▶▶知识窗：接待费用预算**

接待费用由来宾的主要目的和来访性质决定预算的大小。在接待费用的预算方面要把握一个基本原则，就是“少花钱、多办实事”的原则，某些需要来宾负担的费用项目或双方共同负担的费用，接待方必须要提前告知来宾或与对方商量，切勿单方面做主。

### 实训任务 3：熟悉整理接待场所

**▶▶▶知识窗：整理接待场所**

接待场所应整洁、美观、方便。对于家庭接待，应该在客人到来之前将室内外打扫干净，室内布置要淡雅清新，让客人赏心悦目、心情舒畅。在家中接待客人，还要注意家庭气氛，全家人要协调合作，使气氛热烈融洽，让客人在欢快的气氛中与主人进行愉快的感情交流。单位接待要突出文化和管理的理念，可以在醒目的位置挂上欢迎类标语等。同时，还要在接待场所准备好相关物品，如接待需要的糖果、食品、茶水饮料、常用药品及音响器材、文具用品等。还应按照接待的基本情况来确定参与接待的具体工作人员，提前进行接待的相应准备。

### 实训任务 4：掌握整理仪容仪表

**▶▶▶知识窗：整理仪容仪表**

古今中外，人们都把主人仪表整洁与否同尊重客人与否直接联系起来。美的仪表是美的心灵的体现，也是对他人的尊重。如果一个人的服饰不符合一定场合的要求，就可能引起误会。接待者对自己的服饰、仪表要做恰当的准备，不可过于随意。特别是夏天进行接待时，更要注意不要穿背心、短裤、拖鞋等接待客人。

## 实训场景 3　商务接待礼仪

知识点：商务接待基本礼仪

关键技能点：掌握商务接待有关的迎客礼仪、乘车礼仪、陪行引导礼仪、会客礼仪

### 实训任务 1：理解迎客礼仪

**▶▶▶知识窗 1**

如果客人是自驾车来访，那么在自家门口做好准备即可；如果是乘车来访，则应做好接站的准备。接站时，如果单位有车则应驾车前往车站，同时还要准备接客牌，写有“迎接×××代表团”或“迎接×××同志”；如果到访的人数较多，则可以写“×××接待处”。迎接时要举起接客牌，以方便客人辨认。

**▶▶▶知识窗 2**

客人到达时，主人应先伸手与客人相握、问候，以表示热情、真诚、友好。如果

不止一位客人在场，则应一视同仁，不要让人有厚此薄彼之感。边握手，边亲切地对客人说“欢迎欢迎”“路上您辛苦了”“见到你真高兴”“欢迎光临寒舍”之类的问候语。

**知识窗 3**

如果客人提有重物应主动接过，但不要帮客人拿手提包或公文包及女士的随身包等。对长者或身体不太好的客人应主动上前搀扶，以示关心（见二维码图 6-1 所示）。

**知识窗 4**

主人接受客人带来的礼物时，要双手捧接礼物，并表示感谢。按中国的传统，接过礼物后，一般不能马上打开，要等客人走后才能打开。但按照欧美国家的习惯，接过礼物后应立即打开，并对客人选择的礼物表示称赞。

## 实训任务 2：掌握乘车礼仪

### 实训任务 2-1：掌握乘车座次安排

#### 实训任务 2-1-1：理解座次安排考虑因素

**知识窗：座次安排考虑因素**

在乘车礼仪中最重要的是座次问题，座次的安排要综合考虑到驾驶者、车的类型、安全及客人的意愿等因素。

#### 实训任务 2-1-2：掌握具体座次安排

**知识窗 1：乘坐一般轿车或运动型多用途汽车（SUV）**

前排驾驶员身旁的副驾驶座为上座。车上其他的座次，由尊而卑，依次应为后排右座、后排左座，如图 6-2（a）所示。

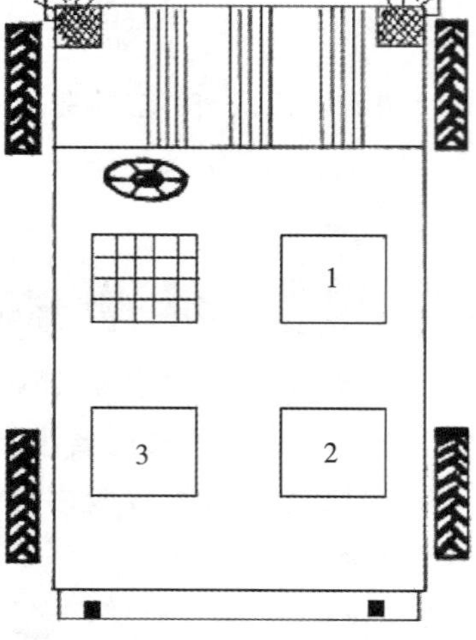


（a）一般轿车

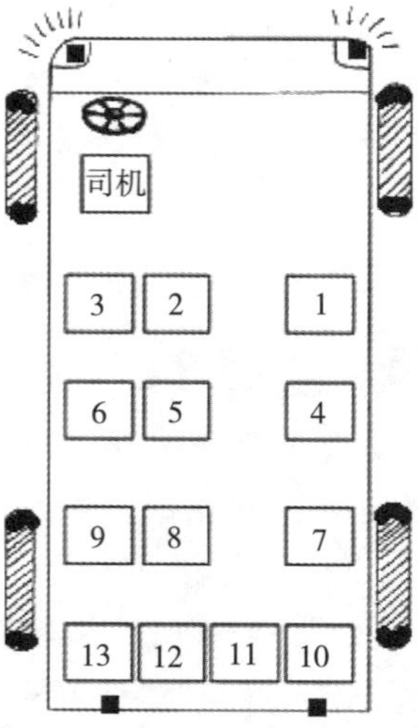


（b）大中型轿车

图 6-2　由专职司机驾驶的双排座和四排座轿车的座次顺序

### 知识窗 2：乘坐四排座或四排座以上的中型或大型轿车

以前排座，即驾驶员身后的第一排为尊，其他各排座位由前而后依次递减。而在各排座位之上，则又讲究"右高左低"，即座次的尊卑，应当从右而左依次递减。简单地讲，可以归纳为由前而后、自右而左，如图 6-2（b）所示。

### 知识窗 3：乘坐双排座或三排座轿车

座次的具体排列因驾驶员的身份不同，具体分为下述两种情况。

### 知识窗 3-1：主人亲自驾驶轿车（图 6-3）

（1）双排五座轿车上其他四个座位的座次，由尊而卑依次应为副驾驶座、后排右座、后排左座、后排中座。

（2）三排七座轿车上其他六个座位的座次，由尊而卑依次应为副驾驶座、后排右座、后排左座、后排中座、中排右座、中排左座。

（3）三排九座轿车（假设车门在前排右边）上其他八个座位的座次，由尊而卑依次应为前排中座、前排左座、中排右座、中排中座、中排左座、后排右座、后排中座、后排左座。

（4）当主人亲自驾车时，若只有一人来访，则必须坐在副驾驶座上；若多人来访，则必须推举一个人在副驾驶座上就座，否则就是对主人的失敬。

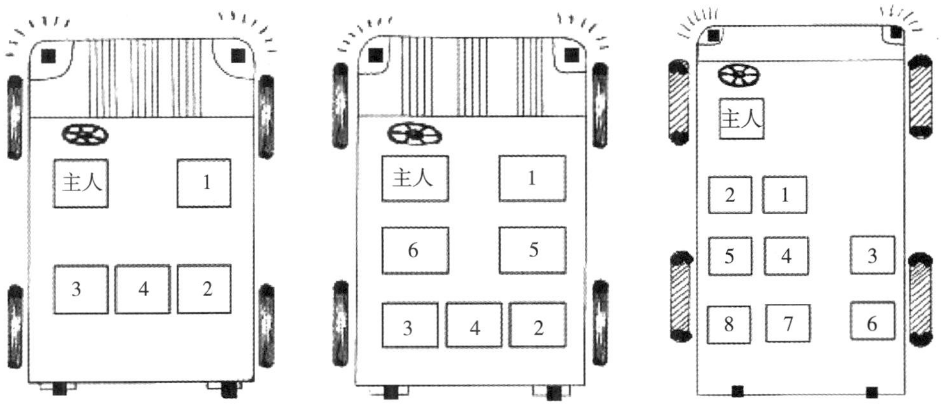

（a）主人–双排五座车　（b）主人–三排七座车　（c）主人–三排九座车

图 6-3　由主人亲自驾驶的双排座和三排座轿车的座次顺序

### 知识窗 3-2：由专职司机驾驶轿车（图 6-4）

（1）双排五座轿车上其他四个座位的座次，由尊而卑依次应为后排右座、后排左座、后排中座、副驾驶座。

（2）三排七座轿车上其他六个座位的座次，由尊而卑依次应为后排右座、后排左座、后排中座、中排右座、中排左座、副驾驶座。

（3）三排九座轿车（假设车门在前排右边）上其他八个座位的座次，由尊而卑依次应为中排右座、中排中座、中排左座、后排右座、后排中座、后排左座、前排中座、前排左座。

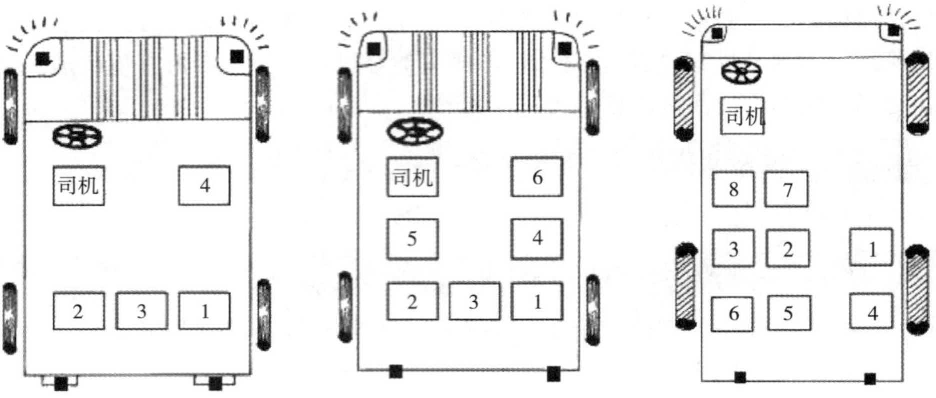


（a）双排五座车　　（b）三排七座车　　（c）三排九座车

图 6－4　由专职司机驾驶的双排座和三排座轿车的座次顺序

## ▶▶▶知识窗 4：乘坐公共汽车、火车或地铁

这些情况下往往需要对号入座，座位可供选择的余地并不大，比较而言，有关座次的讲究也相对较少。基本的规矩是临窗的座位为上座，临近通道的座位为下座；朝向与车辆行驶方向相同的座位为上座，与车辆行驶方向相反的座位为下座。

## ▶▶▶知识窗 5：乘车座次安排表

无论是主人驾车还是专职司机驾车，座位座次由尊而卑依次应为中排左座、中排右座、后排左座、后排右座、后排中座、副驾驶座（表 6－3）。

表 6－3　乘车座次安排表

| 车 型 | 驾 车 | 排 座 | | 由 尊 而 卑 |
|---|---|---|---|---|
| 吉普车 | 主人/专职司机 | | | 副驾驶座→后排右座→后排左座 |
| 小轿车 | 主人 | 双排座 | 双排五座 | 副驾驶座→后排右座→后排左座→后排中座 |
| | | 三排座 | 三排七座 | 副驾驶座→后排右座→后排左座→后排中座→中排右座→中排左座 |
| | | | 三排九座 | 前排中座→前排左座→中排右座→中排中座→中排左座→后排右座→后排中座→后排左座 |
| | | 若只有一位客人，则必须坐在副驾驶座；若客人为多人，则必须推荐一人坐副驾驶座，否则就是对主人的不敬 | | |
| | 专职司机 | 双排座 | 双排五座 | 后排右座→后排左座→后排中座→副驾驶座 |
| | | 三排座 | 三排七座 | 后排右座→后排左座→后排中座→中排右座→中排左座→副驾驶座 |
| | | | 三排九座 | 中排右座→中排中座→中排左座→后排右座→后排中座→后排左座→前排中座→前排左座 |

（续表）

| 车型 | 驾车 | 排座 | 由尊而卑 |
|---|---|---|---|
| | 轿车的前排，特别是副驾驶座，是车上最不安全的座位。因此，按惯例，在社交场合，该座位不宜请妇女或儿童就座；而在公务活动中，副驾驶座，特别是双排五座轿车上的副驾驶座，则被称为“随员座”，专供秘书、翻译、警卫、陪同等随从人员就座 | | |
| 大中型轿车 | 主人/专职司机 | 四排座或以上 | 无论由何人驾驶，座次尊卑均由前而后自右而左 |
| 公共汽车、火车或地铁 | 专职司机 | — | 基本的规矩是临窗的座位为上座，临近通道的座位为下座；朝向与车辆行驶方向相同的座位为上座，与车辆行驶方向相反的座位为下座 |
| 面包车 | 主人/专职司机 | — | 中排左座→中排右座→后排左座→后排右座→后排中座→副驾驶座 |
| 旅行车 | 主人/专职司机 | — | 以司机座后第一排即前排为尊，后排依次为小。其座位的尊卑，自每排右侧往左侧递减 |

## 实训任务 2－2：掌握上下车先后顺序

### 实训任务 2－2－1：掌握顺序安排

**知识窗：顺序安排**

在商务交往中，尤其是在许多正式场合，上下车的先后顺序不仅有一定的讲究，而且必须认真遵守。

（1）乘坐轿车时，按照惯例，应当恭请位尊者首先上车、最后下车。位卑者则应当最后登车、最先下车。在位尊者上车时，我们应主动打开车门，若是特别尊贵的客人，我们还应在打开车门的同时，礼节性地用另一只手护住车门的上沿，防止客人在上车时碰到头部。客人坐好后再关门，注意不要夹到客人的手或衣服。

（2）乘坐公共汽车、火车或地铁时，通常由位卑者先上车、先下车。位尊者则应当后上车、后下车。这样规定的目的，是为了便于位卑者寻找座位，照顾位尊者。

### 实训任务 2－2－2：掌握例外情况

**知识窗 1：上车情况**

如果是外出办事，同去的人较多，对方热情相送，这时候我们应主动向对方道谢后先行上车等候。因为送别仪式的中心环节应是在双方的主要领导人之间进行的，如果我们都墨守领导先上车的规矩，所有的人都非要等领导上车后再与主人道别上车，就会冲淡双方领导之间道别的气氛，而上车时也会显得混乱无序。所以，如果大家同乘一辆面包车，在先上车后，应主动坐到后排去。如果我们是分乘几辆轿车的话，则应到各自的车内等候，只需留下一个与领导同车的人陪同领导道别即可。

**知识窗 2：下车情况**

如果是出席某个重要的活动，到达时对方已经准备了十分隆重的欢迎仪式，这个时候一定要等领导下车后我们再下车，否则就会有“抢镜头”之嫌。

## 实训任务3：掌握陪行引导礼仪

### 实训任务3－1：掌握陪行引路礼仪

**▶▶▶知识窗**

在陪行过程中，就走路来说，两人并行，以右为尊；三人并行，中者为尊，右者次之，左边最次。在客人不认识路的情况下，陪同人员要在前面带路，标准位置是在左前方的1～1.5米处（一步距离），不易离得太远也不要离得太近。在行进过程中尽量靠右侧行走，陪同人员身体侧向客人，以左手引导（见二维码图6－2所示）。

### 实训任务3－2：掌握上下楼梯礼仪

**▶▶▶知识窗**

传统的礼仪观认为上楼时，尊者在前、引导者在后以示尊重。但是随着时代的变迁，观点也在不断地变化。上楼时，男士应该走在女士的前面，原因在于，如果按照传统观点让女士先请，那么走在后面的男士的视线正好落在女士的臀部，这会让女士感到不舒服，属于失礼的行为（表6－4）。

**表6－4　上下楼梯礼仪**

| | |
|---|---|
| 上楼梯时，应尽量靠右侧单行并进，不应多人并排行走，以免妨碍他人行走。 | 下楼梯时，尊者在后、引导者在前。男士应主动行走在前面，以防对方有闪失。 |
|  |  |
| 上下楼梯时既要注意楼梯，又要注意与身前、身后之人保持一定距离，以防碰撞。 | |

### 实训任务3－3：熟悉乘电梯礼仪

**▶▶▶知识窗1：入电梯**

伴随客人或长辈乘电梯，应先去按电梯按钮。乘有专人职守的电梯时，应让客人先进先出；乘无人电梯时，应自己先进并用手按住“开门”按钮，另一只手挡住电梯侧门，礼貌地说“请进”，待客人安全进入后关门。

**▶▶▶知识窗2：出电梯**

到达目的楼层时，应一手按住“开门”按钮，另一只手做出“请”的动作，并礼貌地说“您先请”，待客人安全出去后再迅速走出电梯并为他引导行进的方向（见二维码图6－3所示）。

### 知识窗3：乘自动扶梯

在乘坐自动扶梯时，应靠右侧站立，把左侧的道路留给有急事的人，前方为上、尊前卑后，让尊者、女士和客人走在前面。不要逆着扶梯的运行方向走，不要在电梯上嬉戏打闹。

## 实训任务4：熟悉会客礼仪

## 实训任务4-1：熟悉介绍礼仪

### 知识窗

介绍是初次见面的人之间进行相互沟通的出发点，最突出的作用就是缩短人与人之间的距离。无论是在商务场合还是在社交场合，如能正确地利用介绍，不仅可以扩大自己的交际圈，广交朋友，而且有助于进行必要的自我展示、自我宣传。介绍是交际之“桥”，初次认识的人总少不了相互介绍，而得体的介绍往往会给对方留下良好的第一印象。在日常商务接待工作中，应重视介绍礼仪（表6-5）。

**表6-5　介绍礼仪**

| | | |
|---|---|---|
| 为他人介绍 | 介绍的顺序 | 在介绍两人相互认识时，总的要求是：位尊者优先了解对方的情况，即先向你所尊敬、身份、地位较高的一方介绍另一方，以表示对尊者的敬重。而在口头表达上，则是先称呼尊者，然后再介绍。具体说明如下：<br>●介绍女士与男士认识时，先介绍男士，后介绍女士。<br>●介绍职位高者与职位低者认识时，先介绍职位低者，后介绍职位高者。<br>●介绍年长者与年轻者认识时，先介绍年轻者，后介绍年长者。<br>●介绍已婚者与未婚者认识时，先介绍未婚者，后介绍已婚者。<br>●介绍同事、朋友与家人认识时，先介绍家人，后介绍同事、朋友。<br>●介绍与会先到者与后来者认识时，先介绍后来者（晚到者），后介绍先到者（早到者） |
| 为他人介绍 | 为他人介绍的方式 | 掌握介绍的顺序后，就可以进入正式为他人介绍的环节，由于实际需要的不同，为他人作介绍的方式也不尽相同。<br>●一般式：也称标准式，以介绍双方的姓名、单位、职务等为主，适用于正式场合。<br>●简单式：只介绍双方姓名，甚至只提到双方的姓氏，适用于一般的社交场合。<br>●引见式：介绍者所要做的，是将被介绍者双方引到一起即可，适用于普通场合。<br>●推荐式：介绍者经过精心准备再将某人举荐给他人，介绍时通常会对前者的优点加以重点介绍。通常适合比较正规的场合。<br>●礼仪式：是一种最为正规的介绍，适用于正式场合。语气、表达、称呼上都更为规范和谦恭 |

<table>
<tr><td rowspan="3">自我介绍</td><td>自我介绍的场合</td><td>●应聘求职、应试求学、会议场合可以作自我介绍。<br>●因为业务关系需要相互认识，在接洽时可以作自我介绍。<br>●当遇到一位你知道或久仰的人士时，他不认识你，你可以作自我介绍。<br>●出差、旅游、与别人办事不期而遇，为了增加了解和信赖，可以自我介绍。<br>●初次前往他人居所、办公室进行登门拜访时要做自我介绍，或事先打电话约见，在电话里应作自我介绍</td></tr>
<tr><td>自我介绍的顺序</td><td>●职位高者与职位低者相识，职位低者应该先做自我介绍。<br>●男士与女士相识，男士应该先做自我介绍。<br>●年长者与年少者相识，年少者应该先做自我介绍。<br>●资深人士与资历浅的人士相识，资历浅者应该先做自我介绍</td></tr>
<tr><td>自我介绍的方法</td><td>●应酬式的自我介绍：适用于某些公共场合和一般性的社交场合，如途中邂逅、宴会现场、舞会现场、通电话时，介绍内容包括姓名，如你好，我叫张三。<br>●工作式的自我介绍：适用于工作场合，包括本人姓名、供职的单位及部门、职务或从事的具体工作等。<br>●交流式的自我介绍：适用于社交活动中，希望与对方进一步交流与沟通。大体应包括介绍者的姓名、工作、机关、学历、兴趣与对方的某些熟人的关系。<br>●礼仪式的自我介绍：适用于讲座、报告、演出、庆典、仪式等一些正规而隆重的场合。除姓名、单位、部门、职务外，还应加一些谦词、敬词、欢迎语等。<br>●问答式的自我介绍：适用于应试、应聘和公务交往。针对对方提出的问题做出回答即可</td></tr>
</table>

## 实训任务4－2：掌握握手礼仪

### 知识窗

握手是商务交际的一部分。不同的握手力量、姿势与时长往往表达不同礼遇与态度，显露自己的个性，给人留下不同印象。我们也可通过握手来了解对方的个性，从而赢得交际的主动。在商务交际场合跟别人握手时，通常要注意以下几个方面的问题（表6－6）。

表 6-6　握手注意事项

| 握手的顺序 | 握手的要领 | 握手的禁忌 |
| --- | --- | --- |
| ●长者优先原则：只有年长者先伸出手，年幼者才可以伸手相握。<br>●职位高者优先原则：只有职位高的人先伸出手，职位低的人才能伸手相握。<br>●女士优先原则：只有女士先伸出手，男士才能伸手相握。<br>●在别人前来拜访时，主人应先伸出手去握客人的手，用以表示欢迎和感谢。<br>●离别之际应该客方先伸手握别，其意在于表达“再见”或对接待的感激之情。一次会见活动结束，主人不应主动握手，因为此时主动握手等于催促客人赶快离开。<br>●在商务、公务场合，握手时伸手的先后顺序主要取决于职位、身份。而在社交、休闲场合，则主要取决于年纪、性别、婚否。社交场合，已婚者与未婚者握手，应由已婚者首先伸出手；先至者与后来者握手，应由先至者首先伸出手 | ●握手时的神态：与人握手时应面含笑意，注视对方双眼。这种注视是目光的交流，神态要专注、热情、友好而又自然，此时，问候也是必不可少的。在严肃或者伤感的场合，就要相应地表现出严肃和伤感之情。<br>●握手力度：握手要坚定、有力。过紧的握手当然不礼貌，但应避免只用手指部分接触对方的那种漫不经心的握手。<br>●握手时间：握手时间以 3～5 秒为宜。如果握手时间过短，表明双方完全出于客套、应酬或没有进一步加深交往的愿望。如果一方握对方的手时间过长，尤其是第一次见面的时候，则易被对方视为热情过度、不懂社交礼仪。如果双方关系十分密切，握手时间可适当延长，并可握着手上下摇晃几下，表示热烈、真诚的感情（见二维码图 6-4 所示） | ●忌戴手套握手。<br>●忌交叉握手。<br>●忌左手握手。<br>●忌握手时手部不洁净。<br>●除患有眼疾或眼部有缺陷外，握手时不宜戴墨镜。<br>●军人戴军帽与对方握手时，应先行举手军礼，然后再握手 |

## 实训任务 4-3：掌握递名片礼仪

### ▶▶▶知识窗 1

名片在商务交往场合的使用越来越频繁，要使名片发挥的作用更充分，就必须掌握相关的礼仪（表 6-7）。

表 6-7　名片礼仪

| 递交名片礼仪 | 接受名片礼仪 | 交换名片礼仪 |
| --- | --- | --- |
| ●一般是地位低者先向地位高者递名片，男性先向女性递名片，年幼者先向年长者递名片。出于公务或商务的需要，女性也可主动向男性递名片。 | ●接受他人的名片时应起身或欠身，面带微笑，双手或右手接过，不要只用左手接过。 | ●当对方递送名片后，如果自己没有名片、恰好没带名片或名片已用完，应向对方表示歉意，并说明原因。 |

（续表）

| | | |
|---|---|---|
| ●当对方为多人时，应先将名片递给职务较高或年龄较大者，如分不清职务高低或年龄大小时，可依照座次递名片，且应给对方在场的人每人一张，以免厚此薄彼。<br>●递送名片时，应面带微笑，正视对方，用双手或左手将名片递给对方，同时注意名片上的姓名应正对着对方。<br>●如果是坐着，应起身或欠身递送 | ●接过名片后，要从头至尾把名片认真默读一遍，意在表示重视对方，若名片上有不认识的字应主动向对方请教。根据需要可以将名片上重要的内容读出来，一般需要重读的是对方的职务、头衔、职称，以示仰慕。<br>●接受他人名片时，应使用谦辞敬语。<br>●看完后郑重地将其放入名片夹中，并表示谢意 | ●倘若一次同许多人交换名片，而且都是初交，那么最好依照座次来交换并记好核对对方的姓名，以防搞错。<br>●在公共场合索取他人名片，可以委婉地说："以后怎样同您联系?"向尊长索取名片，可以这样说："今后如何向您请教。"当他人索取本人名片，而自己无意送人名片时，可委婉地说："对不起，我忘了带名片。"或者"抱歉，我的名片用完了。"若本人没有名片，又不想说明时，也可以用这种方法表述 |

**▶▶▶知识窗 2**

递接名片图详见二维码图 6－5～图 6－10 所示。

## 实训任务 4－4：掌握会客位次安排礼仪

**▶▶▶知识窗**

良好的待客之道，可体现主人的热情好客和有礼有情，也可以让客人感到亲切自然。座次的安排可以体现出礼仪的规范和对客人的尊重。在商务接待中，具体座次的安排是一个十分敏感的问题，不能疏忽。座次的安排有多种形式，难以统一，常见的四种形式如表 6－8 所示。总之，座次的安排多种多样，需要安排者根据具体情况具体运用。例如，在某些情况下，座次的尊卑难以由所处的具体方位决定，此时可以按座位的好坏来确定座次的尊卑；再比如，接待来自不同单位、不同部门、不同职务的多方客人时，若无特殊需要，可不必为客人安排具体座次，由客人自由选择。这样就不会给客人以厚此薄彼的感觉，也避免客人感到拘束。

**表 6－8　会客位次安排**

| 面门为上 | 以右为上 |
|---|---|
| 接待贵客，宾主双方多采用"相对式"就座，即宾主双方面对面而坐。以面对正门的座位为上座，安排给客人就座；以背对正门的座位为下座，比较适合主人就座。其他陪同人员均按身份高低就座人两侧，如图 6－5 所示。 | 宾主双方在正式会见时，为了显示彼此之间的亲密无间，常采用"平起平坐式"，又称"并列式"就座。宾主双方并排就座，以右为上，还可以宾主各坐一方，也可以客人与一位陪客穿插坐在一起，如图 6－6 所示。 |

（续表）

| 居中为上 | 以远为上 |
|---|---|
| 当客人较少，而主方人员较多时，以一定的方式围绕在客人的两侧或四周，呈现“众星捧月”之势。居于中央处是上座，由客人就座，如图6－7所示 | 由于客观条件的限制，有时双方就座时并未面对房间的正门，而是居于室内左右两侧之中的某一侧。此时，一般以距离室门较远的座位为上座，应让客人就座。而距离室门较近的座位为下座，由主人自己就座 |

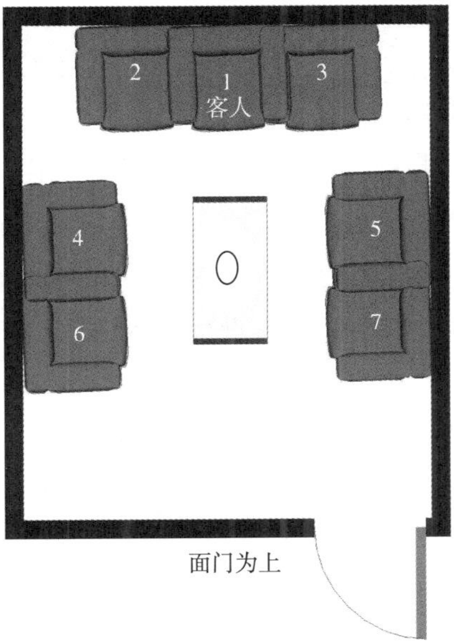


图6－5　面门为上

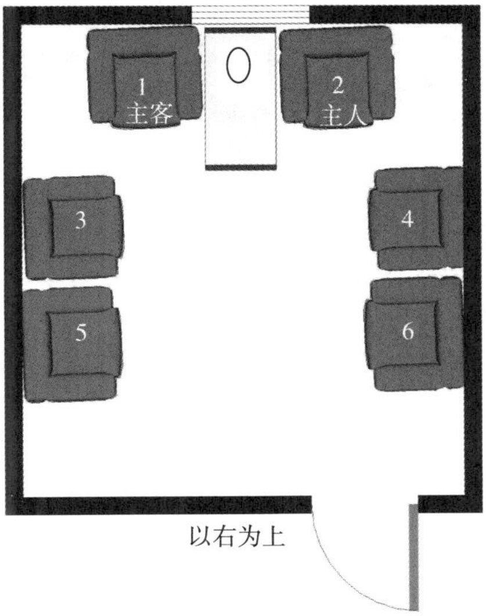


图6－6　以右为上

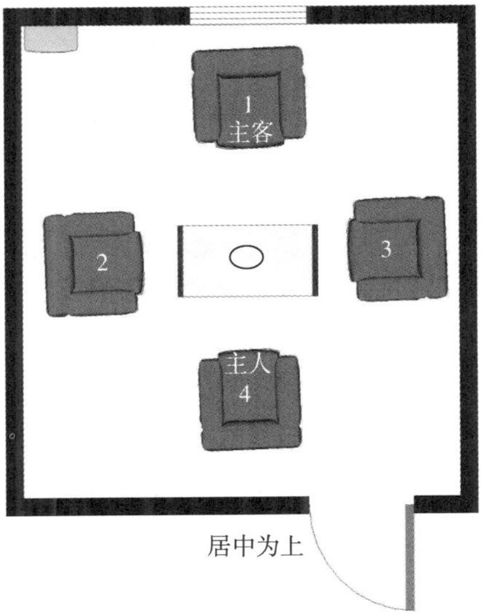


图6－7　居中为上

## 实训任务 4－5：掌握敬茶礼仪

### ▶▶▶知识窗

我国历来就有“客来敬茶”的民俗，当今社会，客来敬茶更成为人们日常社交和家庭生活中普遍的往来礼仪。沏茶是家庭礼仪中待客的一种日常礼节，也是商务交往活动的一项内容，不仅是对客人、朋友的尊重，也能体现自己的修养，如表 6－9 所示。

**表 6－9　敬茶礼仪**

| | |
|---|---|
| 入座<br>备好茶点 | 在客人入座后，还未开始正式交谈前，按照中国的待客习惯，接待者应倒茶款待，同时还可以把备好的水果、点心给客人送上。请客人用水果时，要根据水果品种或削皮，或切块，并备好牙签，让客人直接食用。如果客人抽烟，要将备好的烟打开，用手弹出几只，或由客人自取，但不能用手指接触过滤嘴；如果客人不吸烟，主人最好不吸烟 |
| 确定<br>奉茶人员 | 以茶待客时，由何人为来宾奉茶，往往涉及对来宾重视的程度问题。在家中待客时，通常由家中的晚辈为客人上茶，接待重要的客人时，则应由女主人，甚至由主人自己为之亲自奉茶；在工作单位待客时，一般应由秘书、接待人员、专职人员为来宾上茶，接待重要的客人时，则应由本单位在场的职位最高者亲自为之上茶 |
| 奉茶<br>讲究次序 | 若来访的客人较多时，上茶的应遵循一定的先后顺序，即先客人后主人，先主宾后次宾，先长辈后晚辈，先女士后男士。敬茶的动作应遵循“左下右上”的原则，即右手在上扶住茶杯，左手在下托着杯底（见二维码图 6－11 所示）。这样，客户在接茶杯的时候也是左下右上，从而避免两个人之间肌肤接触。然后从客人右侧递上，并面带微笑，眼睛注视对方。手指不要搭在茶杯口上，也不要让茶杯碰到客人手上，如果妨碍客人交谈，应先道一声“对不起，请您用茶” |
| 奉茶<br>注意事项 | 茶壶、茶杯要干净，不能用旧茶待客，品何种茶叶可事先征求客人意见；奉茶时应注意：茶不要太满，以七分满为宜（见二维码图 6－12 所示）。水温不宜太烫，以免客人不小心被烫伤，茶杯要一字排开，来回冲倒，浓淡均匀。壶中茶叶可反复浸泡 3～4 次，客人杯中茶饮尽，主人可为客人续茶，待客人散去后，方可收茶。以咖啡或红茶待客时，杯耳和茶匙的握柄要朝着客人的右边。此外，主人要替每位客人准备一包砂糖和奶精，将其放在杯子旁或小碟上，方便客人自行取用 |

## 实训任务 5：掌握送客礼仪

### ▶▶▶知识窗

送客礼仪是接待工作的最后一个环节。送客重在体现真诚和情谊，如果处理不好，将影响整个接待工作的效果，甚至使接待工作前功尽弃。送客时应做到真诚挽留、安排交通、礼貌送别及回赠礼品，如表 6－10 所示。

表 6－10　送客礼仪

| | |
|---|---|
| 真诚挽留 | 不论是朋友来访，还是业务上的往来，当客人准备告辞时，主人一定要热情挽留，虽是客套，但也必不可少。客人一说要走，并未起身，主人却抢先站起来相送或相留，都有逐客之嫌。因为有些客人本来还想与主人交谈，但怕打扰主人或为试探主人的态度，于是以“告辞”来观察主人的反应。因此主人一定要婉言相留，如果客人执意要走，主人也要等客人起身后再起身 |
| 安排交通 | 送客时应按照接待时的规格对等送别，不能虎头蛇尾。无论双方的目的是否达到，都要按接待规格送客，对远道而来的客人，还要提前做好交通方面的安排，如购买车票或安排车辆等。当客人带有较多或较重的物品，主人在送客时应帮客人代提重物。如果客人走时主人不闻不问，那就意味着交往关系破灭，或者表示对客人的不满 |
| 礼貌送别 | 主人在送客时应主动与客人握手送别，最好叫上家中成员一起送客人出门或送到楼下，并表示如有招待不周请多包涵，分别时还应充满热情地向客人道声“慢走”“欢迎再来”“常联系”等。不要在客人走时无动于衷，或只是点头摆手招呼一下；也不能客人说“不送了”“请回”就不送了，无论对方多客气地不让送，都要送对方一段，并且要在客人的身影完全消失以后才能返回，否则，当客人走完一段再回头致意时，发现主人不在了，心里会很不是滋味（见二维码图 6－13～6－14 所示）。同时，送客返身回屋后，应将房门轻轻关上，不要使其发出响声，客人走后主人大声关门的做法是极不礼貌的，并且很有可能因此葬送客人在来访期间所形成的好感和好心情 |
| 回赠礼品 | 送别时应帮客人检查一下该带的东西是否有遗漏，如果客人来访时带有礼品，主人在送别时也要准备一些携带方便、包装较好、突出地方特色或有象征意义的礼品回赠给客人，如土特产或纪念品等 |

# 学习情境 3　礼品馈赠礼仪

学习情境 3 图片

## 实训场景 1　礼品馈赠概述

知识点：馈赠的含义及意义，馈赠的目的及基本原则

关键技能点：掌握馈赠的目的分类，理解馈赠的目的及基本原则

### 实训任务 1：认知馈赠的含义及意义

**知识窗 1：馈赠的含义**

馈赠是指组织与组织之间、组织与个人之间、个人与个人之间为了达到交流情感、沟通信息的目的而互赠礼品以表达尊重、敬意、友情、纪念、祝贺、感谢、慰问、哀悼等情感与意愿的一种交际行为。

### 知识窗 2：馈赠的意义

馈赠是感情的表示，礼品是感情的载体，礼品本身贵重与否并不是关键，关键在于它是否成功地起到了载体的作用，是否将思想感情传达给了对方。得体的馈赠恰似无声的使者，给交际活动锦上添花，给人们之间的感情和友谊注入新的活力。

## 实训任务 2：理解礼品馈赠的目的

### 知识窗：礼品馈赠的目的

送礼的目的多种多样，如以交际为目的，以酬谢为目的，以公关为目的，以沟通感情、巩固和维系人际关系为目的等。馈赠的目的不同，送礼的方式、选择的礼品、遵循的礼节都有所不同。

## 实训任务 2－1：理解以交际为目的的馈赠

### 知识窗：以交际为目的的馈赠

以交际为目的的馈赠，有以下两个特点：

（1）送礼的目的与交际的目的一致。无论是个人还是组织机构，在社交中为达到一定目的，针对交往中的关键人物或部门，赠送一定的礼品，以促使交际目的的实现。

（2）礼品的内容与送礼者的形象一致。选择礼品的重要原则之一是要通过礼品反映送礼者的寓意和思想感情的倾向，其寓意和思想倾向与送礼者的形象有机地结合起来。

## 实训任务 2－2：理解以巩固和维系人际关系为目的的馈赠

### 知识窗：巩固和维系人际关系为目的的馈赠

这类馈赠，即人们常说的“人情礼”。个人或组织机构间的交往，通常会产生各类关系和各种感情。人与生俱来社会性，又要求必须重视这些关系和感情，因而，围绕着如何巩固和维系人际关系和感情，人们采取了许多办法，其中之一就是馈赠。这类馈赠强调礼尚往来，以“来而不往非礼也”为基本行为准则。因此，这类馈赠，无论从礼品的种类、价值、档次、包装、蕴含的情义等方面都呈现多样性和复杂性。

## 实训任务 2－3：理解以酬谢为目的的馈赠

### 知识窗：以酬谢为目的的馈赠

这类馈赠是为了答谢他人的帮助，所以在礼品的选择上十分强调物质价值。礼品的贵贱厚薄，首先取决于他人帮助的性质。帮助的性质分为物质和精神两类。一般来说，物质的帮助往往是有形的、能估量的，精神的帮助是无形的、难以估量的，然而其作用又是相当大的。其次取决于帮助的目的，即施以援手的人究竟是慷慨无私、另有所图，还是公私兼顾。再者取决于帮助的时机。因此，得到帮助的时机也是日后酬谢他人时通常会考虑的因素。

### 实训任务2-4：理解以公关为目的的馈赠

#### 知识窗：以公关为目的的馈赠

从表面上看，这种馈赠不求回报，而实质上其所索取的回报往往更深地隐藏在之后的交往中，是一种为达到某种目的而采取的行动，多发生在追逐经济等利益的活动中。

### 实训任务3：掌握馈赠的基本原则

#### 知识窗：馈赠的基本原则

认真研究和把握馈赠的基本原则，是馈赠活动顺利进行的重要前提条件。礼品馈赠的基本原则有5个W和1个H。

#### 知识窗1-1：第一个W

即对象（Who），要明确送礼的对象。为了达到良好的沟通效果，馈赠时要明确馈赠对象的性别、年龄、职位、身份、性格和喜好等信息，以方便礼品的选择。

#### 知识窗1-2：第二个W

即性质（Why），明确送礼的性质。公务性送礼（组织机构之间送礼），其目的多以交际和公关为目的。这种性质的送礼，针对交往中的关键人物和部门赠送礼品，达到为组织（单位）带来经济效益或发展机会的目的。有些企业利用送礼的机会达到轰动性的广告宣传效应。个人之间送礼，通常以建立友谊、沟通感情、巩固和维系人际关系为目的。这种性质的送礼一般讲究“礼尚往来”，所送礼品不一定价格昂贵，重在表达感情。

#### 知识窗1-3：第三个W

即礼品（What），要明确送什么礼品。礼品是情感的象征或媒介，可以是一束鲜花、一张卡片或一件纪念品，也可以是其他的形式。馈赠时应根据馈赠目的来考虑礼品的种类、价值、档次、包装的样式和蕴含的情义等，礼品要轻重得当。送人礼品与做其他事情一样，忌讳千篇一律，应精心构思、富于创新、力求新颖，令受赠者备受感动。

#### 知识窗1-4：第四个W

即时机（When），要明确什么时候送。就馈赠的时机而言，及时、适宜是最重要的。例如，在最需要时得到的馈赠往往是最难忘的。因此，要注意把握好馈赠的时机，包括时间的选择和机会的择定。时间贵在及时，超前或滞后都达不到馈赠的目的；机会贵在事由和情感及其他需要的程度，“门可罗雀”“门庭若市”时，人们对馈赠的感受会有天壤之别。所以，对于处境困难者的馈赠，其中所表达的情感就更显真挚和高尚。

#### 知识窗1-5：第五个W

即场合（Where），要明确在什么地点馈赠，主要区分公务场合与私人场合。应根据馈赠的内容和目的来选择适当的场合。

▶▶▶知识窗 1-6：一个 H

即怎么送（How），要明确送礼的方式。需要注意两点：一是必须确定赠送者的身份。接待的是重要的客人，为表示重视，需要由我方地位最高者赠送礼品给客人。二是要对礼品做适当说明，例如，说明礼品所代表的寓意，介绍礼品的用途，强调礼品的特殊价值。

## 实训场景 2　馈赠礼品的选择

知识点：馈赠礼品的选择

关键技能点：掌握馈赠礼品的选择注意事项

### 实训任务 1：认知礼品的象征和纪念意义

▶▶▶知识窗：礼品的象征和纪念意义

俗话说，“礼轻情意重”。随着社会文明程度的提高，人们对礼品的选择更注重它的社会意义、思想意义、情感意义和纪念意义。任何礼品都是表示送礼人的一片心意，如表达酬谢、祝贺、关爱、孝敬等。所以，在选择礼品时必须与想要表示的心意相符，并使受赠方觉得礼品非同寻常，倍感珍惜。就礼品而言，它的价值并不是以金钱的多少来衡量的，而是通过礼品本身的意义来体现的。实际上，最好的礼品应该是根据对方兴趣爱好选择的，富有意义、耐人寻味、品质不凡却不张扬的礼品。因此，在挑选礼品时要考虑到它的象征性和纪念性，力求别出心裁，不落俗套。

### 实训任务 2：认知注重礼品的价值

▶▶▶知识窗：注重礼品的价值

礼品的价值要合适，并非价值越昂贵的礼品所表达的情意越深厚。一般来讲，如果商务礼品太轻，又意义不大，容易让受赠者感到被轻视，尤其当对方是关系不算亲密的人时，更是如此。如果礼品太轻而想求别人办的事难度较大，通过赠送礼品达到目的的可能性几乎为零。但是，礼品太贵重，又会使接受礼品的人有受贿之嫌，特别是对官员、上司更应注意。对于十分贵重的礼品，一般人很可能婉言谢绝，即使收下，也会回赠价值相当的财物，以免造成不必要的麻烦。因此，以对方能够愉快接受为尺度，选择轻重适当的礼品，争取少花钱、多办事，多花钱、办好事。在礼仪场合，宜送大方、体面、高雅的礼品，如书籍、纪念品、花束等；而在小范围或个别场合，赠送吃、穿、用等生活用品也会受到欢迎。

### 实训任务 3：认知考虑受赠对象的兴趣爱好

▶▶▶知识窗：受赠对象的兴趣爱好

每个人都有自己的兴趣爱好，选择礼品时对此一定要有所考虑，不可盲目。馈赠方可以通过打听或仔细观察来了解受赠方的兴趣爱好，然后有针对性地精心挑选合适的礼品，尽量让受赠方感觉到馈赠方的用心和真诚。

### 实训任务4：认知考虑受赠对象的风俗习惯和禁忌

#### ▶▶▶知识窗：受赠对象的风俗习惯和禁忌

由于民族、生活习惯、生活经历、宗教信仰的不同，人们对同一礼品的态度很可能是不同的，因此，在送礼时一定要考虑周全，一定要了解受赠者的禁忌，以免弄巧成拙。

### 实训任务5：认知考虑受赠对象的具体情况

#### ▶▶▶知识窗：受赠对象的具体情况

礼品的选择还要针对不同的受赠对象区别对待。一般来说，对家贫者，以实惠为佳；对富裕者，以精巧为佳；对恋人、爱人、情人，以纪念性为佳；对朋友，以趣味性为佳；对老人，以实用为佳；对孩子，以启智新颖为佳；对外宾，以特色为佳。

## 实训场景3　礼品馈赠礼仪

知识点：礼品馈赠礼仪

关键技能点：掌握礼品馈赠及受赠礼仪

### 实训任务1：掌握礼品馈赠礼仪的重要性

#### ▶▶▶知识窗：礼品馈赠礼仪的重要性

既然是礼品，总有赠送者和接受者，一个人不可能永远只是赠送者，也不可能永远只是接受者，两者之间的角色往往是互换的。礼尚往来是人之常情。礼品的特殊使命就是通过赠送与回赠的过程来实现的。有时，要使交往对象愉快地接受馈赠，并不是件容易的事情。因为即便是在馈赠原则指导之下选择了礼品，作为赠礼者如果不讲究赠礼的艺术和礼仪，受赠者如果不注意一些基本的受礼礼节，则很难使馈赠达到预期的效果，甚至会适得其反。

### 实训任务2：掌握礼品馈赠礼仪

### 实训任务2-1：掌握选择合适的馈赠时机

#### ▶▶▶知识窗1：合适的馈赠时机

送礼要把握好时机。一般来说，人们不会无缘无故地接受别人的礼物。所以，找不准送礼的时机，往往会引起很多误解，甚至引起双方的不快。一般来说，春节、中秋、端午、生日、结婚、生子、圣诞节、情人节、母亲节等都是送礼的最好时机。另外，如新公司的成立日、感谢某人提供生意的信息或机会等情况下，也适合赠送礼品表示庆祝或感谢。对于送礼的时机，应具体情况具体分析，灵活把握。

#### ▶▶▶知识窗2：考虑送礼的情形

值得考虑是否送礼的情形，如表6-11所示。

表 6－11　馈赠礼品的时机

| 馈赠礼品时机 | 说　明 |
|---|---|
| 喜庆嫁娶 | 当恰逢亲朋好友乔迁新居、过生日、做大寿、生小孩、嫁女、娶亲等喜庆日子时，应考虑赠送礼物，以示庆贺 |
| 欢庆节日 | 我国传统节日如春节、端午、中秋、重阳等，或西方的圣诞节、情人节、母亲节等节日都可备薄礼，以示共贺 |
| 探望病人 | 去医院或别人家中探望病人应带点礼物以示慰问、关心 |
| 酬谢他人 | 当我们在生活中遭到困难或挫折，得到了亲朋好友的帮助时，应考虑赠送礼物以表酬谢 |
| 亲友远行 | 为了祝愿亲友去外地求学、工作一路顺风诸事顺遂时，可以送上一份礼品以表心意 |
| 拜访做客 | 拜访或作客时，一方面对打扰对方表示歉意或接受对方款待表示感谢，一方面向对方表示自己的问候，往往也要带上一份礼物登门 |
| 还礼 | 有时，接受对方的礼物，就等于欠着对方一个人情，因此，在对方送礼离开时可以赠送对方礼物作为回礼 |

## 实训任务 2－2：掌握选择合适的馈赠场合及方式

### 知识窗 1

赠礼场合的选择是十分重要的。尤其那些出于酬谢、应酬或有特殊目的的馈赠，更应注意赠礼场合的选择。通常情况下，当众只给一群人中的某一个人赠礼是不合适的，给关系密切的人送礼也不宜在公开场合进行。因为那会使受礼人有受贿和受愚弄之感，同时会使没有受礼的人有受冷落和受轻视之感。只有象征着精神方面的特殊礼品，如锦旗、牌匾、花篮等才适宜在大庭广众面前赠送。

### 知识窗 2

最好当着受礼人的面赠礼。赠礼是为巩固和维持双方的关系，因此赠礼时应当着受礼人的面，以便于观察受礼人对礼品的感受，还可有意识地向受礼人传递你选择礼品时独具匠心的考虑，从而激发受礼人对你一片真情的感激和喜悦之情。例如，国内某餐具制造公司的总经理说："我们选择在客户参观我们工厂时，将我们公司的产品当作礼品赠送给客户。我们送的礼品能使他们回想起参观活动，而且赠送的礼品能带回家。又如在推销订货会上我们把不锈钢钢笔作为礼品赠送，笔上刻有公司标识，这将使客户永远记住我们的公司，他们为随身带着这样一支高质量钢笔而自豪。"

### 知识窗 3

如果需要通过邮寄赠送礼品，一般都要附一份礼笺。在礼笺上，既要署名，又要用规范的语句说明赠送礼品的缘由。如果是选择托人赠送，即委托第三者代替自己将礼品送达受赠对象手中。当本人不宜当面赠送礼品时，采用这种形式可以显示自己对此十分重视，或者可以避免对方的某些拘谨和尴尬。不过，所托之人在转交礼品时，一定要以恰当的理由来向受赠对象解释送礼人何以不能当面赠送礼品。礼品上最好也附上一份礼笺。

## 实训任务 2-3：掌握注意的禁忌

### 知识窗 1：注意事项

例如，中国人普遍有“好事成双”的说法，因而凡是大贺大喜之事，所送之礼，均好双忌单；但中国人普遍忌讳“4”这个数字，因为“4”的读音与“死”相近，常被人们认为是不吉利的。再如，白色虽有纯洁之意，但中国人通常对白色比较忌讳，因为在中国，白色常是悲哀、贫穷之色；同样，黑色也被视为不吉利，是凶灾之色、哀丧之色；而红色则是喜庆、祥和、欢庆的象征，受到人们的普遍喜爱。另外，我国人民还常常讲究给老人不能送“钟”，给夫妻或情人不能送“梨”，因为“送钟”与“送终”，“梨”与“离”谐音，是不吉利的。

### 知识窗 2：送礼的一般禁忌

（1）不送现金。

（2）不送药品。

（3）不送宣传性物品。

（4）不送容易引起误会的物品。

（5）不送令人忌讳的物品。

（6）不送违法的物品或涉及国家秘密的物品。

（7）不送有违公序良人俗的物品。

## 实训任务 2-4：掌握选择合适的礼品包装

### 知识窗 1：选择合适的礼品包装

人看衣装，礼看包装。送礼时若对礼物略加装饰就会令平淡无奇的礼品顿时显得精致起来，使收到礼品的人感到赏心悦目。精美的包装不仅使礼品的外观更具艺术性和高雅的情调，也可以彰显赠礼人的文化和艺术品位，还可以使礼品产生一种神秘感，引起受礼人的兴趣和好奇心，从而令双方愉快。好的礼品若没有讲究包装，不仅会使礼品逊色，而且还易使受礼人轻视礼品的内在价值，而无谓地折损了由礼品所寄托的情谊（见二维码图 6-15～图 6-16 所示）。

### 知识窗 2：注意事项

礼品的包装要注意以下几个方面：

（1）包装不能有损礼品，有污染性或刺激性的包装材料不但会损毁礼品，也会直接危及受礼者的健康与安全，因此包装的材料、造型和结构要合理。如果要经过长途运输或携带，还要考虑礼品包装的牢固、耐磨、耐压甚至防水等问题，以免包装在途中损坏 ，甚至影响到礼品本身。易碎的礼品一定要装在硬质材料的盒子里，然后填充防震材料，如海绵、棉花等，外面再用礼品纸包装；包装的长、宽、高和结构要便于携带。

(2) 礼品包装要富有创造性。引人注目的包装可能非常简单，也可能极其奢华。每种精心加工的礼品包装均能体现出一定的艺术性，除了专用包装纸，也可以找一些有创意的布料、壁纸、特种纸包礼品，还可用漂亮的缎带、装饰花作装饰，可增加艺术效果，起到画龙点睛的作用。

(3) 礼品包装外附上相应信息。包装完毕后，通常应贴上写有祝辞和签名的礼物卡片，一是表达自己的情感和诚意，二是避免受礼者因送礼人多而弄不清这到底是谁送的礼。

### 实训任务 2-5：掌握赠礼时的态度、动作和言语表达

#### ▶▶▶知识窗

在赠送礼品时，赠送方应着装规范、神态自然、举止大方、表现适当。一般来说，送礼者应起身站立、面带微笑、目视对方，双手将礼品递给对方。平和友善的态度和落落大方的动作并伴有礼节性的语言表达，是赠、受礼双方都应遵循的礼仪。

若同时向多人赠送礼品，则要按照一定的次序，即先长辈后晚辈，先上级后下级，先女士后男士有条不紊地进行。另外，赠送礼品时要做适当的说明，如送礼的原因、礼品的寓意及礼品的用途等，如果不做说明，受赠方可能会有一定的心理负担。

### 实训任务 2-6：认知注意处理好有关单据

#### ▶▶▶知识窗

送礼以前要细心检查这份礼物有没有瑕疵，如果礼物上标注有价格一定要清除干净。如果送的是食品，还应仔细检查食品是否过期、损坏。如果礼品是有保修期的"大物件"，如家用电器、电脑等，可以在赠送礼品的时候把发票和保修单一起奉上，以便将来受礼人能够享受售后服务。

### 实训任务 3：掌握礼品受赠礼仪

#### ▶▶▶知识窗 1：礼貌受礼

受礼者应在赞美和夸奖声中双手捧接收下礼品，并表示感谢。受礼时不可畏畏缩缩、故作推辞或表情冷淡、不屑一顾。

#### ▶▶▶知识窗 2：视情拆封

拆开礼品时动作要舒缓得当，不可乱扯乱撕，也不可草率地打开后丢置一旁，不理不睬。看到礼品后应赞美礼品的精致、优雅或实用，夸奖赠礼者的周到和细致，并伴有感谢之辞（按中国传统习惯，是伴有谦恭态度的感谢之辞）。还可请赠礼人介绍礼品功能、特性、使用方法等，以示对礼品的喜爱。

#### ▶▶▶知识窗 3：婉言拒绝

只要不是贿赂性礼品，最好不要拒收，否则会让赠礼人没面子。如果觉得送礼者别有所图，应向对方明示自己拒收的理由，态度可坚决但方式要委婉。

### 知识窗 4：有来有往

接受了他人的馈赠，得想办法回礼才合乎礼貌。中国人崇尚“礼尚往来”，外国人也同样重视。尽管在接受馈赠时无法马上回礼，但是在日后也应准备礼物回赠对方。

## 本章小结

在拜访时，客人应遵守的基本礼节包括事先预约，不做不速之客；如期而至，不做失约之客；彬彬有礼，不做冒失之客；衣冠整洁，不做邋遢之客；举止端庄，谈吐文雅，不做粗俗之客；适时告辞，不做难辞之客。

接待应做好相应准备，注意迎客之礼、待客之道和送客之礼。在接待之前，主人应做好充分的准备工作，客人到达时应做好迎客工作。在接待过程中，主人还应适当注意引导、就座、乘车及奉茶等方面的礼仪规范。

有礼有节的馈赠活动，有利于拉近双方的距离，增加合作的机会。作为商务活动的重要内容之一，馈赠活动越来越受重视。而馈赠的商务礼仪，也成为职业经理人必备的专业知识之一。

## 主要概念

商务拜访　商务拜访礼仪　拜访预约及赴约　商务接待　商务接待礼仪　迎客礼仪　会客礼仪　送客礼仪　馈赠　馈赠礼品选择　馈赠礼仪　受赠礼仪

## 技能训练

### 一、基础知识题

1. 单选题。

(1) 以下选项中不属于商务拜访基本礼仪的是________。

A. 到达要按时　　　　B. 登门应礼貌

C. 进门要问候　　　　D. 挽留要真诚

(2) 为做好接待，除了应准备好相关的资料及整理好会客室之外，还应准备好________。

A. 茶具、茶叶及饮料　　　　B. 卡拉 OK 设备

C. 话筒　　　　D. 香槟酒

(3) 客人到达公司后，陪同人员要在前面带路，标准位置是在左前方________米处。

A. 0.5～1　　　　B. 0.8～1.2

C. 1～1.5　　　　D. 1.2～1.8

(4) 在与客人见面时行握手礼，然后引领客人进入会客室外，还应做好________工作。

A. 将你的名片递送给客人

B. 为公司领导和客人做好相互之间的介绍

C. 引领客人进行参观

D. 为客人安排住宿

(5) 在带领宾客参观时，作为一个引导者，在进出电梯（有专人控制）时，你应做到________。

A. 放慢脚步，进电梯时让宾客先进入，出电梯则相反

B. 加快脚步，进电梯时让宾客先进入，出电梯则相反

C. 保持脚步，谁先进出都无所谓

D. 同时进出

2. 多选题。

(1) 以下属于拜访预约工作内容的有________。

A. 明确拜访的目的及目标

B. 了解拜访对象的情况

C. 注意时间的选择

D. 准备拜访时所用的资料

E. 注意服装的选择

(2) 下列属于商务接待应遵循的原则的有________。

A. 平等相待

B. 热情接待

C. 交心接待

D. 真诚相待

E. 以礼相待

(3) 接待的准备工作包括________。

A. 了解客人信息

B. 确定接待规格

C. 安排乘车座次

D. 整理接待场所

E. 整理仪容仪表

(4) 接待中遇多人同时握手时应避免________。

A. 交叉握手

B. 伸出双手与两人同时握手

C. 使用左手握手

D. 等别人握完后再握手

E. 依次握手

(5) 在商务活动中，送礼品是不可避免的，下列做法中不正确的是________。

A. 为表心意，越贵重越好

B. 关键是礼品好，因此无须注重包装

C. 应了解对方的偏好，投其所好

D. 最好把礼物送到家里，以表尊重

E. 应注意相关禁忌

3. 简答题。

(1) 简述商务拜访的基本原则。

________________________________________

(2) 简述商务拜访礼仪中告辞应注意的基本内容。

________________________________________

(3) 简述握手的礼节。

________________________________________

(4) 适用自我介绍的场合有哪些？

________________________________________

(5) 商务场合中乘坐电梯应注意哪些事项?

## 二、案例分析题

1. 请指出下列场景中不得体的地方。

场景一：帮女士拎包。

王先生应约和周小姐见面时，见她提着大包小包似乎很吃力，便勤快地把周小姐手上的包都接了过来。结果，周小姐需要用手机、钱包时，都得要王先生递，十分不便。

[讨论记录]

场景二：手机响了。

王先生正跟周小姐聊天，手机响了，他接电话时跟对方说："不巧，我这里有客人，一结束马上赶过来。"周小姐听后十分不快。

[讨论记录]

场景三：陪客用餐。

王先生请周小姐在家中用餐。菜上齐后，王先生一边滔滔不绝地向周小姐形容着菜肴的美味，一边狼吞虎咽，一副生怕有人跟他抢的样子。

[讨论记录]

2. 郝邢是一家太阳能民营企业的老总。有一天，他从报纸上得知德国法兰克福的一家大型太阳能公司总裁将访问中国，并有意向在中国寻求合作伙伴。于是，他费尽心思想促成与对方的合作，最终通过有关部门的努力，对方有意向与他进行合作，并希望在三天内进行会面洽谈。到了会面的那一日，郝邢希望自己给德国公司总裁留下精明能干、时尚动感的印象，就选择了夹克衫配牛仔裤，头戴牛仔帽，脚穿运动鞋的风格。然而，德国公司的总裁看到郝邢时只是礼貌地握了握手，寒暄了一下就告辞了。结果，郝邢的希望落空了。

**分析提示**

根据案例情况分析郝邢的希望为什么没有实现。

## 三、技能操作与实训题

1. 引路礼仪训练。

（1）走廊里的引导方法：接待人员应走在客人左前方的2～3步处，让客人走在内侧，侧身注意客人，并与之保持一致步伐。

（2）走楼梯时的引导方法：上楼时，应让客人走在前面，接待人员走在后面；下楼时，应由接待人员走在前面，客人在后面。上下楼梯时，接待人员应该注意客人的安全。

（3）乘电梯的引导方法：引导客人乘坐电梯时，接待人员先进入电梯，等客人进入后关闭电梯门；到达目的楼层时，接待人员按住电梯“开”的按钮，让客人先走出电梯。

（4）引路注意事项：引路时要适当地给客人做介绍。

（5）拐弯处的引导方法：拐弯或有楼梯台阶的地方要使用中位手势，并提醒客人“这边请”或“注意楼梯”等。

[讨论记录]

2. 搭乘电梯礼仪训练。

（1）有人控制的电梯后进后出。

（2）无人控制的电梯先进后出。

（3）出电梯时的注意事项：从电梯内出来的人和等候搭乘电梯的人均应沿着自己的右侧方向依次排队出入，保持出入畅通。

（4）在电梯内应注意的问题

① 先上电梯的人应往电梯里面站，以免妨碍他人。

② 电梯内不可大声喧哗或嬉戏吵闹。

③ 电梯内有很多人时，后进的人应面向电梯门站立。

[讨论记录]

3. 奉茶倒水礼仪训练。

(1) 标准上茶步骤：双手端着茶盘进入客厅，首先将茶盘放在临近客人的茶几上或备用桌上，将茶沏好；然后右手拿杯托，左手附在杯托附近，注意手不可以靠近杯口，从客人的左后侧双手将杯递上去。将茶杯放在客人右手附近最适当，且杯耳朝外侧。

(2) 斟茶方法：斟茶时，左手扶壶盖，右手持壶把，掌握好壶的倾斜度，壶口距杯口1厘米左右，杯盖可倒放在桌上。注意中国人“酒满茶半”的习惯。

(3) 续水注意事项：续水时注意不要妨碍对方。

[讨论记录]

# 模块七

# 商务宴请礼仪

【学习目标】

素质目标：通过对一般商务宴请礼仪的学习与训练，学生可以在商务宴请活动中获得良好印象，提升社交能力。

知识目标：了解商务宴请礼仪的作用，掌握商务宴请礼仪所涵盖的基本规范和基本要求。

技能目标：理解商务宴请礼仪在商务活动中的重要性，掌握商务宴请的程序及相关礼节，开展商务宴请活动，以帮助商务交际活动的顺利进行。

能力目标：在商务交往活动中，能够根据时间、场合、对象的不同，灵活规范地运用商务宴请礼仪规范。

【引　　例】

在人际交往中，“食”占有一席之地。宴请也是社交的一种重要形式。通过宴请可以表现对所交往对象的敬重、友善和诚意，同时展示个人或集体的商务交际素质和水平。因此，我们举办宴请活动和参加宴请时都应遵守餐饮礼仪。一次合乎礼仪的宴请，其本身就是一次成功的商务活动。在准备宴请、进行宴请和赴宴方面，有很多应当熟悉和遵循的礼仪规范。

分析提示

在当前的商品经济和市场经济中，“吃饭”已经不仅仅是为了填饱肚子，满足自身生理需要的简单个体行为了，借商务宴请来开展商务往来活动已是司空见惯的事情。《荀子·修身篇》中说：“人无礼则不生，事无礼则不成，国无礼则不宁。”商务宴请当然也是“无礼则不成”。对于一名商场交际人来说，请客吃饭由于带有了商业目的，就不再是可以随心所欲的事情了。在哪里吃、吃什么东西，看似普通，实则是传达身份、地位、财力、诚意等信息的重要途径。有时，吃饭只是一种途径或者工具，运用得当便可事半功倍。所以，宴请礼仪是大有学问的。

# 学习情境1　常见宴请类型

## 实训场景1　常见宴请礼仪概述

知识点：常见宴请礼仪的概念和种类

关键技能点：掌握常见的几种宴请类型

### 实训任务：认知宴请礼仪和宴请种类

#### 知识窗1：宴请的含义

宴请在当代商务活动中成为一种非常重要的交际方式。随着社会经济的发展和人民生活水平的提高，宴请越来越脱离了"果腹""解馋"等原有目的，而成为人们联络感情、交流信息、协调关系的一种手段，所以宴请礼仪十分重要。宴请礼仪指在社会交往中，政府机关、社会团体、企事业单位或个人出于某种社交目的的需要，如欢迎祝贺、答谢应酬、结识朋友、讨论问题、践行送别、老友聚会等，而举行的一种正式或非正式餐饮活动中所形成的固定程序或行为方式。

#### 知识窗2：宴请种类

宴请是国际国内社会交往中比较常见的待客方式。通用的形式有宴会、招待会、茶会、工作餐等。不同形式或目的宴请，在邀请对象、宴请菜肴、经费开支、人数、时间、着装等因素方面各有不同。

## 实训场景2　宴会礼仪

知识点：宴会礼仪

关键技能点：掌握宴会礼仪规范

### 实训任务：了解宴会礼仪

#### 知识窗：宴会礼仪

宴会指比较正式、隆重地设宴招待，宾主在一起饮酒、吃饭的聚会。宴会是正餐，出席者按主人安排的席位入座进餐，由服务员按专门设计的菜单依次上菜。按宴会规格的不同又有国宴、正式宴会、便宴、家宴之分，如表7-1所示。

**表7-1　宴会形式对比表**

| | 排座次 | 挂国旗 | 奏国歌 | 席间乐 | 致祝词 | 服饰要求 | 要求 |
|---|---|---|---|---|---|---|---|
| 国宴 | 需要 | 需要 | 需要 | 需要 | 需要 | 需要 | 隆重、严格 |
| 正式宴会 | 需要 | 不需要 | 不需要 | 需要 | 需要 | 需要 | 讲究、严格 |

（续表）

| | 排座次 | 挂国旗 | 奏国歌 | 席间乐 | 致祝词 | 服饰要求 | 要求 |
|---|---|---|---|---|---|---|---|
| 便宴 | 可以不 | 不需要 | 不需要 | 不需要 | 可以不 | 不需要 | 宽松、和谐 |
| 家宴 | 不需要 | 不需要 | 不需要 | 不需要 | 不需要 | 不需要 | 轻松、自由 |

（1）国宴。国宴是国家元首或政府为招待国宾、其他贵宾或在重要节日为招待各界人士而举行的正式宴会，是宴会中规格最高的。按规定，举行国宴的宴会厅内应悬挂两国国旗，安排乐队演奏两国国歌及席间乐，席间主、宾双方有时致辞或祝酒。

（2）正式宴会。这种形式的宴会除不挂国旗、不奏国歌及出席规格有差异外，其余的安排大体与国宴相同。有时也要安排乐队奏席间乐，宾主均按身份排位就座。许多国家的正式宴会十分讲究排场，对餐具、酒水、菜肴的道数及上菜程序均有严格规定。

（3）便宴。这是一种非正式宴会，常见的有午宴、晚宴，有时也有早宴。其最大特点是简便、灵活，可不排席位、不做正式讲话，菜肴可丰可简。有时还可采用自助餐形式，自由取餐，更显亲切随和。

（4）家宴。即在家中设便宴招待客人。我国人民素有好客之传统，在家设宴款待客人是常用的接待方式。西方人士也喜欢采取这种形式待客以示亲切友好，且常用自助餐的形式。

## 实训场景3　招待会礼仪

知识点：招待会礼仪

关键技能点：掌握招待会礼仪

### 实训任务1：认知招待会礼仪

#### ▶▶▶知识窗：招待会礼仪

招待会只备一些食品和饮料，不备正餐，席间不安排座次。这是一种较为灵活、自由的宴请方式，常见的有冷餐会和鸡尾酒会。

#### ▶▶▶知识窗1-1：冷餐会

冷餐会又称自助餐，是一种非常流行、灵活、方便的宴请形式。常用于官方的正式活动。冷餐会一般在中午12时至下午2时，或下午5时至7时左右举办。可在室内外举行，参加者可坐可立，也可自由活动，菜肴以冷食为主，酒和菜均可自取，也可请服务员端送。冷餐会的特点是不排席位，菜肴以冷食为主，也可冷、热兼备，连同餐具一起摆放在餐桌上，供客人自取。客人可多次进食、站立进餐、边谈边用、自由活动。冷餐会的地点可在室内，也可在室外花园里。对年老、体弱者，要准备桌椅，并由服务人员招待。这种形式适宜招待人数众多的宾客。我国举行大型冷餐招待会，往往用大圆桌，设置座椅，主桌安排座位，其余各席并不固定座位。食品和饮料均事先放置于桌上，招待会开始后，宾客自行进餐。

**知识窗 1-2：鸡尾酒会**

鸡尾酒会可称酒会，以酒水招待为主，并略备小吃，参加者可在其间的任何时候入席或退席，并可以自由走动、交往。形式较为活泼，便于广泛交谈接触。招待品以酒水为主，略备小吃，不设座椅，仅置小桌或茶椅，以便客人随意走动。酒会举行的时间亦较为灵活，中午、下午、晚上均可。请柬上一般均注明酒会起止时间，客人可在此间任何时候入席、退席，来去自由，不受约束。鸡尾酒是用多种酒配成的混合饮品，酒会上不一定都用鸡尾酒。鸡尾酒会通常置备多种酒品、水果、饮料，不用或少用烈性酒。饮料和食品由服务员托盘端送，亦有部分放置桌上。近年来国际上举办大型活动广泛采用酒会形式招待。

### 实训任务 2：认知招待会举办礼仪

**知识窗：招待会举办礼仪**

招待会的邀请分为口头邀请和书面邀请。口头邀请是当面或电话将活动目的、名义、时间、地点及有无附加要求通知对方。书面邀请则是发请柬或便函。这种邀请正式且规范，表示对被邀请者的尊重，也表明邀请者的诚意。邀请者要注意时间、地点、菜肴的选择，不要和被邀者发生冲突，还要注意对方的习俗和信仰问题。招待会期间，主人要安排专人负责迎送、接引、照顾、联络、送别等事务。

## 实训场景 4　茶会礼仪

知识点：茶会礼仪

关键技能点：掌握茶会礼仪规范

### 实训任务 1：认知茶会礼仪

**知识窗 1：茶会礼仪**

在商务活动中，茶话会主要以交流思想、联络感情、洽谈业务、开展业务等为目的。茶会礼仪，就是指人们在各种茶会活动中应遵守的行为规范。茶话会不安排座次，如果有贵宾参加，一般会设有主席或安排贵宾与主人坐在一起，其他人可以随意就座。茶话会既简单隆重节俭，又轻松愉快高雅，是一种效果良好的聚会形式。

**知识窗 2：国际茶会礼仪**

国际上的茶会一般要考虑选择的茶叶符合客人的喜好。欧洲人喜欢用红茶，日本人则偏爱乌龙茶。茶具选用精致的陶瓷器皿为佳。有些茶会不用茶而用咖啡作为饮品，但仍以茶会命名，其内容安排与茶话会基本相同。

### 实训任务 2：了解泡茶艺术

**知识窗：泡茶艺术**

“以茶待客”历来是有数千年文明史的礼仪之邦——中国，最普及、最具平民性的日常生活礼仪。中国的茶文化博大精深，端茶敬客不可简单而为。例如，俗话所说的“酒满茶半”，就是指奉茶时应注意茶水不要斟得太满，以七分满为宜，所谓留得三分“做人情”，以表敬意。冲泡茶有程序的讲究，在每一道程序中都能体现品茗的艺术。

（1）嗅茶。主客坐定后，主人取出茶叶，主动介绍该品种的特点、风味，客人则依次传递嗅赏。

（2）温壶。先将开水冲入空壶，使壶体温热，然后将水倒入“茶船”—— 一种紫砂茶盘中。

（3）装茶。用茶匙向空壶中装入茶叶，通常装满大半壶。切忌用手抓茶叶，以免手气或杂味混入。

（4）润茶。用沸水冲入壶中，待壶水满时，盖上壶盖后让茶叶舒展开，随即将茶水倾入“茶船”。

（5）冲泡。至此，才可正式泡茶。冲泡要用开水，但不宜用沸水。

（6）浇壶。盖上壶盖之后，在壶身外浇开水，使壶内、壶外温度一致。

（7）温杯。泡茶的间隙，在茶船中利用原来温壶、润茶的水，浸洗一下小茶盅。

（8）运壶。第一泡茶泡好后，提壶在茶船边沿巡行数周，以免壶底的水滴滴入茶盅串味。

（9）倒茶。将小茶盅一字排开，提起茶壶来回冲注，俗称“巡河”。切忌一杯倒满后再倒第二杯，以免浓淡不均。

（10）敬茶。双手捧上第一杯茶，敬奉在座的客人；如客人不止一位时，第一杯茶应奉给最尊贵的客人。

（11）品茶。客人捏着小茶盅，观茶色、嗅茶味、闻茶香，或嗅或啜。

## 实训场景5　工作餐礼仪

知识点：工作餐礼仪

关键技能点：掌握工作餐礼仪

### 实训任务：认知工作餐礼仪

#### 知识窗1：工作餐的性质

工作餐指的是在商务交往中具有业务关系的合作伙伴，为进行接触、保持联系、交换信息或洽谈生意，而借用餐的形式所进行的一种商务聚会。有关各方在百忙之中共进工作餐，意在谈论正事，是一种以餐桌充当会议桌或谈判桌，所进行的非正式的商务会谈。自己说话时，不要东拉西扯；别人说话时，则务必认真倾听，既不要中途打岔，也不要与旁人七嘴八舌，心不在焉。以事务目的为主线，边吃边谈，方为目的明确，礼节周到。

#### 知识窗2：工作餐的人员

工作餐重在创造一种氛围。同正式的宴会相比，工作餐所强调的不是形式与档次，而是意在以餐会友，所以一般在人数、时间、规格等方面相对比较随意。工作餐既可以是两个人之间的单独约会，也可以是有关双方各派几名代表参加。但是，参加工作餐的总人数，以不超过十人为宜。与事无关者、配偶、子女等，均不宜到场。如果恰有主题外的人员，应当将之简略介绍与其他人互相认识，以避免尴尬。宾主双方都不宜随意邀请与主题无关的人员参与工作餐聚会。

**知识窗 3：工作餐的时间**

为了合理地利用时间，不影响参加者的工作，工作餐通常都被安排在工作日的午间。所以工作餐在欧美常被称为工作午餐或午餐会。一般而言，只要宾主双方感到有必要坐在一起交换一下彼此的看法，或是就某些问题进行磋商，就可以随时随地举行一次工作餐。时间不必早早商定，地点也可以临时选择。工作餐可以由一方提议，也可以由双方共同决定；可以提前若干天约好，也可以当天临时决定。

**知识窗 4：工作餐就餐习惯**

商务工作餐就餐座次和餐饮规格没有严格规定，但仍需遵循一般社交礼仪。工作餐的菜肴安排应当由东道主负责，一般客随主便，但主人要主动回避对方的饮食禁忌。工作餐最好采取“分餐制”的就餐方式。不习惯的话，代之以“公筷制”亦可。

**知识窗 5**

在交谈期间，有关人员均不宜中途无故离去，也不宜离座去与其他人交谈。依照常规，拟议的问题一旦谈妥，工作餐即可告终，不一定非要拖至某一时间。东道主结账之后，客人表示感谢，同时可以约定下次回请。如果商务目的已达成，也可省略。

**知识窗 6**

一般来讲，在用工作餐时，不宜录音、录像，或是布置专人进行记录。非有必要进行笔录或使用计算机、便携式电脑时，应先向交谈对象打招呼，获得对方首肯后方可进行。

# 学习情境 2　宴请各环节礼仪

## 实训场景 1　宴请准备

知识点：宴请的准备

关键技能点：掌握宴请前应作的准备工作

### 实训任务 1：了解宴请准备工作的主要内容

**知识窗 1**

宴请前准备工作的内容包括确定宴请对象和范围，以及宴请的形式、规格、时间、地点等。确定宴请的对象和范围是指确认邀请哪些人士参加。确定宴请对象和范围依照宴请的性质、目的、主宾的身份、国际惯例及经费等有关要求；确认参加人士的身份、级别、人数。既要有主人和主宾，还要有陪客，有时还应考虑男女人数比例等问题。如有需要，应考虑邀请宾客的配偶一道出席，以体现对宾客的尊重和礼仪的周全。

### ▶▶▶知识窗 2：确定宴请形式

根据宴请的目的和对象的要求、习惯确定宴请形式，如宴会、自助餐、工作餐等，确定宴请的规格、规模和经费等。晚宴是所有宴请形式中最为隆重和正规的，多为重要的商务社交活动所采用。晚宴讲究排场和程序，一般在下午 6～9 时举行，安排在正式场合并且邀请主客双方的夫妇共同参加。随着现代商务活动越来越丰富，一些休闲方式也被作为商务宴请形式而广为盛行。例如，早茶是中国广东地区传统的饮食习俗，现在中国南方地区的很多商业人士习惯在茶楼中进行商务洽谈，形式简单随和，气氛轻松融洽，深受商业人士喜爱。又如，相对简单的野餐，野餐常在室外举行，主要采用自主烧烤食品的方式，轻松活泼富有乐趣，适合团队休闲娱乐及商务性度假。

### ▶▶▶知识窗 3：确定宴请时间

一般公务性的宴请安排在白天，商务性宴请安排在晚上。宴请的时间应对主、客双方都合适。注意不要选择对方的重大节日、重要活动或有禁忌的时间。

### ▶▶▶知识窗 4：确定宴请的地点

主要依商务活动的目的来确定宴请地点，不同的宴请地点可以达成不同的效果。具体按活动的性质、规模、形式等实际情况而定。正式隆重的商务活动，宴请一般安排在高规格的酒店或宾馆内举行，普通宴请则可随主宾习惯，安排在就近或有独特风味的餐馆。宴请的环境可以体现出主人对宴请的重视程度，通常应该选择环境优雅、卫生优良、服务周到的地点。

### ▶▶▶知识窗 5：确定菜谱

选菜应考虑宾客的年龄、性别、饮食习惯、健康状况、喜好与禁忌等。菜谱讲究色香味俱全，荤素搭配合理，菜名吉祥，主菜要有价值、有品位。特别要注意对象的饮食忌讳或宗教习俗，如佛教用素斋、伊斯兰教忌猪肉、印度教忌牛肉、天主教星期五不吃肉类等。地方特色菜肴如有特别选材，要加以说明，以供来宾选择。

## 实训任务 2：掌握邀请的礼节

### ▶▶▶知识窗 1

宴请准备工作在确定具体事项后，要向宴请对象发出邀请，邀请分为口头邀请和书面邀请。口头邀请是当面口头告知或打电话邀请；书面邀请要书写请柬或邀请卡。邀请应提前于正式宴请一定的时间，以便被邀请者有充分准备的时间。邀请不论以何种形式发出，均应真心实意、热情真挚。正式宴会邀请要发请柬，请柬内容包括宴请时间、地点、形式、主人姓名等。行文不用标点符号，人名、单位名、节日和活动名称都应采用全称。中文请柬行文中不提被邀请人姓名（其姓名写在请柬信封上），主人姓名放在落款处。在请柬格式与行文方面，中外文本的差异较大，注意不能生硬照译。请柬可以印刷也可手写，手写字迹要美观、清晰。请柬信封上被邀请人的姓名、职务要书写准确。国际上习惯对夫妇两人发一张请柬，在我国有需凭请柬入场的场合，则给每人一张。正式宴会，最好能在发请柬之前排好席次，并在信封下方注上席次号。请柬发出后，应及时落实出席情况，准确记载，以便调整席位。请柬一般提前1～2周发出。已经口头约妥的活动，仍应补送请柬，在请柬右上方或下方注上“To remind”（备忘）字样。需安排座位的宴请活动，应要求被邀者答复能否出席。请柬上一般注上R. S. V. P.（请答复）法文缩写字样，并注明联系电话，也可用电话询问能否出席。

## ▶▶▶知识窗2

请柬的书写有两种形式：一种是书信式，由邀请者拟写全文；一种是填写式，邀请者在印刷好的请柬上填写。下面介绍几种请柬格式。

### ▶▶▶知识窗2-1：横式请柬

（1）单位团体的请柬。

单张的例文：

请　柬

××同志：

兹定于5月4日下午2时，在我厂大礼堂举办“凝聚企业核心，创造企业文化”主题座谈会。敬请光临指导！

××企业党委（公章）

加封面的单位团体请柬格式如图7-1所示。

（封面）

1990—2020年

庆祝

（内页）

××先生（女士）：

谨定于××××年×月×日（星期×）晚×时在××宾馆××楼举办××××公司成立三十周年答谢会。敬请光临。

致以

敬礼！

××××公司 总经理

×月×日

图7-1　加封面的单位团体请柬格式

（2）个人的请柬。

例文：

××先生（女士）

谨定于××××年×月×日晚8时至9时在××餐厅举行茶会，敬请光临！

敬请回复×××

主人姓名：×××

电话：×××××××

**知识窗2－2：竖式请柬**

竖式请柬格式如图7－2所示。

××××先生（女士）：

谨定于××××年×月×日上午九时

在××××餐厅举办本公司年度答谢会。

敬请光临。

××××公司董事长××

图7－2　竖式请柬格式

## 实训场景2　宴请席位

知识点：宴请席位礼仪

关键技能点：掌握宴请席位安排的礼仪

### 实训任务：掌握宴请席位安排具体内容

**知识窗1：宴请席位安排具体内容**

席位安排以社交通行惯例为基本原则，既要按礼宾次序原则作安排，又要有灵活性，使席位安排有利于增进友谊和席间交谈方便。其基本内容是：

（1）以主人为中心。以离主人位置远近依次排列。在西方国家，女主人通常面向上菜的门口，即宴请的中心位置。我国一般以男主人为中心。

（2）以右为上。即主人的右手侧为上位，安排主要客人就座。

（3）面门为上。主次以面门方向为准，主人坐左侧，主宾坐右侧。正式宴会应备席次卡，卡上书写姓名，既便于客人找到自己座位，又便于他人知道其姓名。

（4）以远为上。主桌和上位应以远离通道为上。应置于整体空间的中心或靠里的位置。

（5）特殊原则。在一些高档餐厅里，常有优美的景致或高雅的演出供用餐者欣赏。这种情况下，观赏角度最好的座位是上座。

**▶▶▶知识窗 2：桌次与座次的安排如图 7－3、图 7－4 所示**

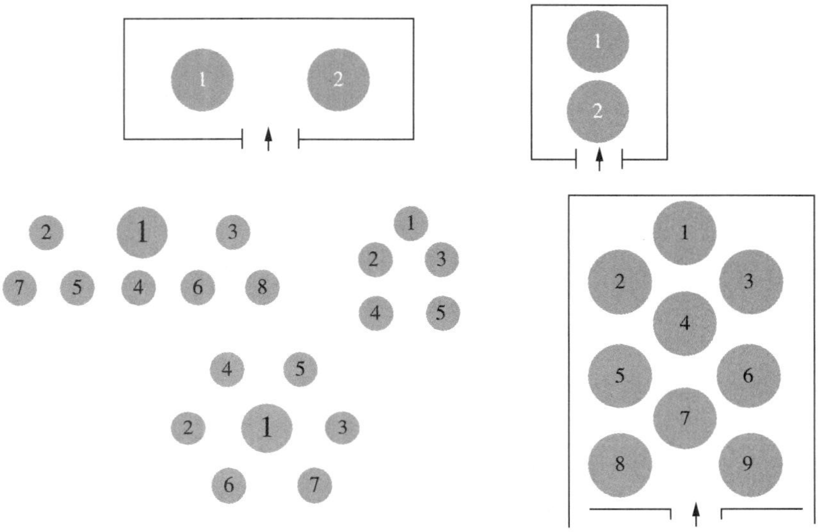

图 7－3　桌次安排

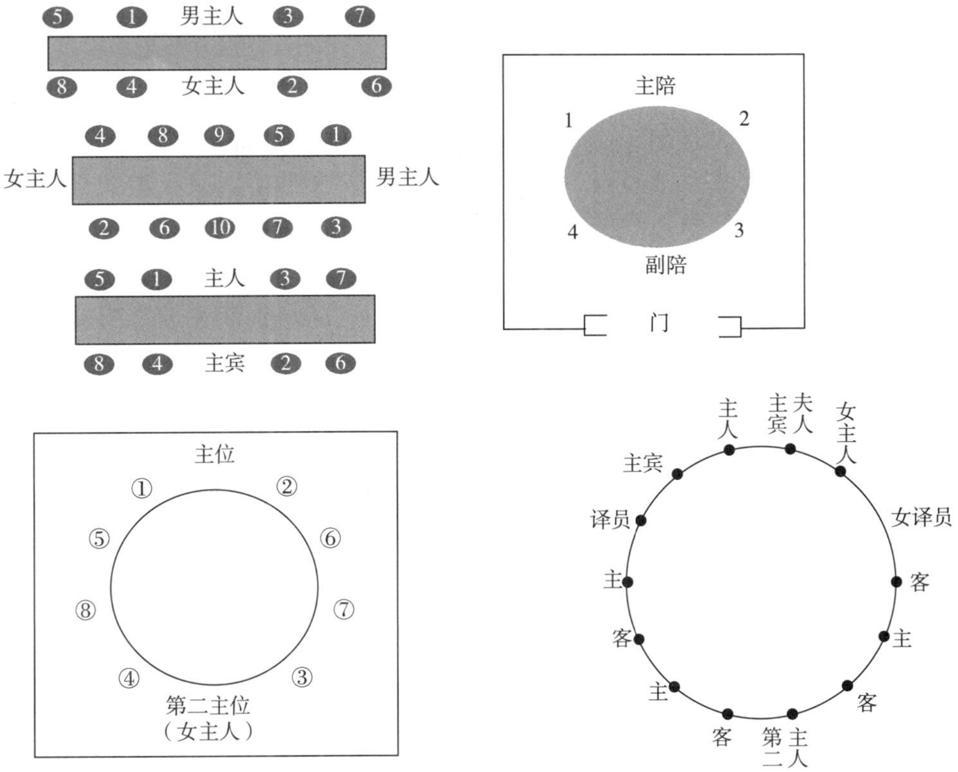


图 7－4　座次安排

## 实训场景3　宴请接待

知识点：宴请接待礼仪

关键技能点：掌握宴请各环节应尽礼节

### 实训任务1：熟悉宴请程序

**知识窗：宴请程序规范**

（1）迎接宾客。主人或主陪人员应该先行到达，站在大门或小厅恭候宾客。正式宴会的主人和其他有关人员要列队组成迎宾线迎候。

（2）引领入席。来宾到达后由专门的引导员引领来宾入席。主宾、女宾先行入座，再引导其他宾客入座。主桌的贵宾最后入席。

（3）致辞发言。正式宴会有主人致辞和来宾讲话环节。该环节进行时，主宾入座，工作人员停止所有活动，在合适的位置站好，晚到人员稍候就座。

（4）上菜开席。主宾落座后便可上菜。待主人示意后方可开席。

（5）举杯祝酒。主人和来宾祝酒说感谢来宾、祝福等话语。

（6）席毕送客。主客用餐完毕，主人和主宾起立，其他人随之离座，宴会即告结束。主人将客人送至门口，握手话别。

### 实训任务2：掌握宴请接待细节

**知识窗：宴请接待细节**

（1）在宴请准备环节，除了要了解宴请的目的、人数、标准，还应仔细了解来宾的国籍、宗教信仰、生活习惯、爱好及饮食禁忌，以便针对特殊情况做特别对待。

（2）就餐地点应选在交通顺畅、停车便利的场所。如宾客无自己的交通工具，主人应事前做好相应安排。餐厅环境的选择要符合商务宴请目的的需要。

（3）宴请过程中要注意的细节有：主宾和大多数宾客到达后方可开席；对待所有来宾礼节周到；中餐布菜、盛汤要用公筷公勺；不可勉强客人吃不喜欢的食品；劝酒要适度。

（4）要待所有客人用餐完毕才示意离席，结束宴请。

# 学习情境3　中餐礼仪

## 实训场景1　中餐礼仪概述

知识点：中餐礼仪文化

关键技能点：了解中餐礼仪文化

学习情境3图片

### 实训任务：认知中餐礼仪文化之内涵

#### 知识窗

在我国，商务宴请通常选择中餐。宴请对象同是中国人，选择中餐是依其习惯而行；宴请对象是外国人，选择中餐是依其特色而为。中餐礼仪涵盖内容相当广泛，主要包括用餐方式，时间、地点的选择，席位排列，菜肴的安排，餐具的使用，用餐举止等方面。

## 实训场景2　中餐用餐礼仪

知识点：中餐礼仪具体内容

关键技能点：掌握中餐礼仪

### 实训任务1：掌握中餐餐具礼仪具体要求

### 实训任务1－1：掌握筷子的正确使用方法

#### 知识窗1：中餐餐具的特色

与西餐相比，中餐的特色首先表现在餐具的使用上，学习中餐就餐礼仪应先学习正确使用餐具。中餐餐具包括筷子、勺子、盘碟、杯具和牙签、毛巾等（见二维码图7－1所示），使用时有很多应该注意的问题。

#### 知识窗2：筷子

筷子是中餐最主要的餐具。筷子通常必须成双使用。单手执筷，大拇指和食指捏住筷子的中上端，另外三根手指自然弯曲扶住筷子。注意：筷子的两端一定要对齐。在用餐前或用餐过程中，筷子一定要整齐摆放在饭碗的右侧或放在筷架上，用餐后则应整齐地竖向摆放在饭碗的正中。

#### 知识窗3：筷子的错误使用方法

使用筷子时有以下行为被视为缺乏修养、没有礼貌、令人反感：

（1）筷子没有对齐，出现一长一短的情况，有“三长两短”之意。

（2）拿筷子时食指伸出，常带有指责的意思，且显得目中无人。

（3）举着筷子犹豫不决夹哪道菜，来回在桌子上的菜盘里拨来拨去。

（4）用筷子在碗盘里翻找挑拣，或在菜盘里不住地扒拉。

（5）把筷子竖插在食物上面。

（6）在用筷子夹汤汁多的菜肴时将汤汁抖落到整盘菜了，或者将菜汤滴到其他菜或桌子上。

（7）已经用筷子夹起了食物，又放回到盘中。

（8）用筷子敲打碗盘的边缘。

（9）用舌头去舔或用嘴含筷子。

（10）用筷子在汤碗中夹取食物或不断在其中搅拌。

（11）和人交谈时，一边说话一边挥舞筷子，甚至用筷子指着别人。
（12）用筷子来剔牙、挠痒或是用来夹取食物之外的东西。

### 实训任务1-2：掌握勺子的正确使用方法

#### ▶▶▶知识窗：正确使用勺子

勺子的主要作用是舀取菜肴、汤食。有时，用筷子取食时，也可以用勺子来辅助。用勺子取食物时，不要过满，免得溢出来弄脏餐桌或自己的衣服。在舀取食物后，可以在原处暂停片刻，等汤汁不会再往下流时，再移回来享用。暂时不用勺子时，应把它放在自己的碟子上，不要直接放在餐桌上。用勺子取食物后，要立即食用或放在自己碟子里，不能再把它倒回原处。如果取用的食物太烫，不可以用勺子舀来舀去，也不要用嘴对着吹，可以先放到自己的碗里，等凉了再吃。不要把勺子塞到嘴里，或者反复吮吸、舔食。不要把公用汤勺据为已用，或用后随手置放。

### 实训任务1-3：掌握碗碟的正确使用方法

#### ▶▶▶知识窗：正确使用碗碟

比盘子稍小的是碟子，主要用来盛放食物，在使用方面和碗略同。食碟的主要作用，是用来暂放从公用的菜盘里取来的菜肴。用食碟时，一次不要取放过多的菜肴，不吃的残渣、骨、刺不要吐在地上、桌上，而应放在食碟前端，放的时候不可直接从嘴里吐在食碟上，要用筷子夹放到碟子上。如果食碟放满了，需让服务员更换。碗主要用来盛放主食、羹汤，也常用来盛放取来的食物。用碗时注意不能双手端起碗进食，不能向碗里乱扔废弃物，不能将碗倒扣在桌上。

### 实训任务1-4：掌握杯具的正确使用方法

#### ▶▶▶知识窗：正确使用杯具

酒杯和水杯要分开使用。水杯主要是用来盛放清水、汽水、果汁、可乐等软饮料时使用，不可用来盛酒或汤等其他液体。喝进嘴里的东西不能再吐回水杯，在不喝饮料时也不要倒扣水杯。

### 实训任务1-5：掌握其他物件的正确使用方法

#### ▶▶▶知识窗1：湿毛巾

在某些场合，中餐用餐前会为每位用餐者递上一块湿毛巾。这块湿毛巾只能用来擦手，擦手后，应该放回盘子里，由服务员拿走。有时候，在正式宴会结束前，会再上一块湿毛巾。和前者不同的是，它只能用来擦嘴，不能用来擦脸、抹汗。

#### ▶▶▶知识窗2：水盂

在宴席上，上鸡、龙虾、水果时，可能会同时送上一个小水盂（铜盆、瓷碗或水晶玻璃缸），水上漂有玫瑰花瓣或柠檬片，供洗手用，不可误认为饮料。宾客轮流沾湿双手指头，轻轻涮洗，然后用餐巾或小毛巾擦干。

### ▶▶▶知识窗3：牙签

一些用餐者在餐毕需要使用牙签，使用时应用一只手掩住口部，剔出来的东西，不要当众观赏或再次入口，也不要随手乱弹、随口乱吐。剔牙后，不要长时间叼着牙签，更不要用牙签来扎取食物。

## 实训任务2：掌握中餐宴席的上菜礼仪

### ▶▶▶知识窗1：中餐上菜的顺序

（1）茶水：以茶待客是中国人的传统，餐前等待时先上一杯清茶。

（2）开胃菜：通常是四种冷盘组成的大拼盘，有时种类可多达十种。

（3）热炒：冷盘之后，接着安排四种热盘。有时热盘会被省略。

（4）主菜：又称为大件、大菜。如菜单上注明有“八大件”，表示共有八道主菜。主菜的道数通常是四、六、八等偶数，因为，中国人认为偶数是吉数。在豪华的餐宴上，主菜通常为十六或三十二道。这些菜肴需使用不同的材料，配合酸、甜、苦、辣、咸五味，以炸、蒸、煮、煎、烤、炒等各种烹调法烹制而成。出菜顺序多以口味清淡和浓腻相互搭配，或干烧、汤类相互搭配为原则。最后通常以汤作为结束。

（5）点心：指主菜结束后所供应的小食品，如馅饼、蛋糕、包子、杏仁豆腐等。

（6）水果：水果起到爽口、消油腻的作用。

### ▶▶▶知识窗2：上菜中的习惯与礼貌

（1）菜肴上有孔雀、凤凰图案的拼盘应放在第一主人和主宾的面前，正对二人，以方便第一主人与主宾的欣赏。

（2）第一道热菜应放在第一主人和主宾的面前，没有吃完的菜则移向副主人一边。后面菜可遵循同样的原则。

（3）餐厅员工给客人提供服务时，一般要以第一主人为中心，从宴席的左侧位置上菜，从宴席的右侧位置撤盘。上菜或撤盘时，都不应当在第一主人或主宾的身边操作，以免影响主客之间的就餐和交谈。

## 实训任务3：掌握中餐用餐礼仪举止

### ▶▶▶知识窗：中餐用餐礼仪举止

（1）入座后姿态端正，脚踏在本人座位下，不可任意伸直，手肘不得撑在桌子上，或将手放在邻座椅背上。

（2）用餐时温文尔雅，不要吃得摇头晃脑、满脸油汗、汁汤横流、响声大作、宽衣解带、脱袜脱鞋。

（3）小口进食，不要大口狂塞，食物未咽下，不能再塞入口。口内有食物，应避免说话。

(4) 取菜舀汤应使用公筷、公匙。自用餐具不可伸入公用餐盘夹取菜肴。不可站立取食，夹取菜肴时礼让他人。不要主动为别人夹菜、添饭。

(5) 用餐时要由尊者先动碗筷。如有长辈，要尽可能主动给长辈添饭。

(6) 口含食物时最好不要与别人交谈。在他人咀嚼食物时，避免跟对方说话或敬酒。

(7) 吃饭要端起碗，应该用大拇指扣住碗口，食指、中指、无名指扣碗底，手心空着。不端碗、伏在桌子上对着碗吃饭非常不雅。

(8) 遇有意外，如不慎将酒、水、汤汁溅到他人衣服上，应立即致歉，及时处理。

(9) 敬酒时讲究次序和方式，喝酒宜各自随意，敬酒以礼到为止，切忌劝酒、猜拳、吆喝。

(10) 主食进行中，不宜抽烟。

(11) 如系主人亲自烹调食物，勿忘给予主人赞赏。

(12) 用餐的时候不要离开座位，四处走动。如果有事要离开，先和旁边的人打个招呼，可以说声“失陪了”“我有事先行一步”等。

(13) 如果需要为别人倒茶倒酒，要记住“倒茶要浅，倒酒要满”的礼仪规则。

(14) 用餐后，需等男、女主人离席后，其他宾客方可离席。

## 实训任务4：熟悉中餐菜系

### 知识窗

中国菜已有数千年的发展历史，如今的中国菜由历代宫廷菜、官府菜及各地方菜系所组成，主体是各地方风味菜。中国菜高超的烹饪技艺和丰富的文化内涵，堪称世界一流。我国幅员辽阔，由于各地自然条件、生活习惯、经济文化发展状况的不同，在饮食烹调和菜肴品类方面，形成了不同的地方风味。南北两大风味自春秋战国时期开始出现，到唐宋时期完全形成。到了清代初期，鲁菜、川菜、粤菜、淮扬菜，已成为我国最有影响的地方菜，后称“四大菜系”。《清稗类钞》记述清末之饮食状况，称：“各处食性之不同，由于习尚也。则北人嗜葱蒜，滇黔湘蜀嗜辛辣品，粤人嗜淡食，苏人嗜糖。”还更加具体分析了各地的菜系特色：“苏州人之饮食——尤喜多脂肪，烹调方法皆五味调和，惟多用糖，又席加五香。”“闽粤人之饮食——食品多海味，餐食必佐以汤，粤人又好啖生物，不求上进火候之深也。”“湘鄂人之饮食——喜辛辣品，虽食前方丈，珍错满前，无椒芥不下箸也，汤则多有之。”“北人食葱蒜，亦以北产为胜……”如此等等，不一而足。从这些记述中可以看出四大菜系之特色。随着饮食业的进一步发展，有些地方菜愈显其独有特色而自成派系，这样，到了清末时期，加入浙、闽、湘、徽地方菜成为“八大菜系”，再增京、沪，便有“十大菜系”之说。尽管菜系不断发展，但人们还是习惯以“四大菜系”和“八大菜系”来代表我国多达数万种的各地风味菜。各地方风味菜之中著名的有数千种，它们选料考究，制作精细，品种繁多，风味各异，讲究色、香、味、形、器俱佳的协调统一，在世界上享有很高的声誉。这些名菜大都有各自发展的历史，不仅体现了精湛的传统技艺，还有种种动人的传说或典故，成为我国饮食文化的重要组成部分。

# 学习情境4　西餐礼仪

学习情境4图片

## 实训场景1　西餐礼仪概述

知识点：西餐礼仪文化

关键技能点：了解中餐礼仪文化

### 实训任务：认知西餐礼仪文化的内涵

#### ▶▶▶知识窗1：西餐礼仪文化的内涵

西餐是对西方国家餐饮的一种统称，其基本特点是要用刀叉进食。随着生活方式的更新和社会交往的活跃，我国吃西餐的人越来越多。在涉外活动中，为照顾国外客人的饮食习惯，有时也要用西餐来招待客人。西餐十分注重礼仪，讲究规矩，所以了解一些西餐方面的知识是十分必要的。

#### ▶▶▶知识窗2：西餐的分类

西餐大致可以分为两大类：一是以英、法、德、意等国为代表的“西欧式”，又称“欧式”，其特点是选料精纯、口味清淡，以款式多、制作精细而享有盛誉；二是以苏联为代表的“东欧式”，也称“俄式”，其特点是味道浓、油重，以咸、酸、甜、辣皆具而著称。此外，还有在英国菜基础上发展起来的“美式”西餐等。美式西餐讲究甜品，喜欢用水果做菜。各类西餐在餐具的用法刀叉的使用方面也略有不同。

## 实训场景2　西餐用餐礼仪

知识点：西餐礼仪具体内容

关键技能点：掌握西餐礼仪

### 实训任务1：掌握西餐餐具使用方法

### 实训任务1-1：掌握刀叉的正确使用方法

#### ▶▶▶知识窗1：刀叉的正确使用方法

刀叉的使用方法：右手执刀，左手持叉，先用叉子把食物按住，然后用刀从食物的左侧开始切，切成小块，再用叉将食物送入嘴内。欧洲人一般边切边吃，使用时不换手，即从切割到送食物入口均以左手持叉；美国人则习惯将食品切完后，将刀放下换右手持叉送食入口。正餐一般有两三副刀叉，吃一道菜换一副刀叉，先吃沙拉，再吃海鲜，最后吃主菜。取用刀叉时按照顺序由外侧向内侧取，先拿最外面的一副，它比较小，是用来吃沙拉的；然后再拿中间的，中间这副一般是用来吃海鲜的；最后再拿最里面的一副，用于吃主菜，主菜的刀一般带齿，便于切开牛排等肉类（见二维码图 7 - 2 所示）。

#### ▶▶▶知识窗 2：正式宴席的餐具摆放

较为正式的宴席通常摆放多副餐具。右边：从里往外是一把主菜用刀、一把鱼刀或一把汤勺、一把头盘菜用刀。左边：从里往外是一把主菜用叉、一把鱼叉、一把头盘菜用叉。垫盘上方：一把甜食叉、一把甜食勺或刀。

#### ▶▶▶知识窗 3：注意事项

摆置刀与叉所传达出来的信息：在任何情况，刀刃的一侧都必须面向自己，而且不可将刀叉的一端放在盘上，另一端放在桌上。进餐中需要暂时放下刀叉时，应摆成“八”字形，分别放在垫盘边上，刀刃朝向自己，表示还要继续吃。用餐结束后，可将叉的正面向上，刀刃侧向内与叉并拢，平行放置于餐盘右侧，柄朝向 5 点钟的方向。尽量将柄放入垫盘内，这样可以避免由于碰触而掉落，服务员也容易收拾。没用过的刀子，放在原位即可，服务员会自动将它收走。

### 实训任务 1 - 2：掌握汤匙使用方法

#### ▶▶▶知识窗 1：汤匙的用法

持匙用右手，手指务必持在匙柄之端。汤匙放在右手的刀的外侧，常有两把或者三把。放两把时，一把是用来喝汤的，一把是用来吃甜品的；如有三把，另有一把是喝红茶或咖啡的。要注意汤匙的几个用法：第一，要按照从外侧向内侧的顺序取用汤匙；第二，不能把汤匙含在嘴里；第三，汤匙不用的时候不能放在杯子里面，要平放于盘内。

#### ▶▶▶知识窗 2

汤匙舀汤时和中餐的方向不同。应是由中心部位舀向外侧，再回环送入嘴边。喝完汤之后，应该把汤匙放在餐盘对面。要注意餐匙绝对不能直接用来舀取任何主食或者菜肴；已经开始使用的餐匙不能放回原处，也不能弄得很脏。

### 实训任务 1 - 3：掌握餐巾的使用方法

#### ▶▶▶知识窗 1：餐巾的使用方法

西餐的餐巾使用很有讲究。餐前准备时，餐巾会被折叠成很多样式，用来装点餐桌。用餐时一般把餐巾叠成长条形或者三角形铺在腿上，在中国，也可把餐巾一角压在餐盘垫盘之下，使餐巾搭在腿上，防止进餐时食物洒落在衣服上。餐巾可以擦嘴，但是不能用来擦脸和手，不能擦刀叉。使用时可拿起餐巾一角沾拭嘴部。不能把餐巾围在脖子上、系在腰上、掖在裤腰带上或放在其他地方。

### ▶▶▶知识窗 2：餐巾的寓意

餐巾除了清洁功能，还可代表一定的寓意。正式宴请中，女主人把餐巾铺在腿上是宴会开始的表示；女主人把餐巾放在桌子上，是宴会结束的标志；当女主人没有打开餐巾时，其他人不能自行取下餐巾并使用。当女主人将餐巾放到桌上时，其他人应停止用餐。如果自己用餐完毕，可以把自己的餐巾放置桌前；如果中途要短暂离开，应将餐巾放在椅子上，以示即将回来继续用餐。

## 实训任务 1－4：掌握杯具的使用方法

### ▶▶▶知识窗 1：杯具的分类

西餐的特点是讲究用餐的同时，享受一种优雅、浪漫和温馨。酒是一种能够营造浪漫氛围的特殊饮品，所以酒在西餐中有着特殊的地位。酒不仅种类繁多，而且各有各的配菜，各有各的喝法。其中，杯具的选择和使用也是非常讲究的。茶杯、咖啡杯用来盛装热饮，并配有小碟；郁金香状的高脚杯，可用来盛装葡萄酒；空心角杯和浅碟形杯用来装香槟酒；装威士忌的杯子为矮而宽口的玻璃水晶杯；装白兰地的杯子是带矮脚的气球型大酒杯；鸡尾酒杯是漏斗形高脚酒杯，有大口杯和“V”形杯之分（见二维码图 7－3 所示）。

### ▶▶▶知识窗 2

每位用餐者右边餐刀的上方，通常会摆放三四只酒水杯。可依次由外侧向内侧使用，也可以跟随女主人的选择。

## 实训任务 1－5：掌握其他餐具的使用方法

### ▶▶▶知识窗 1

西餐桌上会摆放小瓶的盐和胡椒粉，一般摆放在餐桌的中心或两套餐具的中间。如果需要可自行取用，但要记住用完后放回用来的位置。

### ▶▶▶知识窗 2

餐桌上还会有些装饰品，例如蜡烛台、小茶壶、小花瓶等，用来增添浪漫优雅的气氛，不可随意摆弄。

## 实训任务 2：掌握西餐上菜程序

### ▶▶▶知识窗：西餐上菜程序

按照从前菜到咖啡的顺序依次上菜是西餐最传统的上菜程序：前菜→汤→鱼类料理→肉类料理 1（主菜）→ 水果冰点→肉类料理 2→沙拉→甜点→水果→咖啡。在前菜之前可饮用少许开胃酒，也可以选用少量的小点心。即第一次上饮料（果汁）、水果或冷盆，又称开胃菜，目的是增进食欲；第二次上汤类（也即头菜），需用汤匙，此时一般配有黄油、面包；第三次上蔬菜、冷菜或鱼（也称副菜）；第四次上主菜（肉食或熟菜），肉食主菜配有熟蔬菜，此时要用刀叉分切后放入餐盘内取食，如有沙拉，需要沙拉匙、沙拉叉等餐具；第五次上餐的食物，一般为甜品（点心）、水果、冰激凌等；最后上咖啡。

## 实训任务3：熟悉西餐进食方法

### 知识窗1：肉类的吃法

肉类应从左边开始切，调味酱应放在盘子内侧。放在牛排旁边的蔬菜不只是为了装饰，而是基于营养均衡的考虑而添加的，因此应与肉互相交替食用。不可一开始就将肉全部切成一块一块的，以免肉汁会流失。

### 知识窗2：鱼类的吃法

首先用刀在鱼鳃附近划一条直线，刀尖不要穿透鱼，刺入一半即可。将鱼的上半身挑开后，从头开始，将刀叉在骨头下方，往鱼尾方向划开，把针骨剔掉并挪到盘子的一角，最后再把鱼尾切掉。由左至右，边切边吃。鱼类料理上一般会有柠檬，如果是切成圆形的柠檬片可将其用刀压一下，使柠檬的香味渗进鱼类料理中；如果是半月形的柠檬切片可用叉子轻轻刺在果肉部位，用右手轻轻捏住柠檬，挤一两滴在鱼类料理上即可。取用的调味酱不应直接淋在料理上，应放在盘子的外侧。

### 知识窗3：汤的喝法

不宜吸着喝汤。应先用汤匙由后往前将汤舀起，汤匙的底部放在下唇的位置将汤送入口中。汤匙与嘴部呈45°角较好，且身体的上半部分略微前倾。碗中的汤剩下不多时，可用手将碗略微抬高。如果汤碗上有握环，可直接拿住握环端起来喝，注意不可发出声音。

### 知识窗4：面包的吃法

应遵循先用双手撕成小块，再用左手拿来吃的原则。吃硬面包时，用手撕不但费力而且面包屑会掉到桌上或地上，此时可用刀先将面包切成两半，再用手撕成块来吃。

### 知识窗5：喝酒的方法

先轻轻摇动酒杯让酒与空气接触，以增加酒味的醇香，但不要猛烈摇晃杯子。喝酒时绝对不能吸着喝，而是倾斜酒杯，像是将酒放在舌头上似的喝。举杯一饮而尽，或边喝边透过酒杯看人，都是失礼的行为。在美食之国的法国，历来有红葡萄酒配肉、白葡萄酒配鱼的习惯。香槟酒的味道醇美，适合在任何时刻饮用，配任何食物都好。

### 知识窗6：甜点的吃法

冰激凌一般配有专用小勺。当冰激凌与蛋糕、馅饼一起作为主餐的一部分时，则要使用甜点叉和甜点勺。

### 知识窗7：咖啡的喝法

餐后最适合饮用蒸汽加压的浓缩咖啡，先喝一小口，品尝一下咖啡的香气后，再依喜好放入适量的糖与牛奶。

## 实训任务4：了解西餐用餐举止礼仪

### 知识窗：西餐用餐举止礼仪

穿着正式服饰参加西餐宴席；入座时应从椅子的左边就位，离席时从右边离开。男宾应帮助右边的女宾挪动椅子，等女宾坐好后，自己再就座；坐姿要端正，身体要直，不可伸腿，不可跷二郎腿，也不要将手肘放到桌面上。用餐时注意餐桌上餐具的位置，不可随意乱取、乱拿。不能把叉刀伸进嘴里，不能拿着刀叉做手势，或在别人面前挥舞；刀叉、餐巾掉在地上时不要随便趴到桌下捡，应请服务员另外补给。除用刀、叉、匙取送食物外，有时还可用手取，如吃面包、鸡、龙虾时，经主人示意，可以用手撕着吃；吃饼干、薯片或小粒水果，可以用手取食。吃东西时应细嚼慢咽，嘴里不要发出很大的声响；饮酒时酒杯不斟满，可以举杯致意但不要劝酒；不可大声喧哗，放声大笑，也不可抽烟；若刚吃完油腻食物，最好先擦一下嘴再喝酒，以免嘴上的油渍沾到酒杯上。干杯时，即使不喝，也应将酒杯在唇边碰一下，以示礼貌。

## 实训任务5：认知西餐菜品

### 知识窗：西餐菜品

世界上最著名的西餐大菜，当属法国、英国、俄国大菜，另外像意大利、德国、美国、奥地利、匈牙利、葡萄牙、荷兰等国的大菜也很有名。

（1）法式大菜的特点是选料新颖别致，加工精细，如蜗牛、鹅肝、马兰、洋百合、椰树芯等，均有名菜品种传世。此外，法式菜制作时擅用酒，烹调讲究，菜口偏生。代表名菜有马赛鱼羹、冻鹅肝、巴黎龙虾、红酒山鸡等。

（2）英式大菜的特点是口味清淡，少用油、酒，以煮、蒸、烩、煎、炸为主。调味品放在餐桌上，由食者根据自己口味选取。代表菜有薯烩烂肉、烤羊马鞍、烧鹅苹果沙司、野味攀等。

（3）俄式大菜的特点是油大味重，肉类、禽类要烧得烂熟，但咸鱼、熏鱼又多生吃。调味多用酸奶油、奶渣、柠檬、酸黄瓜、小茴香。代表菜有鲭鱼饺子、串烤白羊、白塔鸡、冷苹果汤、罗宋汤等。

（4）美国菜的特点是咸里带甜。

（5）德国菜则是略带酸味，生菜较多。

（6）意大利菜以原汁原味闻名，且喜用面食做菜。

## 实训任务6：了解西方酒种类

### 知识窗：西方酒类

（1）金酒又叫杜松子酒，是世界第一大类烈酒。金酒按口味风格又可分为辣味金酒、老汤姆金酒和果味金酒。

（2）伏特加是从俄语中“水”一词派生而来的，是俄国具有代表性的白酒，许多国家如波兰、德国、美国、英国、日本等都能生产品质与俄罗斯所产相近的伏特加。主要产品有皇冠伏特加、莫斯科夫卡亚（Moskov Skaya）、斯道力西那亚（Seolichaya）、道斯洛夫亚（Stolovaya）等。

（3）朗姆酒又叫糖酒，以古巴朗姆为代表。主要产品有白牌百家地（Bacardi）、古巴产的哈瓦那俱乐部（Havana Club）、牙买加产的玛亚斯（Myers）等。

（4）白兰地是以葡萄为唯一原料酿造的酒，法国南部科涅克地区所产的白兰地最醇、最好，又称“干邑白兰地”。白兰地需贮藏很长的时间，且时间越长，酒质越好，最佳的陈年时间是20～40年。主要产品有马爹利（Martell）、轩尼诗（Hennessy）、人头马（Remymartin）；还有意大利的布顿（Buton）、斯盖克84（Seock84）；美国的克里斯汀兄弟（Cnristian Brothers）和是本大黑天牌白兰地（Daikoku）、三得利VSOP、三得利XO等。

（5）威士忌酒是用大麦、黑麦、玉米等谷物为原料，经发酵、蒸馏后放入旧的木桶中进行酵化而酿成的。最著名且最具代表性的威士忌有苏格兰威士忌、爱尔兰威士忌、美国威士忌和加拿大威士忌四大类。

（6）冰酒是将冰冻的葡萄压榨后按传统的方法发酵酿成的酒，冰冻的葡萄酸甜比例平衡，甘如蜂蜜，故而得名冰酒。冰酒酿造技术由德国移民带入加拿大，经当地人进一步改良，酿出的酒更独特、更醇香。其品种主要有冰白葡萄酒和冰红葡萄酒。

（7）葡萄酒是用新鲜的葡萄或葡萄汁经发酵酿成的酒精饮品，通常分为红葡萄酒和白葡萄酒两种。世界葡萄酒主要产地国：法国、意大利、西班牙、美国、智利、澳大利亚、南非等。其中，法国波尔多地区和勃艮第地区所产的葡萄酒，被称为葡萄酒中的“王与后”。使用橡木桶陈酿而成的世界著名的轩尼诗、马爹利、拿破仑、人头马等都是极品葡萄酒。

（8）香槟酒是在法国香槟地区，以瓶内二次发酵的特殊方法（也称作香槟法）酿造出来的含有气泡的一种葡萄酒，是葡萄酒中之王。香槟的名称曾被无休止地滥用，美国有上百万瓶的劣质起泡酒都标着“香槟”的字样。为保护这个民族骄傲，法国人在全世界打了700多个官司来维护香槟酒名称的纯洁性，目的是让大家知道——“只有来自法国香槟产区的起泡葡萄酒才能配得起香槟这个名字”。

（9）鸡尾酒是一种量少又需冰镇的酒，多在饮用时临时调制。调制时用几种酒加果汁、香料等混合起来加以搅拌或摇晃而成，最后还可用柠檬片、水果或薄荷叶作装饰，应及时饮用。它起源于美洲，当地人究竟何时开始调配和饮用这类色、香、味俱佳的混合饮料，以及“鸡尾酒”名称的由来，则众说纷纭。

（10）啤酒是以大麦芽、酒花、水为主要原料，经酵母发酵作用酿制而成的饱含二氧化碳的低酒精度酒，现在大部分均添加辅助原料。国际上将啤酒分下面发酵啤酒和上面发酵啤酒两大类。啤酒具有独特的苦味和香味，营养成分丰富，含有各种人体所需的氨基酸及多种维生素、矿物质等。啤酒是当今世界各国销量最大的低酒精度的饮料。

## 本章小结

商务宴请已经日益成为商务活动的一个重要内容，每个人在宴请活动中，都可能成为主人或客人的角色。我们既要能当好待客的主人，也要懂得做客的礼仪。宴请的成功一方面有赖于主人的热情好客、慷慨招待和细致周到的组织安排；另一方面则在于来宾的积极配合，以得体的举止、风趣的言谈、从容的进餐来回应主人的盛情。在商务宴请中，如何做好一个主人和做好一个客人同样重要。本模块系统阐述了有关商务宴请的技巧和礼仪规则，有针对性地分析、解答了商务宴请中经常遇到的各种问题，可以帮助商务人士在宴请中达到事半功倍的效果。

本模块的编写从常见宴请类型、宴请各环节礼仪、中餐礼仪和西餐礼仪等方面进行商务宴请礼仪的阐述。

常见的宴请类型包括宴会、招待会、茶会、工作餐等。

宴请各环节礼仪内容包括宴请前的准备、宴请席位安排、宴请接待礼仪等。

中餐、西餐礼仪包括餐具的认识和使用、上菜程序、就餐进食的方法和就餐举止、菜品、酒品类型等。

## 主要概念

宴请礼仪　宴会礼仪　招待会礼仪　茶会礼仪　工作餐礼仪　宴请准备　宴请席位　中餐礼仪　西餐礼仪

## 技能训练

### 一、基础知识题

1. 单选题。

(1) 社会交往中，政府机关、社会团体、企事业单位或个人出于某种社交目的的需要，举行的正式或非正式餐饮活动中所形成的固定程序或行为方式是________。

A. 欢迎礼仪　　B. 聚会礼仪　　C. 宴请礼仪　　D. 谈判礼仪

(2) 当女主人将餐巾放到桌上时，应________。

A. 致辞　　B. 喝汤　　C. 举杯　　D. 停止用餐

(3) 国际上，茶会一般要考虑选择的茶叶是否符合客人的喜好。欧洲人喜欢用________。

A. 清茶　　B. 红茶　　C. 乌龙茶　　D. 绿茶

(4) 确定菜谱特别要注意客人的________。

A. 年龄　　B. 性别

C. 喜好　　D. 饮食忌讳或宗教习俗

(5) 宴请程序第二步是________。

A. 迎宾　　B. 上菜　　C. 引领入席　　D. 祝酒

2. 多选题。

(1) 商务宴请时，可能会为每位用餐者上一块湿毛巾。这块毛巾不可以用来________。

A. 擦嘴　B. 擦脸　C. 抹汗　D. 擦手指

E. 擦桌子

(2) 中餐礼仪中，用餐时应注意________。

A. 温文尔雅　B. 取菜肴时礼让他人

C. 嚼食物时，避免跟人说话或敬酒　D. 抽烟

E. 离开座位，四处走动

(3) 西餐餐具包括________。

A. 刀与叉　B. 汤匙　C. 餐巾　D. 酒杯

E. 筷子

(4) 便宴常见的有________。

A. 午宴　B. 晚宴　C. 早宴　D. 国宴

E. 家宴

(5) 西餐餐具中的杯具有________。

A. 香槟杯　B. 红葡萄酒杯　C. 水杯　D. 白葡萄酒杯

E. 咖啡杯

3. 简答题。

(1) 简述宴请准备工作的主要内容。

________________________________________

(2) 简述宴请席位安排的具体原则。

________________________________________

(3) 简述使用筷子的不礼貌行为。

________________________________________

(4) 简述中餐菜系有哪些。

________________________________________

(5) 简述吃西餐时如何使用刀叉和餐巾。

________________________________________

## 二、案例分析题

以下是网络上的一篇博文，阅读后，请按文中信息回答下面的问题。

一家著名跨国公司晚上要正式宴请国内最大的客户张总等一行人，答谢他们一年来给予的支持。作为北京总部总经理秘书的小茜已经提前安排好了酒店和宴请菜单。

当天下午，小茜再次落实了酒店的宴会厅和菜单，为晚上的正式宴请做准备。算了算宾主双方共有8位，小茜安排了桌卡，因为是熟人，又只有几个客人，所以没有送请柬。可是她还是不放心，就又拿起了电话，找到了对方公关部李经理，详细说明了晚宴的地点和时间，又认真地询问了他们老总的饮食习惯。李经理告诉说他们的老总是山西人，不太喜欢海鲜，非常爱吃面食。小茜听后，又给酒店打电话，重新调整了晚宴的菜单。

晚上小茜还是决定提前半小时到酒店，看看晚宴安排的情况并在现场做点准备工

作。到了酒店小茜找到领班经理，再次讲了重点事项，又和他共同检查了宴会的准备。宴会厅分内外两间，外边是会客室，是主人接待客人小坐的地方，已经准备好了鲜花和茶点；里边是宴会的房间，中式宴会的圆桌上已经摆放好各种餐具。

小茜知道对着门口桌子上方的位子是主人位，但为了慎重行事，还是征求了领班经理的意见。从带来的桌卡中先挑出写着自己老板名字的桌卡放在主人位上。再将对方老总的桌卡放在主人位置的右边。想到客户公司的第二把手也很重要，就将他放在主人位置的左边。小茜又将市场总监的桌卡放在桌子的下首正位上，再将客户公司的两位业务主管，分放在他的左右两边。为了便于沟通，小茜就将自己的位置与公关部李经理放在了同一方向。应该说晚宴的一切准备工作就绪了。小茜看了看时间还差一刻钟，便来到酒店的大堂内等候。提前10分钟看到了总经理一行到了酒店门口，小茜就在送他们到宴会厅时简单地汇报了安排。小茜随即又返身回到了酒店大堂，等待着张总一行人的到来。几乎分秒不差，她迎接的客人准时到达。

晚宴按小茜精心安排的情况顺利进行着，宾主双方笑逐颜开，客户不断夸奖菜的味道不错，正合他们的胃口。这时，领班经理带领服务员像表演节目一样端上了山西刀削面。客人看到后立即哈哈大笑起来，高兴地说道，你们的工作做得真细致。

**从上述案例中，请你谈谈在此次宴请中，小茜哪些行为做法得到宴请客户方张总一行人的高度赞扬？**

**分析提示**

●吃饭的地点应如何选择？

______________________________

●如何注意饭桌上的气氛和交流？

______________________________

●劝酒应注意什么？

______________________________

●请列出案例中你认为的不妥行为。

______________________________

## 三、技能操作与实训题

(1) 你将作为工作人员接待外地来的业务对象，对方是女士，请谈谈你的接待方案。

［讨论记录］

______________________________

______________________________

______________________________

______________________________

______________________________

(2) 假设你要参加朋友的宴请，你会做哪些准备？

[讨论记录]

(3) 假设你和几位同学一起去西餐厅就餐，应注意哪些礼节？

[讨论记录]

# 模块八

# 专题活动礼仪

【学习目标】

素质目标：熟悉各种专题活动的准备工作及注意事项。

知识目标：了解各种专题活动的含义、作用、类型及特点。

技能目标：掌握各种专题活动的具体操作程序。

能力目标：能运用所学有关理论知识来分析各种专题活动的案例，并能根据实际状况和条件，组织和实施一系列专题活动。

【引　　例】

### 别开生面的开业典礼

2020年8月8日，南方某市新建的云锦大酒店隆重开业。

这一天，酒店上空彩球高悬，四周彩旗飘扬。身着鲜艳旗袍的礼仪小姐站立在店门两侧，她们的身后是摆放整齐的鲜花、花篮。所有员工服饰一新，面目清洁，精神焕发，整个酒店都沉浸在喜庆的气氛中。

开业典礼在店前广场举行。上午11时许，应邀前来参加庆典的有关领导、各界友人、新闻记者陆续到齐。正在举行剪彩之际，天空突然下起了倾盆大雨，典礼只好移至厅内，一时间，大厅内聚满了参加庆典人员和避雨的行人。典礼仪式在音乐和雨声中隆重举行，整个厅内灯光齐亮，使得庆典别具一番特色。

典礼完毕，雨仍在下着，厅内避雨的行人，短时间内根本无法离去，许多人焦急地盯着厅外。于是，酒店经理当众宣布："今天能聚集到我们酒店的都是我们的嘉宾，这是天意，希望大家能同敝店共享今天的喜庆，我代表酒店真诚邀请诸位到餐厅共进午餐，一切免费。"霎时间，大厅内响起雷鸣般的掌声。

虽然，酒店开业额外花了一笔午餐费，但酒店的名字在新闻媒体及众多顾客的渲染下却迅速传播开来，酒店的生意很快红火起来。

#### 分析提示

开业典礼是企业的大喜日子，是气氛热烈而又隆重的庆祝仪式。该酒店的做法既表明企业对此项活动十分重视的态度，又可借此扩大企业的社会影响，提高企业的知名度和美誉度。该酒店的经理借开业典礼之机邀请避雨的行人共享开业的喜庆，借此树立企业形象，收到了意想不到的效果。这一举动很好地体现了该酒店经理的组织能力、社交水平及文化素养，为企业发展奠定了良好的基础。

# 学习情境1　开业典礼礼仪

## 实训场景1　开业典礼概述

学习情境1图片

知识点：开业典礼概念、作用及原则

关键技能点：掌握开业典礼的概念、作用及应遵循的原则

### 实训任务1：认知开业典礼的概念及作用

#### 实训任务1-1：认知开业典礼的概念

**知识窗：开业典礼的概念**

开业典礼是指各类企业（公司、商场、酒店等）在开始成立或正式营业时，为表示庆祝，按照一定程序专门、隆重举行的一种热闹庆典。它是企业第一次公开向社会公众“亮相”，所以必须经过周密的策划和精心的安排，以期扩大企业的影响，树立良好的企业形象。开业典礼礼仪，一般是指在开业典礼的准备和运作过程中所应当遵守的礼仪惯例。

#### 实训任务1-2：理解开业典礼的作用

**知识窗：开业典礼的作用**

（1）有助于企业向社会公众展示良好的形象，提高自己的知名度与美誉度。

（2）有助于扩大企业的社会影响力，吸引社会各界的关注。

（3）有助于企业的对外宣传，为企业招徕顾客。

（4）有助于让支持过自己的社会各界与自己一同分享成功的喜悦，并为今后的进一步合作奠定良好的基础。

（5）有助于增强企业全体员工的自豪感与责任心，从而创造一个良好的开端。通过组织开业庆典，推出一些优惠活动及娱乐活动，员工能以企业为荣，增加凝聚力，进而更好地为企业工作。

### 实训任务2：理解开业典礼应遵循的原则

**知识窗1：开业典礼应遵循的原则**

开业典礼基本的要求是要热烈、欢快、隆重，但要在极短的时间里营造出如此气氛，取得彻底的成功也绝非易事。筹备开业典礼，在思想上应遵循热烈、缜密和节俭三个原则。

**知识窗2-1：热烈原则**

即要求在开业典礼的整个过程中，气氛达到“热烈、欢快、隆重”的标准，不能

过于沉闷乏味、平平淡淡、草草过场。

**知识窗 2-2：缜密原则**

即要求开业典礼的策划和实施者在典礼过程中既要遵循礼仪惯例，又要具体情况具体分析，认真策划，分工到位；注重细节，一丝不苟；力求周密，严防临场出错；做好预案，以便出现意外情况及时采取补救措施。

**知识窗 2-3：节俭原则**

即要求在典礼的整个过程中提倡节俭，反对铺张浪费，在典礼的经费支出方面要量力而行，该花的钱要花，不该花的钱就不能花。

## 实训场景 2　开业典礼的准备

知识点：开业典礼的准备工作
关键技能点：掌握开业典礼的准备工作

### 实训任务 1：理解成立筹备小组

**知识窗：成立筹备小组**

开业典礼一经决定举行，首先应成立筹备小组，对开业典礼全程全权负责。筹备小组成员通常由各方面的有关人士组成，他们应当是具有组织能力及协调能力的人。在筹备小组内，应根据具体的需要，设若干专项小组，分别负责公关、会务、接待、财务等方面事宜，各负其责。

### 实训任务 2：掌握开业典礼的时间及举行地点的确定

### 实训任务 2-1：掌握时间的确定

**知识窗：确定开业时间时主要考虑的方面**

（1）关注天气预报。提前向气象部门咨询天气情况，开业典礼最好是在阳光明媚的日子举行。

（2）考虑企业场所的建设、施工情况。与施工单位协商，最好是在工程完工并经验收合格后进行开业典礼。

（3）考虑主要嘉宾及领导的时间。提前向主要嘉宾或领导咨询能够参加典礼的时间。

（4）考虑民众的心理和习惯。在我国，含有数字 6、8、9 的日期比较被民众看好，如果有外宾是本次开业典礼的主要参与者，则应避开数字 3 和数字 13。另外还应注意不同民族的风俗习惯和民族节日。

（5）考虑居民的生活时间。开业典礼的举行不能扰民，一般安排在上午九点至十点之间最为恰当。

### 实训任务 2-2：掌握举行地点的确定

**知识窗：举行地点的确定**

在选择具体地点时，应综合考虑庆典的规模、影响力以及本单位的实际情况。开业典礼举行的场地一般设在企业的经营场所或租用大型会议场所，如企业的礼堂、会议厅或门前的广场，以及外借的大厅等。场地要有足够空间，场内空间和场外空间比例要合适，同时也要考虑交通是否便利及停车车位是否充足。在室外举行庆典时，切勿因地点选择不慎，给周围带来噪声影响、妨碍交通或治安。

### 实训任务 3：掌握活动方案的制定

**知识窗：活动方案的制定**

为使开业典礼顺利举行，在进行准备工作时，必须要制定典礼活动方案。活动方案包括开业典礼的主题名称、规格、邀请范围、典礼的基本程序、主持人和致辞人的选定、经费的安排、开幕词、宣传材料及新闻地撰写等。

### 实训任务 4：掌握做好来宾邀请工作

**知识窗 1**

开业典礼一般要邀请有关领导、社会知名人士、同行合作者以及新闻记者参加，在力所能及的条件下，要力争多邀请具有知名度的人物或媒体。为表示尊重，邀请函应认真书写，并装入精美的信封由专人提前送达对方手中，以方便对方早做安排，并随时掌握来宾情况，庆典前一天应再电话联系落实。

**知识窗 2：邀请函的书写格式**

邀请函的书写格式见二维码图 8-1 所示。

**知识窗 3：邀请函样式**

邀请函样式见二维码图 8-2 所示。

### 实训任务 5：掌握做好舆论宣传工作

### 实训任务 5-1：熟悉舆论宣传的途径

**知识窗：舆论宣传的途径**

举办开业典礼的主要目的在于塑造企业的良好形象，所以要对其进行舆论宣传，以引起公众的注意，获得公众的认可和欢迎。舆论宣传的主要途径有：

（1）可利用报纸、杂志、电视及网络等媒介传播。

（2）可自制广告，向公众散页传播。

（3）可在企业建筑物周围设置醒目的条幅、广告、宣传画进行传播（见二维码图 8-3～图 8-5 所示）。

### 实训任务 5－2：认知舆论宣传的内容

**▶▶▶知识窗：舆论宣传的内容**

宣传的内容一般包括参加开业典礼的人物和地点、企业经营的范围及特色、开业的优惠情况等。开业典礼的宣传广告宜在开业前 3～5 天发布。

### 实训任务 6：掌握活动现场的布置

### 实训任务 6－1：理解现场布置的重要性

**▶▶▶知识窗：现场布置的重要性**

举行庆祝仪式的现场，是庆典活动的中心地点。对现场的安排、布置是否恰如其分，往往会直接关系到庆典留给全体出席者印象的好坏。

### 实训任务 6－2：掌握现场布置内容

**▶▶▶知识窗：现场布置内容**

依据仪式礼仪的有关规范，商务人员在布置举行庆典的现场时，需要通盘思考的主要问题有：按开业典礼惯例，举行开业典礼时宾主一律站立，故一般不布置主席台或座椅；为显示隆重与敬客，可在来宾尤其是贵宾站立之处铺设红地毯，还应在醒目位置放置来宾赠送的花篮。

### 实训任务 6－3：掌握现场环境的美化

**▶▶▶知识窗：现场环境的美化**

在反对铺张浪费的同时，应当量力而行，着力美化庆典现场的环境。为了烘托出热烈、隆重、喜庆的气氛，可在主席台悬挂横幅，在现场四周悬挂气球、彩灯及彩带，并适当张贴宣传标语。还可以邀请乐队、锣鼓队等，届时演奏音乐或敲锣打鼓，烘托热闹的气氛，但应注意适度（见二维码图 8－6 所示）。

### 实训任务 7：掌握做好各种物质准备工作

**▶▶▶知识窗 1：设备准备**

在举行庆典之前，务必要把音响设备准备好。尤其是供来宾们讲话时使用的麦克风和传声设备，在关键时刻，绝不允许临阵“罢工”，让主持人手忙脚乱、大出洋相。同时也要准备好一些经过审查的喜庆、欢快的乐曲供庆典举行前后播放。特别要注意照明设备的检查和调试，最好备有小型发电机，以应对临时停电的情况。涉及典礼所需的其他各种用具、设备也要提前准备并调试好。

**▶▶▶知识窗 2：礼品准备**

赠予来宾的礼品一般属于宣传性的物品，若选择得当，必定会产生良好的效果。所选用的礼品应具备宣传性、荣誉性、价值性和实用性等特点。一般来说，选用本企业的产品，或购买礼品并在其外表或外包装上印制本企业的标志、产品图案或广告用语等作为礼品的居多。

### ▶▶▶知识窗3：交通工具准备

主要用于接送宾客和运送货物等。

### ▶▶▶知识窗4：就餐准备

应统计好到会的人数，安排好就餐的座次，准备好就餐用具及食物等，可由本企业食堂负责或在酒店包场。

## 实训任务8：掌握宾客的接待安排

### ▶▶▶知识窗：宾客的接待安排

在举行开业仪式的现场，一定要有专人负责来宾的接待服务工作。负责礼宾工作的接待小组，原则上应由年轻、精干、身材与形象较好、口头表达能力和应变能力较强的男女青年组成。接待小组成员必须以主人翁的身份热情迎客。在接待贵宾时，本企业的主要负责人需亲自出面。设置专门的接待室，以便仪式正式开始前供来宾休息；要有专人引导入场、签到、留言以及后勤保障工作，包括茶水供应、纪念品发放、现场秩序维护和安保工作。

# 实训场景3　开业典礼的程序

知识点：开业典礼的基本程序

关键技能点：掌握开业典礼的基本程序

## 实训任务：掌握开业典礼程序

### ▶▶▶知识窗1：典礼开始

奏乐，邀请来宾就位，主持人宣布典礼开始，全体起立（不设座位时应立正），宣读重要嘉宾名单。宣读顺序应为：先宣读前来出席的重要领导人名单，再宣读社会知名人士名单，之后宣读致贺电、贺词单位或个人名单。

### ▶▶▶知识窗2：致辞及致贺词

由企业负责人致辞，简要地介绍企业的主要经营特色和经营目标等，并向来宾及祝贺单位表示感谢；由主要领导和来宾代表致祝贺词，表达对开业企业的祝贺，并寄予厚望。

### ▶▶▶知识窗3：揭牌

由主要领导人或来宾代表、本企业负责人揭去盖在牌匾上的红布，宣告企业正式成立。揭牌的具体做法是：揭牌人行至彩幕前恭位，礼仪小姐双手将开启彩幕的彩索递交给对方。揭牌人随之目视彩幕，双手拉启彩索，展开彩幕。在场全体人员在欢快音乐声中热烈鼓掌祝贺，适当情况下可燃放鞭炮庆贺。

### 知识窗4：来宾参观

由企业负责人及相关人员引导来宾参观，为来宾介绍本企业的主要设施、主要产品以及经营策略等，让来宾进一步了解企业，从而达到更好的宣传效果。

### 知识窗5：迎客

如果是商场酒店等企业，在揭牌后，会有大批顾客随着出席开业典礼的嘉宾一道进入店内，企业主要负责人应和相关负责人一起恭敬站在店门口迎接顾客光临。可以选择一些具有代表性的顾客参加座谈，虚心听取对方意见，拉近与顾客之间的距离。

### 知识窗6：典礼结束

根据具体情况，可安排来宾进餐，或参加舞会、座谈会及观看文艺表演等。这样，可以扩大组织与公众的直接交流。

## 实训场景4　开业典礼基本礼仪

知识点：开业典礼的基本礼仪
关键技能点：掌握开业典礼的基本礼仪

### 实训任务1：掌握主办方的基本礼仪

### 知识窗1：仪容整洁，着装规范

所有出席和参加开业典礼的人员，都应注意适当修饰，女士要适当化妆，男士应理发剃须。有条件的企业最好统一着装，显示企业特色。若无法统一，则应要求穿着礼仪服装，比如，男士穿深色西装或中山装，女士穿西装套裙或套装。

### 知识窗2：遵守时间，准备充分

出席本企业开业典礼的人员应严格遵守时间，不得迟到、无故缺席或中途退场。开业典礼应准时开始，准时结束，以向社会展示企业的信用。典礼所用的设备及相关物品应准备充分。

### 知识窗3：举止文明，态度友好

出席典礼的所有人员都应注意自己的言行举止，不可在典礼的进行中打瞌睡或做与典礼无关的其他事情，也不能嬉戏打闹、东张西望，垂头丧气、心不在焉。遇到来宾应主动热情，对来宾的提问应积极友善地答复。来宾发表贺词后，应主动鼓掌表示感谢，不得随意打断来宾的讲话或向对方提出具有挑衅性质的问题等。

### 知识窗4：时间宜短，程序宜简

开业典礼时间宜短不宜长。通常为一个小时左右。这既为了确保典礼效果良好，也是为了尊重全体出席者，尤其是尊重来宾。程序宜简不宜繁。过于繁杂，不仅耗费时间，而且还会分散出席者的注意力，并给人以庆典内容过于凌乱之感。

### 实训任务 2：掌握宾客的基本礼仪

**知识窗 1：准时到场**

对于应邀参加开业典礼的宾客来说，为表示对主办方的尊重，应准时到场，不要迟到。一般情况下可以提前十分钟到场，如果有特殊情况不能到场，应尽早通知主办方。

**知识窗 2：赠送贺礼**

应邀参加开业典礼，一般应赠送花篮、牌匾等贺礼，以表祝贺，并在贺礼上写明庆祝对象、庆祝缘由、贺词及祝贺单位。见到主办方负责人及相关人员时应主动表示恭贺，多说吉利话。

**知识窗 3：举止得体**

在典礼进行中，应保持面带微笑，温和、谦恭、庄重。当遇到主办方人员伸出手来握手时，应热情相握，不可迟缓和回绝。对方招手示意，也应含笑点头作答，不要给人以清高冷漠的感觉。谈话时，要直视对方，不要目光游离、挤眉弄眼、窃窃私语或无顾忌地大笑，否则会给人不稳重之感。

**知识窗 4：礼貌告辞**

典礼结束，宾客在离开时应主动与主办方负责人、典礼主持人及相关服务人员等握手告别，并致谢意。切不可迫不及待地匆匆离开，或不辞而别。如遇特殊情况必须离开，应向主办方负责人说明原因，并致歉意。

## 实训场景 5　开业典礼常见的类型

知识点：开业典礼常见的类型
关键技能点：熟悉开业典礼常见的类型

### 实训任务 1：掌握开幕典礼

### 实训任务 1-1：认知开幕典礼内涵

**知识窗：开幕典礼内涵**

在众多的开业典礼中，最常见的是开幕典礼，它是开业典礼的具体形式之一，通常是指公司、企业、宾馆、商店、银行正式启用之前，或各类商品的展示会、博览会、订货会正式开始之前，所正式举行的相关典礼。开幕典礼举行之后，主办方将正式营业，正式接待顾客与观众。

### 实训任务 1-2：掌握开幕典礼的步骤

**知识窗：开幕典礼的主要步骤**

第一步，宣布典礼开始，全体肃立，介绍来宾。

第二步，邀请领导或社会知名人士进行揭幕或剪彩。

第三步，在主人的亲自引导下，全体到场者依次进入幕门。

第四步，主人致辞答谢。

第五步，来宾代表发言祝贺。

第六步，主人陪同来宾进行参观，开始正式接待顾客或观众，对外营业或对外展览宣告开始，如图 8－1 所示。

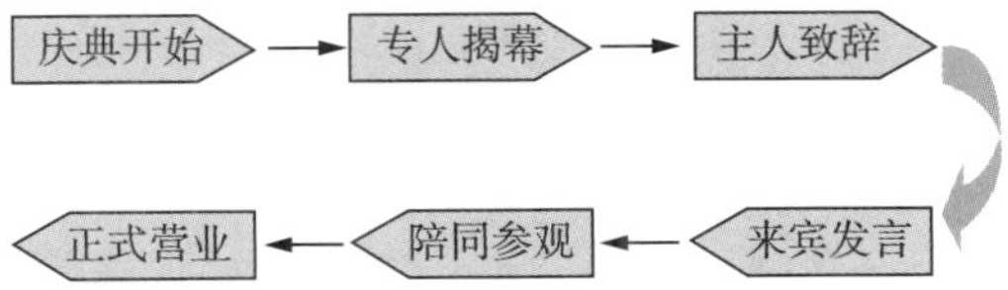


图 8－1　开幕典礼流程图

## 实训任务 2：掌握开工典礼

### 实训任务 2－1：认知开工典礼内涵

#### 知识窗 1：开工典礼内涵

开工典礼主要出现在生产企业，是生产企业准备正式开始生产产品、矿山准备正式开采矿石时所专门举行的庆祝性、纪念性活动。

#### 知识窗 2

为了使出席开工仪式的全体人员均能耳濡目染、身临其境，按照惯例，开工典礼大都讲究在生产现场举行，即以工厂的主要生产车间、矿山的主要矿井等处，作为举行开工典礼的场所。除司仪人员应着礼仪性服装之外，东道主一方的全体职工均应穿着干净而整洁的工作服出席典礼。

### 实训任务 2－2：掌握开工典礼的步骤

#### 知识窗：开工典礼的主要步骤

第一步，典礼宣布开始。全体起立，介绍各位来宾，奏乐。

第二步，在司仪的引导下，本单位的主要负责人陪同来宾行至开工现场肃立。

第三步，正式开工。本单位职工代表或来宾代表来到机器开关或电闸旁，对其躬身施礼，然后启动机器或合上电闸。全体人员鼓掌致贺，奏乐。

第四步，全体职工各就各位，上岗进行操作。

第五步，在主人的带领下，全体来宾参观生产现场，如图 8－2 所示。

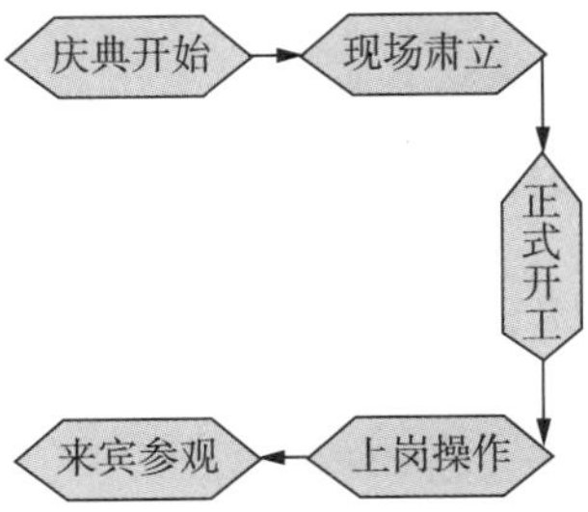


图 8－2　开工典礼流程图

## 实训任务3：掌握奠基典礼

### 实训任务3－1：认知奠基典礼内涵

**知识窗1**

奠基典礼，通常是大厦、场馆、亭台、楼阁、园林、纪念碑等一些重要的建筑物，在动工修建之初所正式举行的庆贺性活动。奠基仪式现场的选择与布置有一些独特的规矩。

**知识窗2**

举行奠基仪式的地点，一般应选择在施工现场。而奠基的具体地点，则应按常规选择在建筑物正门的右侧。在一般情况下，用以奠基的奠基石应为一块完整无损、外观精美的长方形石料。在奠基石上，文字通常应当竖写。在其右上款，应刻有建筑物的正式名称。在其正中央，应刻有“奠基”两个大字。在其左下款，则应刻有奠基单位的全称及举行奠基仪式的具体日期。奠基石上的字体，大都用楷体，并且最好是白底金字或黑字。在奠基石的下方或一侧，还应安放一只密封的铁盒，内装该建筑物的各项资料及奠基人的姓名。届时，它将同奠基石一道被奠基人培土掩埋于地下，以志纪念。通常，在奠基仪式的举行现场应设立彩棚，安放该建筑物的模型或设计图、效果图，并使各种建筑机械就位待命。

### 实训任务3－2：掌握奠基典礼的步骤

**知识窗：奠基典礼的主要步骤**

第一步，仪式正式开始。介绍来宾，全体起立。

第二步，奏国歌。

第三步，主人对该建筑物的功能及规划设计进行介绍。

第四步，来宾致辞道喜。

第五步，正式进行奠基。演奏喜庆乐曲，同时，由奠基人双手持握系有红绸的新锹为奠基石培土。随后，主人与其他嘉宾依次培土，直至将其埋没为止。

整个流程如图8－3所示。

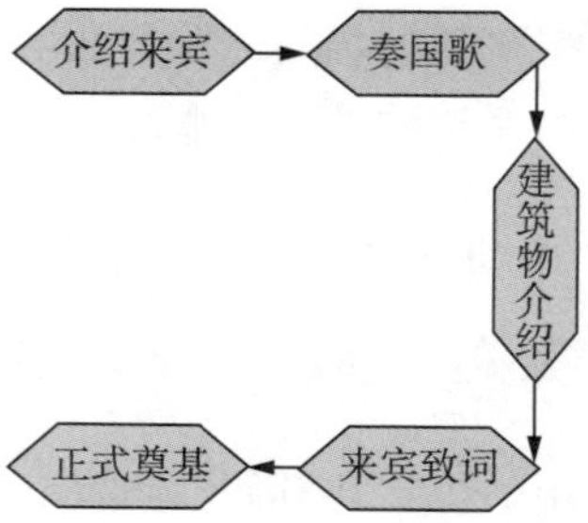


图8－3　奠基典礼流程图

## 实训任务4：掌握破土典礼

### 实训任务4－1：认知破土典礼内涵

**知识窗1**

破土典礼亦称破土动工，是指在道路、河道、水库、桥梁、电站、厂房、机场、码头、车站等正式开工之际，专门举行的动工典礼。

**▶▶▶知识窗 2**

举行破土典礼的地点，大多应当选择在工地的中央或一侧。举行典礼的现场，务必要事先认真清扫、平整、装饰，防止出现道路坎坷泥泞、飞沙走石，或是蚊蝇扑面的状况。一般而言，奠基典礼与破土典礼在具体程序方面大同小异，适用范围也大体相近。所以，这两种仪式选择其中一个举行即可。

### 实训任务 4－2：掌握破土典礼的步骤

**▶▶▶知识窗：破土典礼的主要步骤**

第一步，宣布仪式开始，介绍来宾，全体肃立。

第二步，奏国歌。

第三步，主人致辞。以介绍和感谢为发言重点。

第四步，来宾致辞祝贺。

第五步，正式破土动工。常规的做法法是：首先，众人环绕于破土之处的周围肃立，并且目视破土者，以示尊重。接下来，破土者须双手执系有红绸的新锹垦土三次，以示良好的开端。最后，全体在场者一道鼓掌，并演奏喜庆音乐，或燃放鞭炮。

整个流程如图8－4所示。

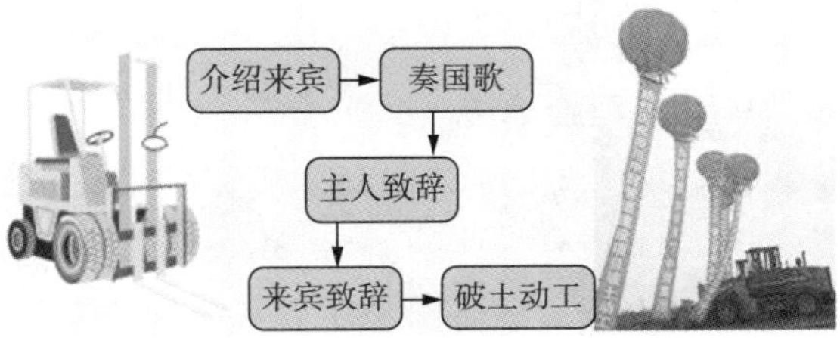


图 8－4　破土典礼流程图

### 实训任务 5：掌握竣工典礼

### 实训任务 5－1：认知竣工典礼内涵

**▶▶▶知识窗 1**

竣工典礼，有时又称落成典礼或建成典礼，是指本单位所属的某建筑物或某项设施建设、安装工作完成之后，或者某纪念性、标志性建筑物，如纪念碑、纪念塔、纪念堂、纪念像、纪念雕塑等，建成之后，以及某种意义特别重大的产品生产成功之后，所专门举行的庆贺性活动。

**▶▶▶知识窗 2**

举行的地点大多选择在新落成的建筑物之外，或刚刚建成的纪念碑、纪念塔、纪念堂、纪念像、纪念雕塑的旁边。应予重视的是，在竣工典礼举行时，全体出席者的情绪应与仪式的具体内容相适应。比如，在庆贺工厂、大厦落成或重要产品生产成功时，应当表现得欢快而喜悦。在庆祝纪念碑、纪念塔、纪念堂、纪念像、纪念雕塑建成时，则须表现得庄严而肃穆。

### 实训任务 5－2：掌握竣工典礼的步骤

**知识窗：竣工典礼的主要步骤**

第一步，宣布仪式开始，介绍来宾，全体起立。

第二步，奏国歌，并演奏本单位标志性歌曲。

第三步，本单位负责人发言。以介绍、回顾、感谢为主要内容。

第四步，进行揭幕或剪彩。

第五步，全体人员向竣工典礼的“主角”——刚刚竣工或落成的建筑物，郑重其事地恭行注目礼。

第六步，来宾致辞。

第七步，进行参观。

整个流程如图 8－5 所示。

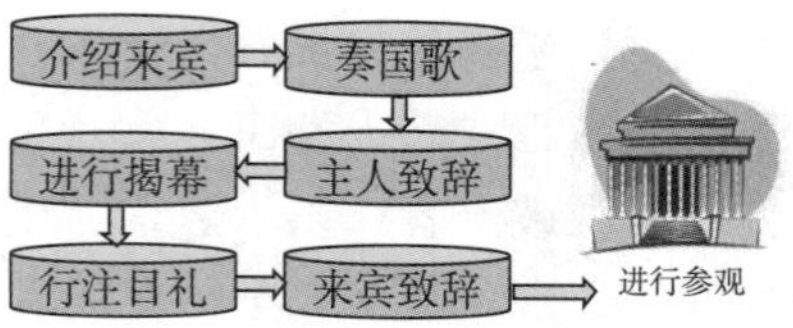


图 8－5　竣工典礼流程图

## 实训任务 6：掌握通车典礼

### 实训任务 6－1：认知通车典礼内涵

**知识窗 1**

通车典礼大都是在重要的交通建筑如公路、铁路、地铁及重要的桥梁、隧道等完工并验收合格之后，所正式举行的启用典礼。

**知识窗 2**

举行通车典礼的地点，通常均为公路、铁路、地铁新线路的某一端，新建桥梁的某一头，或者新建隧道的某一侧。在现场附近，以及沿线两旁，应当适量地插上彩旗、挂上彩带。必要时，还应设置彩色牌楼，并悬挂横幅。在通车典礼上，被装饰的重点对象应当是用以进行“处女航”的汽车、火车或地铁列车。在车头上，一般应系上红花。在车身两侧，可酌情插上彩旗、系上彩带，并悬挂醒目的大幅宣传性标语。

### 实训任务 6－2：掌握通车典礼的步骤

**知识窗：通车典礼的主要步骤**

第一步，宣布仪式开始，介绍来宾，全体起立。

第二步，奏国歌。

第三步，主要负责人致辞。其主要内容是介绍即将通车的新线路、新桥梁或新隧道的基本情况，并向有关方面表达谢意。

第四步，来宾代表致辞祝贺。

第五步，正式剪彩。

第六步，首次正式通行车辆。届时，宾主及群众代表应一起乘坐车辆。有时，还需由主要负责人所乘坐的车辆在最前方开路。

整个流程如图 8－6 所示。

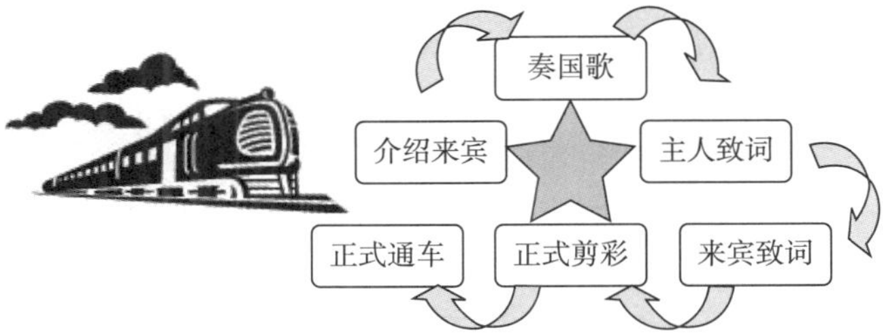


图 8－6 通车典礼流程图

## 实训任务 7：掌握新船下水典礼

### 实训任务 7－1：认知新船下水典礼内涵

**▶▶▶知识窗 1**

所谓下水典礼，是指在新船建成下水之时所专门举行的典礼。准确来说，下水典礼乃是造船厂在吨位较大的轮船建造完成并验收完毕，交付使用之际，为其正式下水启航而特意举行的庆祝性活动。

**▶▶▶知识窗 2**

按照目前国际上通行的做法，下水典礼基本上都是在新船码头上举行的。届时应对现场进行一定程度的美化，如在船的动静门口与干道两侧，装饰彩旗、彩带。在新船所在的码头附近，应设置专供来宾观礼或休息的彩棚。对下水典礼的主角新船，亦须认真进行装扮，例如，在船头扎上由红绸结成的大红花，并在新船的两侧船舷上扎彩旗、系彩带。

### 实训任务 7－2：掌握新船下水典礼的步骤

**▶▶▶知识窗：下水典礼的主要步骤**

第一步，宣布典礼开始，介绍来宾，全体起立，乐队奏乐。

第二步，奏国歌。

第三步，由主人介绍新船的基本状况，如船的外观、吨位、马力、长度、高度、吃水、载重、用途等。

第四步，由特邀掷瓶人行掷瓶礼。砍断缆绳，新船正式下水。掷瓶礼，是下水典礼上独具特色的一个节目，在国外由来已久，现已传入我国，其目的是渲染出喜庆的气氛。具体做法是由身着礼服的特邀嘉宾双手持一瓶香槟酒，用力将瓶身向新船的船头投掷，酒瓶破碎之后酒香四溢，酒沫飞溅。在嘉宾掷瓶以后，全体到场者须面向新船行注目礼，并热烈鼓掌。随后，奏乐并放飞气球和鸽子，并在新船上撒彩花、落彩带。

第五步，来宾代表致辞祝贺。

整个流程如图 8－7 所示。

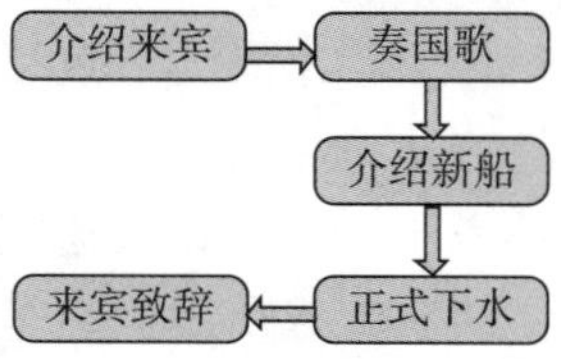

图 8－7　新船下水典礼流程图

### 实训任务 8：掌握通航典礼

**▶▶▶知识窗**

通航仪式又称首航典礼，指的是飞机或轮船在正式开通某一条新航线之际，所正式举行的庆祝性活动。一般而言，通航典礼除主要角色——飞机或轮船之外，在其他方面，尤其是在具体程序的操作上，与通车典礼大同小异。因此，不再赘述。实际操作时，可参照通车典礼的具体做法进行。

# 学习情境 2　剪彩仪式礼仪

## 实训场景 1　剪彩仪式的概述

知识点：剪彩仪式概念及作用

关键技能点：掌握剪彩仪式的概念及意义

### 实训任务：认知剪彩仪式的概念

**▶▶▶知识窗：剪彩仪式的概念**

剪彩仪式指的是有关单位，为庆贺公司成立、企业开工、银行开业、商场酒店开张、大型建筑物启用、道路开通、展会或博览会开幕而隆重举行的一项仪式，主要内容是约请专人用剪刀剪断被称为“彩”的红色缎带，故被人们称为剪彩。在各式各样的开业仪式当中，剪彩是一项极其重要的程序。剪彩礼仪是指在剪彩仪式上必须遵循的惯例、规则及基本规范的总称。

## 实训场景 2　剪彩仪式的准备

知识点：剪彩仪式的准备工作

关键技能点：掌握剪彩仪式的准备工作

### 实训任务 1：掌握剪彩仪式的准备工作

**▶▶▶知识窗：剪彩仪式的准备工作**

剪彩仪式的准备工作，一般与开业典礼的准备工作大同小异。在仪式开始前，要运用各种媒介进行广泛宣传，制造轰动效应，引起社会关注，提高企业知名度。再者就是要制订剪彩活动的具体执行方案。待剪彩活动的举行时间、地点确定之后，要向有关单位和个人发送请柬，特别是对剪彩者应发出郑重邀请。接着应该进行场地的布置、灯光和音响的预备、媒体的邀请、人员的培训等准备工作。

## 实训任务 2：认知剪彩的必备用品

### 知识窗 1：红色缎带

剪彩仪式中的主角——“彩”，应当由一整匹未曾使用过的红色绸缎，中间结成数朵花团而成。也有的稍微简单些，直接以长度为两米左右的细窄的红色缎带，或者以红布条、红线绳、红纸条作为“彩”。一般来说，红色缎带上所结的花团，要生动、硕大、醒目，其具体数目往往同现场剪彩者的人数直接相关。基本有两种情况：一是花团的数目比剪彩的人数多一个，二是花团的数目较现场剪彩的人数少一个。前者可使每位剪彩者都处于两朵花团之间，尤显正式；后者则不同常规，亦有新意（图8－8）。

（a）情况一

（b）情况二

图 8－8　剪彩的“彩”的安排

### 知识窗 2：新剪刀

即专供剪彩者在剪彩时所用的剪刀，必需崭新、锋利而顺手。一定要检查剪刀是否已经开刃，好不好用。务必确保剪彩者在正式剪彩时，可以“手起刀落”一举胜利。剪彩仪式结束后，主办方可将剪彩者使用的剪刀精心包装之后，送给对方以资纪念。

### 知识窗 3：白色薄纱手套

白色薄纱手套是为剪彩者专门准备的手套。最好每位剪彩者都戴上白色薄纱手套，以示郑重。准备白色薄纱手套时，除了要确保其数量充足之外，还须使之大小适度、崭新平整、洁白无瑕（有时亦可不准备白色薄纱手套）。

### 知识窗 4：托盘

即剪彩仪式上助剪者（礼仪小姐）手中用作盛放红色绸带、剪刀及白色手套的托盘。最好是崭新、洁净的，通常首选银色的不锈钢制品，可在使用时铺上红色绒布或绸布，如图8-9所示。剪彩时，可以用一只托盘依次向各位剪彩者提供剪刀与手套，并同时盛放红色缎带；也可以为每一位剪彩者配置一只专用托盘。后一种方法通常显得更加正式一些。

图8-9　剪彩用品

### 知识窗5：红色地毯

主要用于铺设在剪彩者正式剪彩时的站立之处，长度可视剪彩人数而定，宽度一般不少于一米。在剪彩现场铺设红色地毯，主要是为了提升档次，并营造一种喜庆的气氛。有时，亦可不铺红毯。

## 实训任务3：掌握剪彩人员的确定

## 实训任务3-1：掌握剪彩者的确定

### 知识窗

剪彩者是剪彩仪式的关键，其身份、地位与剪彩仪式的档次高低有着密切的关系。根据惯例，剪彩者可以是一个人，也可以是几个人，但是一般不应多于五个人。通常，剪彩者多由上级领导、合作伙伴、社会名流、员工代表或客户代表所担任。因此，剪彩者应由本企业领导亲自或派代表专程邀请。如果邀请多位剪彩者一起剪彩，应事先征求每位剪彩者的意见，得到对方同意后才能正式确定下来。必要时，在剪彩仪式举行之前，应提前告知剪彩者有关注意事项，并排练。剪彩者应穿着整洁、庄重的套装、套裙或制服出席，精神要饱满，给人以稳健、干练的印象。

## 实训任务3-2：掌握助彩者的确定

### 知识窗

助剪者是指在剪彩仪式中为剪彩者和来宾提供服务的工作人员，主要是由主办企业的女职员担任或者从专业的礼仪公司邀请专业礼仪小姐担任。助剪者主要负责引导宾客，以及在剪彩中扯彩带、递剪刀、端托盘和接彩球等工作，一般要求助剪者容貌端庄、气质优雅、反应敏捷、文雅大方。助剪者应化淡妆，盘起头发，穿款式、面料、色彩统一的服装，配连裤丝袜、高跟皮鞋、统一首饰。礼仪小姐也可身穿深色或单色的套裙，但穿着打扮应尽可能地整齐划一。

## 实训任务4：理解剪彩时的位次排定

### 知识窗

若剪彩者仅为一人，则在剪彩时居中而立即可。若剪彩者为多人，则其上场剪彩时的位次就必须予以重视。一般的规矩是：中间高于两侧，右侧高于左侧，距离中间站立者愈远位次愈低，即主剪者应居于中央的位置。需要说明的是，之所以规定剪彩者的位次“右侧高于左侧”，主要是因为这是一项国际惯例，剪彩仪式理当遵守。若剪彩仪式并无外宾参加时，执行我国“左侧高于右侧”的传统做法，亦无不可。

## 实训场景3 剪彩仪式的程序

知识点：剪彩仪式的基本程序
关键技能点：掌握剪彩仪式的基本程序

### 实训任务：掌握剪彩仪式的基本程序

#### 知识窗1：来宾就位

在剪彩仪式上，通常会为剪彩者、来宾与本单位的负责人安排座席。在剪彩仪式开始时，应敬请各位在已排好顺序的座位上就座。一般情况下，剪彩者应就座于前排。若剪彩者不止一人时，则应按照剪彩时的位次顺序就座。

#### 知识窗2：仪式开始

主持人宣布仪式开始后，乐队演奏音乐，现场可施放礼花礼炮，全体到场者热烈鼓掌。此后，主持人介绍到场的重要来宾。

#### 知识窗3：发言

发言者依次为主办单位的代表、上级主管部门的代表、当地政府的代表、合作单位的代表等。发言内容应言简意赅，每人不超过3分钟，主要内容为讲解、道谢和致贺。

#### 知识窗4：执行剪彩

主持人宣布剪彩后，在欢乐的乐曲声中助剪者和剪彩者进行剪彩，一刀剪断，举手鼓掌，并向主人握手道喜。

#### 知识窗5：来宾参观

剪彩后，主人应陪同来宾参观被剪彩的项目，随后还可向来宾赠送纪念性礼品。仪式至此宣告结束。

## 实训场景4 剪彩仪式基本礼仪

知识点：剪彩仪式的基本礼仪
关键技能点：掌握剪彩仪式的基本礼仪

### 实训任务1：掌握剪彩的过程礼仪

#### 知识窗1

主持人宣布剪彩后，礼仪小姐应在欢乐的乐曲声中率先登场。在上场时，礼仪小姐应排成一行行进。从两侧同时登台，或从右侧登台均可。剪彩者引导者应在其左前方执行引导。剪彩者登台时，宜从右侧出场。当剪彩者均已到达既定位置，托盘者应前行一步，到达前者的右后侧，以便为其递上剪刀、手套。剪彩者为多人时，登台时应排成一行，并且使主剪者行进在前。主持人向全体到场者介绍剪彩者时，后者应面含微笑向各位欠身或者点头致意。剪彩者行至既定位置后，应向助剪者含笑致意。当助剪者递上剪刀、手套，亦应微笑着向对方。剪彩者有所预备后，便集中精力，右手持剪刀，表情庄严地把红色缎带一刀剪断。若多名剪彩者同时剪彩，其他剪彩者应留意主剪者动作，并与之协调一致，力争同时把红色缎带剪断。

**▶▶▶知识窗 2**

剪彩以后，红色花团应准确无误地落入托盘者手中的托盘里。剪彩者在剪彩成功后，可举起剪刀，向观众致意，之后将剪刀、手套放到托盘上，举手鼓掌。接下来，剪彩者可依次和主人握手道喜，并在引导者的引导下退场。退场时，一般从右侧下台。待剪彩者退场后，其他礼仪小姐方可列队由右侧退场。剪彩者或助剪者在上下场时，都要保持井然有序、步履稳健、神态自然。在剪彩环节中，剪彩者更是要表现得不卑不亢、落落大方。

### 实训任务 2：掌握剪彩者礼仪

**▶▶▶知识窗**

剪彩者是剪彩仪式的主角，剪彩者的仪容仪态直接关系到剪彩仪式的效果和企业的形象。因此，剪彩者的衣着应注意大方、整洁、正规、严肃，男士可选择中山装或西装，女士最好是套装或套裙；容貌、头发适当修饰，让人感觉容光焕发、充满活力，营造出一种精干和有修养的形象。剪彩者还必须注意自己在剪彩过程中的仪态举止。举止要大方文雅，谈笑要节制有度，做到稳重、洒脱、优雅。

### 实训任务 3：掌握助剪者礼仪

**▶▶▶知识窗**

礼仪小姐应训练有素，行止优雅，整齐有序，动作一致。尤其应注意始终保持微笑。若遇意外情况，礼仪小姐应平静地处理，避免动作或表情过于夸张。在剪彩仪式中，礼仪小姐应以规范的举止展现本单位的形象和风采，所以需要她们有强大的自控力和高度的责任心。

## 学习情境 3　签字仪式礼仪

### 实训场景 1　签字仪式的概述

知识点：签字仪式的概念及作用

关键技能点：掌握签字仪式的概念

学习情境 3 图片

### 实训任务 1：认知签字仪式的概念

**知识窗**

签约即合同的签署。签约仪式通常是指订立合同 、协议等重要文本的双方或多方经过协商、谈判，形成某项协议或协定时所举行的一种仪式。这不仅是对谈判成果的一种公开化、固定化，而且也是有关各方对自己履行合同、协议所做出的一种正式承诺，能够为企业树立良好的形象，是一种重要的公关活动。因此，签约仪式极受商界人士的重视。签字仪式礼仪指的是双方或多方人员在一起举行签字仪式时应遵守的礼仪。签字仪式的程序规范、严格，要求策划者全面精细地对各个环节进行周全的安排。

### 实训任务 2：理解签字仪式的作用

**知识窗**

在商务交往中，尽管“君子协定”、口头承诺，在一定程度上是有约束作用，但是更合规、合法、有效的做法则是签订文字性合同。

## 实训场景 2　签字仪式的准备

知识点：签字仪式的准备工作

关键技能点：掌握签字仪式的准备工作

### 实训任务 1：掌握布置签字厅工作

**知识窗 1：签约场地的选择**

举行签约仪式的场地，一般根据参加签约仪式的人员规格、人数及协议的重要程度来确定。一般要选择较有档次、结构庄严、宽敞明亮、适宜签字的大厅。多数情况会选择客人所住的宾馆、饭店或主办方的会客厅、洽谈室作为举行签约仪式的场地。签字场所的选择应由有关各方共同协商，任何一方在自行决定后再通知其他各方，都属于失礼的行为。

**知识窗 2：签约桌椅的布置**

签字厅布置的原则：庄重、整洁、清净。标准的签约厅应该铺有地毯，除了必要的签约用桌椅外，不需要其他陈设。正规的签约桌应该为长桌，且面对正门摆放，桌上最好铺设深色的台面（注意要考虑对方的习惯和禁忌）。签约桌后面的墙上应悬挂“××××项目签字仪式”字样的横幅。根据具体情况在签约桌后面摆放适量的座椅，例如，签署双边合同时，可摆放两张座椅，供签字人就座；签署多边合同时，仅摆放一张座椅，供各方签字人签字时轮流就座，也可以为每位签字人准备一张座椅。签字人就座时，一般应当面对正门。在签约桌上，应事先安放好待签文本，以及签约笔、吸墨器等签约时所用的文具。签约桌上可放置各方签约人的席卡。涉外签约仪式中的席卡应当用中英文两种文字标示，并在签约桌上插放有关各方的国旗。插放国旗时，在其位置与顺序上，必须按照礼宾序列而行，如签署双边涉外商务合同时，国旗须插放在各方签字人座椅的正前方。

### 实训任务 2：掌握参加人员的确定

在举行签约仪式之前，有关各方应预先确定好参加签约仪式的人员，并向有关部门通报。客方尤其要将自己一方出席签约仪式的人数提前给主方，以便主方安排。

#### 知识窗 1：签字人

签字人是签字仪式的主要角色。签字人可以是各方的主谈人，也可以由更高级别的领导人作为签字人员，以表示重视。在确定签字人时要注意以下两个问题：一是各方签字人应具备签字资格，如签字人是法人代表或法定代表人；二是各方签字人的职务和身份应当一致或大致相等。

#### 知识窗 2：助签人

助签人的主要职责是在签字过程中帮助签字人翻揭文本，指明签字之处。助签人必须非常熟悉签字流程，认真、详细地了解文本印刷情况。双边签字助签人的人选应事先确定，多边签字时可由主办方委派一名助签人依次协助各方签字。

#### 知识窗 3：见证人

通常情况下，见证人主要是参加谈判的双方人员，各方人数应大致相等，必要情况下可邀请律师或公证机关的工作人员参加。

### 实训任务 3：掌握待签字的合同文本的准备

依据商务习惯，在正式签署合约之前，应由举行签字仪式的主办方负责准备好待签合同的正式文本。签约中的合同文本至关重要，一旦签订即具有法律效力，所以对待签文本的准备工作要慎重严肃，不可马虎。

#### 知识窗 1：文本定稿

谈判的过程一般就是定稿的过程。谈判结束之后，双方应指定专人共同按达成的协议做好文本的定稿、翻译、校对、印刷、装订、盖印等工作。除了核对谈判内容与文本的一致性以外，还要核对各种附件、批件及证明等是否完整、准确、真实有效，如有争议或处理不当，应在正式签约前，通知各方再次组织谈判以达成共识。

#### 知识窗 2：使用的文字的确定

涉外双方缔约，依照国际惯例，待签的合同文本应同时使用有关各方法定的官方语言，必要时还可以使用第三种文字，如国际上通行的英文。使用外文撰写时应反复推敲，字斟句酌，不要望文生义或乱用词汇。

#### 知识窗 3：正本和副本的确定

按常规，会谈的正式文本分正本（即签约文本）与副本，正本用于签约后由各方保存，或由专门的机构保存。副本不用签约、盖章，或者只盖章、不签约。

### 知识窗 4：文本盖章

为了保证文本在签约后立即生效，一般在举行签约仪式前，先在签约文本上盖上双方的公章，外交方面的签约文本需事先加盖火漆印。

### 知识窗 5：文本装订

待签文本应用高档精美的纸张印刷，按大八开的规格装订成册，并以真皮、仿皮或其他高档的材料作为封皮，以示郑重。

## 实训任务 4：掌握好相关物品的准备

### 知识窗

在签字桌上，应事先准备好签字笔、吸墨器等签字时所用的文具。如果签字仪式需要安排致辞，可以在签字桌的右侧放置讲台或落地话筒。通常在签字仪式结束后，会举办一个小型酒会，庆祝签约成功，因此，还应事先准备好香槟酒及酒杯等（见二维码图 8－7～图 8－10 所示）。

# 实训场景 3　签字仪式的程序

知识点：签字仪式的基本程序

关键技能点：掌握签字仪式的基本程序

## 实训任务：掌握签字仪式的基本程序

### 知识窗 1：开始入座

有关各方人员进入签约厅，签字人在既定的座位上坐好，其他人员分主客各一方按身份顺序排列入座，或站立一侧。双方助签人分别站在己方签约者的外侧，协助翻揭文本，指明签约处，并为已签署的文件吸墨。

### 知识窗 2：签署文本

一般来讲，签约人通常先签署己方保存的合同文本，再签署他方保存的合同文本。按礼仪惯例，每位签字人在由己方保留的合同文本上签字时，应当名列首位。这一做法在礼仪上称为“轮换制”，即在位次排列上，通过轮流，有关各方有机会居于首位一次，以显示各方平等。

### 知识窗 3：交换文本

各方签约人正式交换已签署的文本。交换后，各方签约人应热烈握手，互致祝贺，并相互交换各自使用过的签约笔，以资纪念。这时，全场人员应该鼓掌，表示祝贺。

### 知识窗 4：举杯庆贺

交换已签订的合同文本后，礼宾小姐会用托盘端上香槟酒。有关人员，尤其是签约人当场举杯，这是国际上通用的旨在增添喜庆色彩的做法。与会人员也可接受新闻媒体的采访，并就签约事宜回答媒体的提问。

### ▶▶▶知识窗 5：合影留念

签约仪式接近尾声时，一般应邀请各方人员一起拍照留念。一般是由客方人员按其身份自左至右居于右侧，主方人员按其身份自右而左居于左侧。若一行站不开时，则可参照“前高后低”的规则，排成两行或三行。即位次原则是中央高于两端，前排高于后排，就座的人高于站立的人。

### ▶▶▶知识窗 6：退场

签字仪式完毕后，先请双方最高领导者退场，然后请客方人员退场，最后是主方人员退场。整个签约仪式以半小时为宜。

## 实训场景 4　签字仪式基本礼仪

知识点：签字仪式的基本礼仪

关键技能点：掌握签字仪式的基本礼仪

### 实训任务 1：注意签字座次礼仪

### ▶▶▶知识窗

在正式签署合同时，签字各方代表的座次通常是由主办方代为安排的。一般来说，座次排列有三种基本形式，分别适用于不同的具体情况。

### 实训任务 1-1：掌握并列式座次排列

### ▶▶▶知识窗

并列式排座是举行双边签字仪式时最常见的形式。它的基本做法是将签字桌横放在室内面门，双方签字人员居中面门而坐，客方居右，主方居左。双方出席仪式的全体人员在签字桌之后按“前高后低”的惯例站立于签字人之后，客方从左至右，主方从右至左排成一排或多排。双方助签人分别站立在签字人的外侧随时准备，如图 8-10 所示。

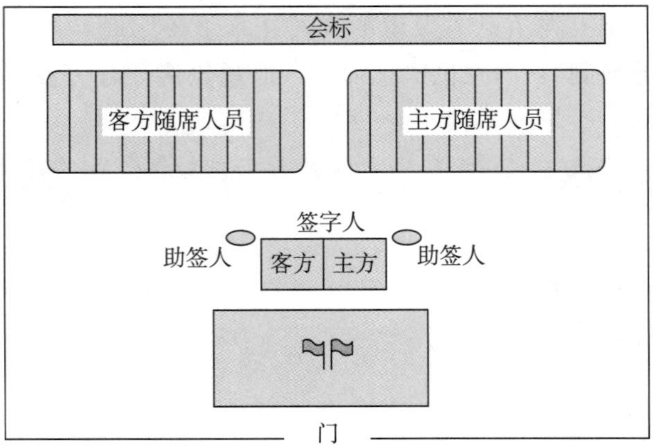


图 8-10　并列式座次安排

## 实训任务 1－2：掌握相对式座次排列

### 知识窗

相对式签字仪式的排座，与并列式签字仪式的排座基本相同。二者之间的主要差别在于相对式排座将双边参加签字仪式的随员席移至签字人的对面，如图 8－11 所示。

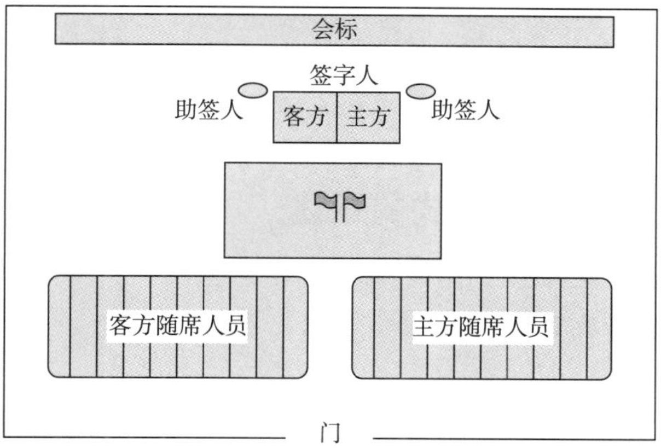


图 8－11　相对式座次安排

## 实训任务 1－3：掌握主席式座次排列

### 知识窗

主席式排座主要适用于多边签字仪式，其特点是签字桌须横放在室内面对正门，只设一个签字座位。举行仪式时，包括签字人在内的各方人员，皆应背对正门、面向签字席就座。签字时，各方签字人应以规定的先后顺序依次走上签字席就座签字，各方助签人随之一同行动，并站立在签字人的左侧，如图 8－12 所示。

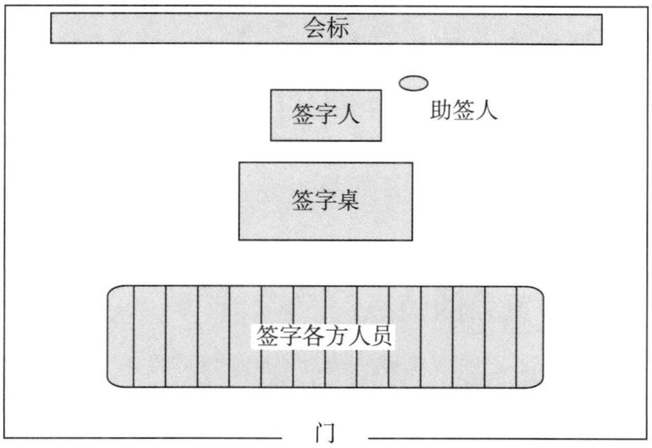


图 8－12　主席式座次安排

### 实训任务 2：掌握签约人员服饰的规范

**知识窗**

按照规定，签约人、助签人及随员在出席签约仪式时，应当穿着符合签约仪式礼仪规范的正式商务套装。男士还必须系上单色或图案庄重、大方的领带，以示正规、重视。在签字仪式上的礼仪人员或接待人员，可以着工作制服或旗袍类的礼仪性服装。

# 学习情境 4　展览会仪式礼仪

## 实训场景 1　展览会仪式的概述

知识点：展览会仪式概念、作用、特点及种类

关键技能点：掌握展览会仪式概念、作用、特点及种类

### 实训任务 1：认知展览会的概念

**知识窗**

展览会又称展示会，在商业领域，展览会主要是指有关方面为了介绍本单位的业绩，展示本单位的成果，推销本单位的产品、技术或专利，而以集中陈列实物、模型、文字、图表、影像资料等供人参观了解的一种宣传性活动。展览会礼仪是企业或个人在参加或举办展览会时所应当遵循的规范与惯例的总称。

### 实训任务 2：理解展览会仪式的作用

**知识窗**

展览会在商务交往中往往发挥着重大作用。在展览会现场，有专人对展览物进行讲解、操作表演，具有很强的说服力、感染力，给公众以“眼见为实”的直观感受，以现身说法打动观众。通过举办展览会，可以增强公众对展览企业及产品的信赖，而且还可以进一步通过个体传播、群体传播、大众传播等各种传播形式，使主办单位的有关信息广为传播，提高主办单位的名气与声誉。在现代经济体系中，展览会活动已经成为经济活动的重要内容之一。

### 实训任务 3：掌握展览会的特点

**知识窗 1：传播直观生动**

展览会是一种非常直观、生动、形象的传播方式。展览会通常以展出实物为主，并由专人进行现场操作示范，直观、生动地将产品的特点展示给参观者，让参加者亲身体会，从而给其留下极深的印象。

### 知识窗 2：沟通全面直接

展览会给企业提供了一个极好的与社会公众沟通的平台。在展览会上通常会安排专人解答参观者的问题，并就参观者感兴趣的问题进行深入探讨。由于展会面向的受众十分广泛，企业在让社会公众了解本企业的同时，还能及时地了解社会公众对展览会的反应，从而可以根据社会公众反馈的信息进行下一步的工作。

### 知识窗 3：媒介组合运用

展览会是一种复合的传播方式，即展览会可以同时利用多种传播媒介传播信息，如声音媒介、纸质媒介、电子媒介等实物媒介。在展览会上，企业通过多种信息传播方式展示企业形象和产品、服务信息，使参观者可以更全面、深入地了解企业及其产品或服务。例如，除了印刷各种文字、图片等宣传手册，企业还会安排工作人员在现场讲解、演示，使得展示的内容更生动、具体、形象。

## 实训任务 4：掌握展览会的种类

### 知识窗 1：依据目的划分

依据展览的目的，可分为宣传型展览和销售型展览。宣传型展览主要是向外界宣传介绍参展单位的历史、实力、成就与理念，所以又被称为陈列会，如故宫文化展览会。销售型展览主要是通过展示参展单位的产品、技术和专利，来吸引顾客，扩大产品的知名度和影响力，促进企业生产，所以又被称为展销会或交易会，如我国每年举行的中国进出口商品交易会。

### 知识窗 2：依据品种划分

依据所展览的品种，可分为专题型展览和综合型展览。专题型展览即主要展览某一类物品，如汽车展览会、服装展览会等。综合型展览即展出的物品品种丰富、综合，包括全行业或多个行业，如轻工业展览会、世界博览会。

### 知识窗 3：依据规模划分

依据展览会的规模，可分为大型展览会、中型展览会和小型展览会。大型展览会通常由专门机构承办，参展单位众多、参展项目广，同时，因其档次高、影响大，参展单位必须经过申报、审核和批准等一系列程序，且须支付一定费用才可以参展。小型展览会又称微型展览会，一般不在社会上进行商业展示，而仅供企业员工和来宾参观使用，如企业成就展，通常设在企业内部。

### 知识窗 4：依据区域划分

依据展览会举行的区域，可分为国际展和国内展。国际展又可分为出国展和来华展，国内展又可分为全国展、区域展及单个公司展。

### 知识窗 5：其他分类

依据展览会举行的场地，可分为室内展和室外展。室内展览会通常设计考究、布置精美、陈列有序，并且不受时间和天气的制约。但其所需的费用通常偏高，一般展示价值高昂、制作精美、忌日晒雨淋的展品，如食品展等。室外展览会通常不必过于注重设计，花费也较少，但受场地和天气的制约，一般展示大型展品，如航空展、工程机械展等。

依据展览会举行的时间，可分为长期展、定期展和临时展。其中，长期展大多每年都会举行，而定期展通常是每隔一定年限举行一次或在每年固定季节举行等，这两类展览的主题通常不会改变。临时展则是根据企业的需要，随时举办，主题多样，形式各异。

依据展览的地点是否变动，可分为固定展览会和流动展览会。固定展览会是指在固定地点举办且具有一定规模的展览会，流动展览会是指地点经常变动的展览会。流动展览通常规模较小，内容较单一，且具有明显的销售目的。

## 实训场景2　展会仪式的准备

知识点：展会仪式的准备工作

关键技能点：掌握展会仪式的准备工作

### 实训任务1：理解主题的明确

**知识窗**

任何展览会都有鲜明的主题和目的。企业根据展览会的主题和目的把握展会的要领，决定展览会的形式，并对展品进行有效陈列，充分展示展品的风采。企业还要依据展览会的主题和目的对展览现场、展览徽标、标语、各种辅助设备及相关人员的安排等进行有效设计和周密安排。

### 实训任务2：掌握参展单位的确定

**知识窗**

一旦决定举办展览会，首先就要确定由什么单位来参加的问题。通常可以通过邀请或召集的方式来确定参展单位，如刊登广告、寄发邀请函等。无论采取何种方式，均应明确展览会的宗旨，参展单位的范围与条件，举办展览会的时间、地点，报名的具体时间及地点，联络方式及具体参展费用等，并如实地告知参展单位，以便对方据此加以定夺。对于报名参展的单位，主办方应根据展览会的主题与具体条件进行必要的审核。当参展单位的名单正式确定之后，还应及时地以专函进行通知，以便被批准的参展单位做好相应的准备。

### 实训任务3：掌握展览内容的宣传

**知识窗**

为了引起社会各界对展览会的重视，扩大展览会的影响，主办单位需对展览会进行大力宣传。首先应成立专门的宣传机构，或叫新闻组、宣传办公室，负责对外宣传事务。宣传机构应围绕展览会的主题设计详细的宣传方案。宣传的重点应是展览的内容，即展览会的展示、陈列之物。对展览内容所进行的宣传，主要可以采用下述几种方式，如图 8-13 所示。

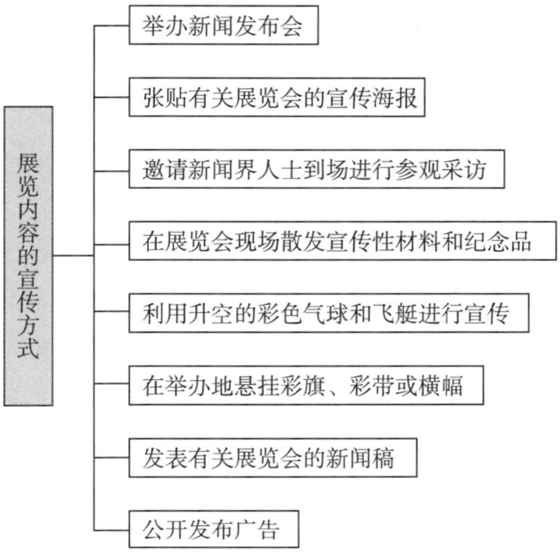


图 8-13　展览会宣传的方式

## 实训任务 4：掌握展区的规划布置

### ▶▶▶知识窗 1

所有参展单位都希望自己能够在展览会上拥有理想的位置。展位即展品在展览会上进行展示、陈列的具体位置。理想的展位，除了收费合理之外，应当面积适当，客流较多，处于较为醒目之处，设施齐备，采光、水电的供给良好。一般情况下，展览会的组织者要尽力满足参展单位关于展位的合理要求。

### ▶▶▶知识窗 2

如果参展单位较多，那么竞争就较为激烈，展览会的组织者可依照惯例，采用竞拍、投标、抽签和“先来后到”分配等方法对展位进行合理的分配。不管采用何种方法，组织者均须事先公布，以便参展单位早作准备，尽量选到称心如意的展位。

#### ▶▶▶知识窗 2-1：竞拍分配

即由组织者根据展位的不同，制订的收费标准也不同，可组织展位拍卖会。参展者在拍卖会上自由角逐，出价高者拥有自己中意的展位。

#### ▶▶▶知识窗 2-2：投标分配

即由参展单位依照组织者所公告的招标标准和具体条件，自行报价，并填具标单，由组织者按照“就高不就低”的常规，将展位分配给报价高者。

**知识窗 2-3：抽签分配**

即对展位进行编号，然后将号码写在纸签上，由参展单位的代表在公证人员的监督下抽取纸签，以此来确定各自的具体展位。

**知识窗 2-4："先来后到"分配**

即以参展单位正式报名的先后为序，谁先报名，谁便有权优先选择自己看中的展位。

### 实训任务 5：掌握做好安保及辅助工作

**知识窗 1**

主办方在举办展览会之前，必须按照国家法律要求进行展览会报批。主动将展览会的举办详情向当地公安部门进行报备，求得支持和配合。同时，委托安保公司负责展会的安全保卫工作。另外，为了预防天灾人祸等不测事件的发生，还应向声誉较好的保险公司对展览会进行数额合理的投保。在展览会的宣传手册上还必须将各种具体的注意事项以文字形式列出，使参展者充分了解展览会的相关情况和规定。

**知识窗 2**

对参加展览会的服务人员进行防损、防盗、防火及防水等安全培训，确保展览会安全、顺利地进行。主办单位作为展览会的组织者，有义务为参展单位提供一切必要的辅助性服务项目。主办方还应根据要求提供足够的停车场及业务洽谈场所，必要的情况下还应做好邮寄、通信、金融及搬运等服务。

## 实训场景 3　展览会的基本流程

知识点：展览会的基本流程

关键技能点：掌握展览会的基本流程

### 实训任务 1：认知展览会的基市流程

**知识窗**

展览会的基本流程如表 8-1 所示。

**表 8-1　展览会的基本流程**

| 基本流程 | 说　明 |
|---|---|
| 申请参展 | 参展单位向大会组织单位索取"参展申请表"及相关资料（或在官方网站下载），并详细填写"参展申请表"，盖章后传真或邮寄至大会组织单位 |
| 资格审核 | 主办单位对收到的"参展申请表"进行资格审核，审核通过后盖章确认，并回传或回邮至参展单位；同时向参展单位详细介绍展位情况 |
| 预付费用 | 参展单位认真选择展位并按照主办单位要求支付展位订金或一次性付清全部费用，以预订展位 |

（续表）

| 基本流程 | 说　明 |
|---|---|
| 确认参展 | 主办单位在收到全部或部分展位费后，向参展单位发出《参展确认函》。参展单位凭《参展确认函》在规定时间内报道布展；主办单位向参展单位发出“参展商手册”，详细介绍展前有关事宜；参展单位按照“参展商手册”的相关要求，做好参展前的准备工作，确保展览会有序进行 |
| 展位布置 | 做好展位、展台的设计，联系装修单位对展位、展台进行施工 |
| 参展准备 | 参加展览会之前要准备足够的宣传资料，包括名片、产品介绍、公司介绍、产品价格清单等；同时要确定参加展览的商品及促销用品，联系运输单位；选用合适的参展人员并对其进行专门的培训，培训内容包括产品专业知识、产品演示方法等 |
| 领取展证 | 到展览会服务台领取展览入场证，做好开展相关事宜 |
| 开　展 | 尽早到展会现场，安排好现场各项事宜，微笑迎接参观者，热情讲解，并做好访谈记录 |
| 撤　展 | 展会结束后应监督展位拆除工作，整理收集到的各种资料，根据需要制作客户通信录或花名册，及时对用户进行跟踪联系 |
| 效果评估 | 展览会闭幕后，参展企业应及时进行评估和分析 |

## 实训场景4　展会仪式基本礼仪

知识点：展会仪式的基本礼仪

关键技能点：掌握展会仪式的基本礼仪

### 实训任务1：理解展区的形象

**知识窗**

展区的形象主要由展品的外观、展品的质量、展品的陈列、展位的布置、发放的资料等构成。展品外观要力求完美无缺，质量上要优中选优，陈列上要既整齐美观又讲究主次，布置上要兼顾主题的突出与观众的注意力。在展览会上可向观众直接散发有关资料，且要印刷精美、图文并茂、资讯丰富，并且注有参展单位的主要联络方式，如客服部门与销售部门的电话、电报、电传、传真及电子邮箱的号码等。

### 实训任务2：掌握工作人员的仪表装束

**知识窗1**

主要是指在展览会上直接代表参展单位露面的工作人员的仪表装束问题。

**知识窗2**

在一般的情况下，要求展位上的工作人员统一着装、仪容整洁。最佳的选择是身穿本单位的制服，或者穿深色的西装、套裙。按照惯例，工作人员不应佩戴首饰，男士应当剃须理发，女士最好化淡妆。

**知识窗 3**

在大型的展览会上，若参展单位安排专人迎送宾客，迎宾的专门人员应身穿色彩鲜艳的单色旗袍，身披写有参展单位或其主打展品名称的大红色绶带。除礼仪小姐外，全体工作人员皆应在左胸佩戴标明本人单位、职务、姓名的胸卡。

### 实训任务 3：掌握工作人员的仪态举止

**知识窗 1**

不管是宣传型展览会还是销售型展览会，工作人员都必须热情而竭诚地为参观者提供产品介绍、演示等服务。

**知识窗 2**

展览一旦正式开始，全体参展单位的工作人员应各就各位，各司其职。不允许迟到、早退、无故脱岗、东游西逛；不得在展台上吸烟、饮酒、吃东西、打电话、看报纸杂志、与同事闲谈聊天；更不允许在参观者到来之时坐、卧不起，怠慢参观者，或以貌取人。

**知识窗 3**

当参观者在本单位的展位上进行参观时，工作人员应热情打招呼，可随行于其后，以备对方咨询；也可以请其自便，不加干扰。如果参观者较多，尤其是在接待组团而来的参观者时，工作人员亦可在左前方引导对方进行参观。

**知识窗 4**

若暂时没有参观者临台时，应及时整理展台和宣传材料，保持展台的整洁，并时刻注意过往的参观者。

### 实训任务 4：掌握礼貌用语的使用

**知识窗 1**

当参观者走近展位时，工作人员应面含微笑，主动地向对方说：“您好，欢迎光临！”随后，还应面向对方，稍许欠身，伸出右手，掌心向上，指尖朝向展位，并告知对方：“请您参观。”

**知识窗 2**

当观众离去时，工作人员应当真诚地向对方欠身施礼，并道以“谢谢光临”，或“再见”。

**知识窗 3**

在任何情况下，工作人员均不得对观众恶语相加或讥讽嘲弄。对于不遵守展览会规则而乱摸乱动、乱拿展品的观众，仍须以礼相劝，必要时可请保安人员协助，但不可使用暴力，对对方进行打骂、扣留或者非法搜身。

### 实训任务5：掌握解说技巧的运用

**知识窗1**

主要是指参展单位的工作人员在向观众介绍或说明展品时，所应当掌握的基本方法和技巧。

**知识窗2**

要善于因人而异，使解说具有针对性。同时，要突出自己展品的特色。在实事求是的前提下，要注意扬长避短，强调“人无我有”之处。在必要时，还可邀请观众亲自动手操作，或由工作人员进行现场示范。

**知识窗3**

可安排观众观看与展品相关的视频资料，并提供说明材料与单位名片。通常，说明材料与单位名片应放在展台上的醒目位置，供观众自取。

**知识窗4**

在宣传型展览会上，解说的重点应当放在推广参展单位的形象上。

**知识窗5**

解说应围绕着参展单位与公众的双向沟通而进行，注重宣传本单位的成就和理念，以便获得公众对参展单位的认可。

**知识窗6**

在销售型展览会上，解说的重点必须放在主要展品的介绍与推销上。解说应当以客户利益为重，要在提供充足资料的前提之下，着重强调所介绍、推销的展品的主要特征与优点，以获得客户的领带与认可。不可争抢、尾随观众兜售展品，弄虚作假，或强行向观众推介展品。

## 学习情境5　新闻发布会礼仪

### 实训场景1　新闻发布会的概述

知识点：新闻发布会的概念、作用及特点

关键技能点：掌握新闻发布会的概念、作用及特点

学习情境5图片

### 实训任务 1：认知新闻发布会的概念

**▶▶▶知识窗**

新闻发布会简称发布会，有时亦称记者招待会，是一种主动传播各类有关的信息，谋求新闻界对某一社会组织或某一活动、事件进行客观而公正的报道的有效沟通方式。即政府、企业、社会团体或个人把新闻机构的记者召集在一起，发布某一则消息并就记者提问进行解答（见二维码图 8-11 所示）。简而言之，新闻发布会就是以发布新闻为主要内容的会议。发布会礼仪，一般是指有关举行新闻发布会的礼仪规范。

### 实训任务 2：理解新闻发布会的作用

**▶▶▶知识窗**

对商业领域而言，举办新闻发布会，是企业联络、协调与新闻媒介之间关系的一种方式，也是宣传自己、展示自身形象的最佳机会，还是传播信息，让公众快速了解企业及其动态的重要手段。

### 实训任务 3：理解新闻发布会的特点

**▶▶▶知识窗 1：机构权威**

举行新闻发布会一般是政府部门、大型企业集团或重要的组织机构，具有非常高的权威性，其信息都是真实准确的。

**▶▶▶知识窗 2：正规隆重**

形式正规，档次较高，地点精心安排，可邀请记者、新闻界（媒体）负责人、行业部门主管、各协作单位代表及政府官员。

**▶▶▶知识窗 3：沟通活跃**

双向互动，先发布新闻，后回答现场记者提问。

**▶▶▶知识窗 4：传播快速**

消息一旦发生，经证实后立即发布，故发布与发生消息的时间间隔非常短；信息传播面广，报刊、电视、广播、网站集中发布（时间集中、人员集中、媒体集中），并且能在非常短的时间内迅速传播到公众。

## 实训场景 2　新闻发布会的准备

知识点：新闻发布会的准备工作

关键技能点：掌握新闻发布会的准备工作

### 实训任务 1：掌握主题及目标的确定

**▶▶▶知识窗**

发布会的主题主要是指新闻发布会的中心议题，即为什么要举行新闻发布会，新闻发布会的目的是什么。主题确定是否得当，往往直接关系到预期目标能否顺利实现。新闻发布会的主题一定要有新闻价值，否则就不能引起媒体的兴趣。其主题主要有三类：一是发布某一消息，二是说明某一活动，三是解释某一事件。新闻发布会的主题应单一，在一个新闻发布会上不能同时发布几个主题新闻。

## 实训任务 2：掌握时机选择

### ▶▶▶知识窗

新闻发布会时机的选择是一种艺术，发布会召开的时机不同，其效果也不同。新闻发布会召开的时机选择，一要考虑企业自身的需要，即某一消息是否需要通过新闻发布会来公布；二要考虑社会形势，使自己的新闻发布会尽可能与社会大环境相合拍，利用社会的声势扩大影响；最后还要注意尽量避开重大节日和社会重大活动或其他单位的发布会。恰当的时机选择是发布会取得成功的保障。一般来说，举行发布会的最佳时间为周一至周四的上午 9～11 点，或下午 3～5 点。

## 实训任务 3：掌握发布会相关人员的确定

### ▶▶▶知识窗 1：发言人的确定

新闻发布会是公司要员同媒介打交道的良好机会，值得重视和珍惜。代表公司形象的新闻发言人可以对公众认知产生重大影响。新闻发言人一般应满足以下条件：一是应该在公司身居要职，有权代表公司讲话，一般由公司负责人担任；二是有良好的表达能力，发言人的知识面要丰富，要有清晰明确的语言表达能力、倾听的能力及反应力，外表整洁、大方得体；三是应具备执行原定计划并加以灵活调整的能力和现场调控的能力，能充分地控制和调动发布会现场的气氛。

### ▶▶▶知识窗 2：现场服务人员的确定

新闻发布会还要挑选一批负责会议现场工作的礼仪接待人员，一般由相貌端正、工作认真负责且善于交际应酬的年轻女性担任。

## 实训任务 4：掌握媒体记者的邀请

### ▶▶▶知识窗

新闻发布会邀请媒体记者主要考虑三个方面的因素。首先应考虑发布会的专业程度，专业性较强的新闻发布会应当邀请专业的媒体参加；其次要考虑媒体的知名度和影响力，尽量多邀请一些知名度高、影响力大的媒体记者参加；最后要考虑利用不同媒体的特点。主办方在邀请媒体时要加以考虑，以便更好地发挥媒体优势，促进发布会的顺利进行并达到预期效果。

### ▶▶▶知识窗 2

确定了邀请的媒体后，应向其发出正式邀请，一般提前 3～5 天发出请柬。请柬上应说明发布会的主题、目的、日期、地点、单位名称和联系电话等信息。最后，应在发布会召开之前1～2天向邀请的媒体打电话确认是否能按时出席发布会。

## 实训任务5：掌握发布会资料的准备

### 知识窗

应该由专人负责准备新闻发布会的各种材料如表8-2所示。

表8-2 发布会资料准备

| | |
|---|---|
| 发言提纲 | 是发言人在新闻发布会上进行正式发言时的发言提要，要求紧扣主题、全面准确、生动真实 |
| 报道提纲 | 主要包括企业的主要历程及取得的成就等材料，供发言人报道之用 |
| 问题提纲 | 主要是为了使发言人在现场正式回答记者提问时表现自如，在可能被提问的主要问题进行预测的基础上形成的回答提纲及相应的答案 |
| 宣传资料 | 主要是为了使新闻记者在进行宣传报道时突出重点、详细全面，是由主办单位事先准备好的以相关数据、图片和说明文字为主的宣传提纲。宣传材料应该包括单位名称、联系方式等信息，方便日后联系。宣传资料要求打印，并用合适的资料袋装好，在新闻发布会上提供给每一位参加者 |
| 辅助材料 | 在新闻发布会的现场可以准备一些视听材料，如图表、照片、模型、录音、录像、影片和幻灯片等，供参加者使用，强化会议效果。同时也可准备相关证明文件，以证实宣传内容的真实性 |

## 实训任务6：掌握发布会现场的布置

### 知识窗

在发布会召开前应认真进行会场布置。大型会议应设主席台、记者席位及来宾席位等；小型会议一般布置圆桌，宾客围桌而坐，可以显得主宾平等，气氛和谐。应在现场布置主题背景板，内容含主题、会议日期、召开城市等，背景板的色调、字体应美观大方；可以在发布会现场外围悬挂横幅，在大堂、电梯口、转弯处设置导引指示欢迎牌，在入口空旷处安放飘空气球、拱形门等烘托现场气氛。还应在发布会现场布置好相关设备，如音响设备及麦克风、投影仪、笔记本电脑、上网连接设备、投影幕布等，并在发布会前反复调试，保证不出故障。

## 实训任务7：掌握做好签到工作

### 知识窗

要做好新闻发布会的签到工作，让记者和来宾在事先准备的签到簿上签下自己的姓名、单位及联系方式等内容。记者和来宾签到后在礼仪小姐的安排下到会场就座。

## 实训任务8：掌握其他准备工作

### 知识窗

还应做好工作人员的胸牌制作及会议礼品的购买等工作，最好是在会议召开前进行“模拟训练”，以尽量做到有备无患。

## 实训场景3　新闻发布会的程序

知识点：新闻发布会的基本程序
关键技能点：掌握新闻发布会的基本程序

### 实训任务：掌握新闻发布会的基本程序

#### 知识窗

新闻发布会的基本程序如表8－3所示。

表8－3　新闻发布会基本程序

| | |
|---|---|
| 宣布开场 | 先由主持人介绍新闻发布会的基本情况，并向记者介绍出席新闻发布会的有关领导及主要发言人，说明记者提问的时间及提问规则等 |
| 发布新闻 | 发言人发布有关新闻 |
| 答记者问 | 新闻发布完毕后，发言人及有关人员开始接受记者提问，充分、准确地向记者提供有关信息，但是涉及企业机密或不宜透露的问题，应委婉地予以解释 |
| 结束会议 | 由主持人宣布发布会圆满结束。服务人员可向来宾赠送纪念品 |
| 会后专访 | 安排记者专访通常是发布会的重要环节，一般会安排主流媒体，尤其是非常重视新闻时效性的电视记者或日报记者参加。专访通常会被记者认为是挖掘独家信息和深度素材的好机会，因此要把这样的机会留给最有价值的媒体 |
| 其他活动 | 会议结束后可以组织来宾留影留念，也可以由专人陪同记者参观考察，给记者创造实地采访、摄影、录像等机会，增加记者对会议主题的感性认识。还可以举行茶会或酒会，方便个别记者能够单独提问，并能融洽企业和新闻界的关系 |
| 善后工作 | ●整理会场。收拾好设备、道具与相关用品。<br>●收集资料。收集并整理会议资料有助于全面评估发布会会议效果，为今后举行类似会议提供借鉴。<br>●总结评估。组织全部工作人员对会议的组织、布置及会议召开等方面的工作进行回顾和总结，从中汲取经验，找出不足，并将总结材料归档备查。<br>●收集反馈。首先要收集与会者对会议的总体反映，检查在接待、安排、服务等方面的工作是否有欠妥之处，以便今后改进。其次要收集新闻界的反映，了解与会的新闻界人士有多少人为此次新闻发布会发表了稿件，并对其进行归类分析，找出舆论倾向。同时，对各种报道进行检查，若出现不利于本组织的报道，应做出良好的应对；若发现不正确或歪曲事实的报道，应立即采取行动，说明真相，如果是由于自己失误所造成的问题，应通过新闻机构表示谦虚接受舆论批评并致歉意，以挽回声誉。 |

## 实训场景4　新闻发布会基本礼仪

知识点：新闻发布会的基本礼仪
关键技能点：掌握新闻发布会的基本礼仪

## 实训任务：理解新闻发布会的基本礼仪

### 知识窗

新闻发布会的基本礼仪如表 8-4 所示。

表 8-4　新闻发布会基本礼仪

| | |
|---|---|
| 严格<br>遵守程序 | 要严格遵守会议程序，主持人要充分发挥主持者和组织者的作用，宣布会议的主要内容、提问范围及会议持续的时间，会议时长一般不要超过 2 个小时。主持人、发言人讲话的时间不宜过长，否则会影响记者提问。对记者所提的问题应逐一予以回答，不可与记者发生冲突。会议主持人要始终把握会议主题，维护好会场秩序，主持人和发言人会前不要单独会见记者或向记者提供任何信息 |
| 注意<br>相互配合 | 在发布会上，主持人和发言人要相互配合。首先，要明确分工，各司其职，不允许越俎代庖。主持人的职责主要是主持会议、引导提问，发言人的职责是介绍信息、答复提问。其次，主持人与发言人在发布会进行期间，通常要保持一致的口径，避免出现观点不一致的现象。当主持人邀请某位记者提问之后，发言人一般要给予对方适当的回答，即便是敏感的问题或不便回答的问题，也应以委婉、艺术的方式来告知对方，不能置之不理。当新闻记者提出的某些问题过于尖锐难以回答时，主持人要想方设法转移话题，不使发言者难堪 |
| 态度<br>真诚主动 | 主办方工作人员要注意对待记者的态度，因为接待记者的质量，可能直接关系到新闻媒体发布消息的效果。记者希望工作人员对自己尊重热情；还希望工作人员提供工作便利，如一条有发布价值的消息，一个有利于拍到照片的位置，因此，工作人员对待媒体记者应温文尔雅、彬彬有礼 |
| 运用<br>语言艺术 | 新闻发布会上，主持人、发言人都必须言行谨慎，对自己的讲话高度重视。首先，语言要简明扼要。不管是发言还是提问，都要条理清楚，重点集中，让听者一听就懂并难以忘怀。其次，要生动灵活。语言是否生动、话题是否灵活，往往直接关系到发布会现场的气氛。因此，讲话者适当地采用一些幽默风趣的语言、引用一些巧妙的典故来掌控现场气氛是必不可少的 |
| 仪容<br>整洁规范 | 在发布会上代表主办方出场的主持人、发言人，是主办单位的代言人，都有可能在新闻媒体上亮相，代表着本单位的形象，甚至决定了社会公众对其单位的态度与评价。因此，主持人、发言人都必须事先对自己的仪容、服饰进行认真的修饰。<br>按照正式场合仪容仪表的要求，主持人、发言人必须进行必要的化妆，并且以化淡妆为主。发型应庄重而大方。男士着深色西装、白色衬衫、黑袜黑鞋，并打领带。女士则着单色套裙、长筒肉色丝袜、高跟皮鞋，不宜佩戴首饰 |
| 举止<br>文雅大方 | 在面对媒体时，主持人、发言人言行举止要自然、文雅、大方，面含微笑，目光有神，表情轻松 |

### 本章小结

专题活动是社会组织围绕某一明确的目标而展开的活动，也是一项操作性、应用性和技术性很强的活动。绝大多数社会组织在日常经营过程中都会定期或不定期地举办一些专题活动来宣传自己、协调关系、塑造形象。较为常见的主要有开业典礼、剪彩仪式、签字仪式、展览会及新闻发布会等。

开业典礼是指各类企业（公司、商场、酒店等）在开始成立或正式营业时，为表示庆祝，按照一定程序专门隆重举行的一种热闹庆典。

剪彩仪式指的是有关单位，为庆贺公司成立、企业开工、银行开业、商场酒店开张、大型建筑物启用、道路开通、展会或博览会开幕而隆重举行的一项礼仪性程序。

签约仪式通常是指订立合同、协议等重要文本的双方或多方经过协商、谈判，形成某项协议或协定时所举行的一种仪式。

展览会主要是指有关方面为了介绍本单位的业绩，展示本单位的成果，推销本单位的产品、技术或专利，而以集中陈列实物、模型、文字、图表、影像资料等形式供人参观了解的一种活动。

新闻发布会是一种主动传播各类有关的信息，谋求新闻界对某一社会组织或某一活动、事件进行客观而公正报道的有效沟通方式。

## 主要概念

开业典礼　剪彩仪式　签约仪式　展览会仪式　新闻发布会仪式　开业典礼礼仪　剪彩仪式礼仪　签约仪式礼仪　展览会礼仪　新闻发布会仪式

## 技能训练

### 一、基础知识题

1. 单选题。

(1) 下列属于专业展览会的是________。

A. 世界博览会　　B. 广交会

C. ××叉车展览会　　D. 钢铁行业成果会

(2) 剪彩者可以是一个人，也可以是几个人，但是一般不应多于________人。

A. 5　　B. 4

C. 3　　D. 6

(3) 签字仪式上助签人的主要职责是________。

A. 翻揭文本，指明签字之处　　B. 端茶递水

C. 引导入场　　D. 现场指挥

(4) 展览会依据其目的可划分为________。

A. 国际展和国内展。国际展又可分为出国展和来华展

B. 大型展览会、中型展览会和小型展览会

C. 专题型展览和综合型展览

D. 宣传型展览和销售型展览

(5) 下列对于担任新闻发言人应满足的条件说法不正确的有________。

A. 应该在公司身居要职，有权代表公司讲话，一般由公司负责人担任

B. 要有良好的表达能力

C. 应具备一定的社会威望，具有一定的地区号召力

D. 应具备执行原定计划并加以灵活调整的能力和现场调控的能力，能充分控制和调动发布会现场的气氛

2. 多选题。

(1) 开业典礼应遵循的原则有________。

A. 全面原则　B. 热烈原则　C. 缜密原则　D. 节俭原则

E. 准时原则

(2) 开业典礼常见的类型有________。

A. 开幕典礼　B. 奠基典礼　C. 破土典礼　D. 签字典礼

E. 通车、通航典礼

(3) 剪彩活动应准备的物品有________。

A. 红色缎带　B. 红色地毯　C. 托盘　D. 新剪刀

E. 白色薄纱手套

(4) 签字仪式上座次排列有________等基本形式。

A. 主席式　B. 围绕式　C. 发散式　D. 并列式

E. 相对式

(5) 依照展览会的惯例，可采用________等方法对展位进行合理的分配。

A. 竞拍　B. 内定　C. 投标　D. 抽签

E. “先来后到”

3. 简答题。

(1) 简述开业庆典的一般程序。

________________________________________

(2) 在剪彩仪式上，有哪些必备的物品？

________________________________________

(3) 简述剪彩过程礼仪的内容。

________________________________________

(4) 合理分配展览会的展位一共有几种常规做法？

________________________________________

(5) 举办发布会时，一般应当准备哪些方面的主要材料？

________________________________________

## 二、案例分析题

某酒店为庆祝开业，在酒店门口举行隆重而盛大的开业典礼，邀请了全市的重要领导及知名人士的到来，同时还邀请了电视台对现场进行记录和报道。典礼开始时，主持人正在热情洋溢地念着祝词，但是麦克风却不断产生噪音，令现场人员直捂耳朵。主持人还没讲完话，话筒就突然从支架上掉到地上摔坏了。等换好话筒后，天又下起了大雨，典礼只好中途暂停。待到将活动移到酒店大厅，人员就绪时，又突然停电。整个现场一片混乱，该酒店总经理只好将典礼延后举行。

请分析上述案例违背了开业典礼筹备的什么原则。

## 三、技能操作与实训题

签字仪式模拟剧本

参与人员（六位）

赵：鸿飞贸易有限公司总经理

钱：方泰贸易有限公司总经理

孙：方泰贸易有限公司销售部经理

李：迎宾小姐兼服务员

周：鸿飞贸易有限公司市场部经理兼司机

吴：鸿飞贸易有限公司公关部经理兼飞机场播音员

本剧本分为三个场景，依次为迎接、签字仪式与舞会。

现在演出开始！

第一幕　迎接

时间：2019 年 10 月 18 日

人物：钱、孙、周

地点：萧山机场

剧情介绍：

广播：各位乘客，请注意！从香港飞往杭州的 H－123 次航班已经到达机场。

SPEAKER：Attention，please！Number H － 123 flight from Hongkong to Hangzhou was arrived.

下午一点左右，周经理出现在机场。

钱和孙刚下飞机，周就迎了上去。

周：（微笑）你好，请问你是方泰贸易有限公司的钱经理吗？

钱：是的。你好！（满脸笑容，礼貌地伸出右手，身体微向前倾与周握手）

周：我是鸿飞贸易有限公司的市场部经理周霞萍。一路辛苦了！（从包里拿出名片）这是我的名片。（身体略向前倾斜，双手递，分别递给钱和孙）

钱：（双手接过名片，看后，放进包里）你好，周经理，让你久等了！我先介绍下，这是我公司的销售部经理孙增旭。

孙：你好！（伸出右手与周握手）

周：请跟我来（横摆式），我们的车已经在外面等候了。

周经理在前面带路，一行人向车子走去。

周（打开车门）说：请上车！

（钱先坐下再把脚伸进去，然后移到司机后面的位置，孙随钱上车，坐在副驾后座）

（周关上车门，坐到副驾座位）

（第一幕完毕）

第二幕　签字仪式

地点：鸿飞贸易有限公司门口

时间：2019 年 10 月 18 日下午 3：00。

人物：钱、赵、周、孙

剧情介绍：

车子开到鸿飞贸易有限公司门口。

赵在门口接待钱、孙等人。

赵：钱经理，很高兴再次见到你，一路辛苦了！（伸出右手，与之握手）由于刚才公司临时有点事情需要我来处理，没有亲自去接你们，为此我感到非常抱歉！

钱：没关系！

周：赵总，这位是方泰贸易有限公司销售部经理的孙增旭。

赵：你好！（伸出右手与之握手）

孙：你好！（伸出右手与之握手）

赵：钱经理，要不要先休息下？

钱：不用了，我们直接去签字吧。

赵：好的。

（四人向会议室走去，地上铺着红地毯，签字桌上铺着台布，中间放一盆栽）

（四人进入会议室，签字仪式正式开始）

赵：请坐。

合同和签字笔已经在签字桌上放好。孙和周分别帮钱和赵打开合同。

（赵与钱阅后，签字，然后相互交换签字）

双方起身站立，交换文件，交换签字笔，握手。

赵：合作愉快！

钱：合作愉快！

（拍照，大家鼓掌）

赵：钱经理，辛苦了，我们已经在国际大酒店为你们安排了房间，你们先休息下，晚上6点我们再来接你们！

钱：好。谢谢！

赵：周经理，请送她们去酒店休息。

（第二幕完毕）

第三幕 舞会

地点：海湾大酒店

时间：2019年10月18日晚上6：30

人物：钱、赵、吴、孙、李、周、蒋（随从人员）

剧情介绍：

（在路上周打电话给赵）电话铃声两声，周接起。

赵：周经理，好！

周：赵总，好！

赵：你们现在在哪里了？

周：我们已经在路上了，快到了。

赵：好的，那我们去楼下等你们！

周：好的！

赵：再见！

周：再见！

车子开到海湾大酒店门口。

蒋：（上前打开车门）这边请！

周等三人下车，赵与吴已在门口等候。

周：赵总。

赵点头示意。

赵：这位是我们公司公关部经理，吴琼瑶。

赵：这位是方泰贸易有限公司的钱总经理。

钱：你好！（伸出右手，与吴握手）

吴：你好！（握手）

赵：这位是方泰贸易有限公司销售部的孙经理。

吴：你好！（伸手与孙握手）

孙：你好！（握手）

吴：这边请。（双臂横摆式）

（四人同时进入酒店）

李：欢迎光临！（弯腰30°，双手交叉叠放）

一行五人进入大厅，从自助餐桌上各取一杯酒在手上。

赵（举起酒杯）：为了庆祝这次合作成功，大家干一杯！

五人碰杯，异口同声说：干杯！

（五人放下酒杯）

赵：大家请随意！

钱、孙、吴、周：好的！

周：各位，我失陪一下。

赵、钱、吴三人坐在舞池旁的沙发上，孙取完食品后和三人一起坐。

赵：钱总，你来杭州几次了？

钱：这是我第三次来杭州了，上两次是在秋天来的。

赵：你在酒店休息得好吗？

钱：除了天气，其他都非常好。

吴：为什么？

钱：这次天气真的太冷了，我都有点感冒了。

吴：很不巧的，这几天正好有冷空气。这里的秋天是很舒服的，但是在冬天，天气变化很快。钱总，你要注意保暖。

钱：我会的，谢谢。

（音乐起）

赵：（起身，把西装最下的扣子扣好，向钱作出邀请的姿势——弯腰15°～30°，侧身横摆式，右手放在后面）钱经理，可以赏脸跳支舞吗？

钱：好的，可以！
（赵与钱牵手进入舞池）
（3 秒后）
孙：吴经理，可以赏脸跳支舞吗？
吴：好的
（孙与吴随后牵手进入舞池）
（跳完一支舞后，第三幕结束）
一组人丁字步站好，异口同声地说：谢谢！
谢幕。
[讨论记录]

# 模块九
# 求职礼仪

【学习目标】

素质目标：熟悉求职前的思想准备、自荐活动的开展，掌握面试服饰礼仪、仪态礼仪、言谈礼仪。

知识目标：掌握求职信息的获取，熟悉面试的概况。

技能目标：掌握自荐信、简历的制作与投递，应聘后的告别礼仪、感谢礼仪、询问礼仪。

能力目标：理解应聘面试的基本礼仪，熟悉面试的阶段，掌握应聘后的心理调整。

【引　　例】

### 克服紧张和树立自信

张同学在大学时的求职意向首选是国际四大会计师事务所。经过层层筛选，他如愿进入其中两家的最后一轮面试，也就是要去见事务所的合伙人了。在见合伙人的时候，他特别紧张。在见第一家的合伙人时，张同学叫错了合伙人的名字，并且临走时把包忘在了合伙人的办公室里；在见第二家的合伙人时，由于是英文面试，张同学重复一个英文单词数遍，唯恐对方听不清楚，直至那位合伙人亲自打断并说明已经明白了张同学的意思时，张同学才明白该适可而止。结果是两家国际一流的会计公司都在最后面试时将张同学拒之门外。

李同学在面试某集团总部时，面试官问李同学对集团了解多少。李同学想了半分钟然后说道：我接到面试时还没来得及查看相关资料，所以不太了解。面试官对李同学说："我们希望招来的人能了解集团，你还是再回去多了解了解我们吧。"

赵同学在面试人民银行时，面试官问他为什么想来人行。赵同学心里想到：还不是因为你人行的权利大。但是碍于不能直白地说这样的话，赵同学一时没了主意。吭哧吭哧中，赵同学和人民银行的人说了再见。

**分析提示**

从上面的小插曲中，我们可以看出张同学精神紧张，缺乏自信，倒在自己最想去的公司前；李同学和赵同学对用人单位缺乏了解，答不出常规问题。想在面试中脱颖而出，给招聘人员留下深刻的印象，就要克服紧张，建立自信。想要自信，就必须知己知彼，对自己和用人单位都有客观的认识。只有做好了充分的准备，我们才能用特色和真才实学为自己铺就成功之路。

# 学习情境1　求职应聘前的礼仪

## 实训场景1　求职前的思想准备

知识点：求职前的心理准备

关键技能点：掌握选择的工作评判标准、思考求职的人生问题

### 实训任务1：认知毕业生求职前的心理准备

**知识窗**

（1）选择适当的就业目标。

（2）避免理想主义，及时调整就业期望值。

（3）避免从众心理，不盲目攀比。

（4）克服自卑、胆怯的心理，树立自信心。

（5）不怕挫折，勇于向挫折挑战。

### 实训任务2：熟悉应届毕业生思考求职前的十个问题

**知识窗**

选择考研还是工作？选择大企业还是小企业？选择本地还是外地？选择专业还是兴趣？自己还有哪些特长？职业兴趣：喜欢做什么？职业能力：能够做什么？个人特质：适合做什么？职业价值观：最看重什么？胜任特征：人岗是否匹配？

### 实训任务3：了解选择怎样的工作

**知识窗**

综合评判的三个条件能决定你的选择：有利于个人积累专业知识技能，有利于个人积累人际关系资本，有利于个人积累财务资本。

## 实训场景2　求职信息的获取

知识点：求职信息

关键技能点：熟悉求职信息的类型和求职信息的筛选，掌握求职信息的获取渠道、途径及求职信息的使用

### 实训任务1：认知求职信息

**知识窗**

求职信息包括就业政策、就业机构、经济发展形势与趋势、就业岗位供需情况、国民经济计划、经济结构的调整、劳动用工制度、干部人事制度、就业制度、近期失业率及就业培训、毕业生资源等。

## 实训任务2：熟悉求职信息的类型

### 知识窗1：宏观信息

宏观求职信息包括毕业生就业的总体形势、社会对人才的需求趋势、就业政策、就业活动等信息。

### 知识窗2：微观信息

微观信息是指具体用人信息，即哪些单位需要什么样的毕业生。尽可能了解清楚招聘单位的性质和背景，了解其是哪一种行业、生产何种产品；是独资企业还是合资企业，文化（包括口号和形象）是什么；同时还要尽可能了解清楚招聘单位的业务情况，比如过去的业绩、业务往来的对象、该岗位的工作内容、产品的注册商标、发展前景、内部组织、员工福利、一般起薪、工作地点等。

## 实训任务3：掌握求职信息的获取渠道及途径

### 知识窗

具体内容详情如表9-1所示。

**表9-1　求职信息的获取渠道及途径**

| 序号 | 类型 | 具体方式 |
| --- | --- | --- |
| 1 | 通过各种市场收集信息 | （1）高校毕业生就业部门举办的就业市场<br>（2）高校之间联办的就业市场<br>（3）分科类的专业就业市场<br>（4）教育主管部门举办的大型就业市场<br>（5）人才中介部门人才市场<br>（6）网上市场 |
| 2 | 互联网 | 互联网成为毕业生收集信息、求职择业的主渠道之一，已是不争的事实。目前，全国就业网站逾千家，提供了大量与求职相关的信息。如：21世纪人才网、人才市场报、中国人才热线、中华英才网、Job88人才网、前程无忧、北方人才网、南方人才网、卓博人才网 |
| 3 | 其他传播媒介 | 各类单位通过新闻媒介，如广播、电视、报纸、杂志、电话等工具介绍企业现状、发展前景及人才需求。特别是主管毕业生就业部门创办的杂志及各高校的就业橱窗，会在毕业生求职择业的关键时期发布用人单位需求信息和招聘信息。各地的《人才市场报》、晚报等都开办了人才需求信息及招聘广告栏目。毕业生平时多加注意，肯定会获得令人感兴趣的或有用的信息 |
| 4 | 社会实践活动 | 高职高专学生在校期间，通过生产实习、毕业实习、参加社会服务等社会实践活动，不仅能使自己所学的知识直接应用于生产，为社会服务，而且也开阔了视野，还可以有意识地了解这些单位对毕业生的需求情况，对所需人员的素质要求等 |
| 5 | 就业服务机构 | 这里主要是指教委、人事局、劳动保障局的就业服务机构，如高校毕业生就业指导中心、人才市场以及人才中介服务机构 |

（续表）

| 序号 | 类型 | 具体方式 |
| --- | --- | --- |
| 6 | 社会关系 | 整个社会其实是一个大家庭，不少的高职高专毕业生的亲朋好友分布在社会的各个领域、各条战线，由此形成了复杂的社会关系网。找工作是正大光明的事，正确利用这种社会关系网，通过关系网收集信息、推荐并推销自己，针对性强、可靠性高，成功率大 |

### 实训任务4：熟悉求职信息的筛选

#### 知识窗1：可信性筛选

首先要确定信息的可信性，要把那些从“小道”得来或几经辗转而未经证实的信息与有根有据的信息区别开来，只有在做出正确判断之后，才能决定自己的下一步。

#### 知识窗2：有效性筛选

要对信息的有效性进行分析，看是否对自己有用。对搜集到的求职信息，要按行业性质、职业性质、所在地区或归属、工种、工薪的高低及对所需人员的限定条件、素质要求等进行筛选，并根据自己的能力和意愿做出切合实际的选择，顺利地走向心仪的职业岗位。

### 实训任务5：掌握求职信息的使用

#### 知识窗

（1）三个原则：发挥优势和学以致用的原则，面对现实和实事求是的原则，先就业后择业的原则。

（2）三个注意：注意信息的时效性，注意信息的广泛性，注意信息的准确性。

（3）谨防招聘陷阱：假单位假招聘；真单位假招聘；网络骗钱；借脑发财，诱人上钩的“培训信息”。

## 实训场景3　自荐

知识点：自荐的方式

关键技能点：熟悉自荐材料的表现形式、掌握编写自荐材料的要领

### 实训任务1：了解自荐的方式

#### 知识窗

自荐有直接自荐和间接自荐两种。由本人向用人单位作自我介绍，即自我推荐，称作直接自荐。广义的自荐可分为口头自荐、书面自荐、广告推荐、学校推荐、他人推荐等五种方式，如图9-1所示。借助中介人物推荐自己称作间接自荐。

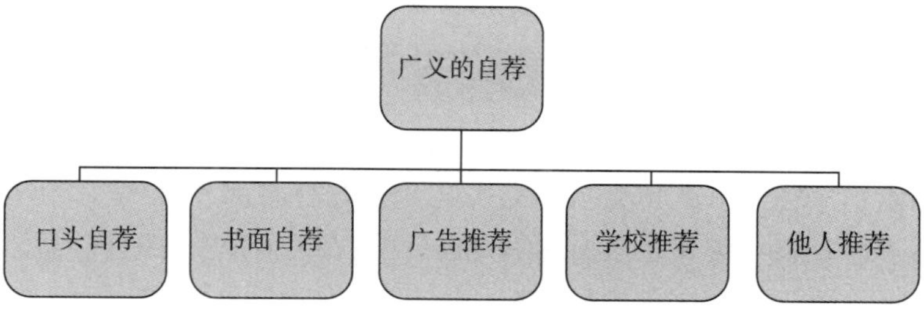


图 9-1　广义自荐的内涵

### 知识窗 1-1：口头自荐

### 知识窗 1-1-1

口头自荐，一般是用人单位到学校由学校就业指导中心或学院系部组织学生直接面对用人单位应聘的一种方式。这种口头自荐往往使一部分外向型善于表达展示自己的毕业生给用人单位留下较深刻的印象，从而“取胜”。

### 知识窗 1-1-2：口头自荐的注意方面

（1）积极主动。要做好各种准备，不能消极等待，要主动地应答用人单位的各种提问。

（2）重点突出。毕业生在介绍自己时，应重点突出自己的能力和知识，就本人特色做重点介绍，有的可重点举例。

（3）全面扼要。闪光点要讲，缺点也不掩饰，介绍成绩一定要恰如其分，要诚实、自信。

（4）有的放矢。针对用人单位岗位要求，强调自己适应性和实践能力。

### 知识窗 1-2：书面自荐

书面自荐，是通过自荐材料的形式向用人单位推销自己。这种方式覆盖面较宽，可以扩大自荐范围，不受时空限制。一般毕业生获得用人单位信息，特别是在获得一些路途遥远的单位的用人信息可采用材料推荐法。

### 知识窗 1-3：广告推荐

广告推荐是借助新闻传播媒介进行自我推荐的形式，宣传力度较强，范围较广。

### 知识窗 1-4：学校推荐

学校推荐是学校组织向用人单位推荐毕业生的形式。特别是高职高专院校大多依托行业背景，相对来讲推荐的专业比较对口，推荐的成功率较高，还具有一定的可靠性和权威性。这种推荐方法容易得到用人单位的认可。

### 知识窗 1-5：他人推荐

他人推荐即通过老师、父母、亲友、同学等人推荐而达到自我推荐的一种推荐方法。

## 实训任务 2：掌握编写自荐材料的要领

### ▶▶▶知识窗 1：目的性明确

目的性是编写自荐材料的目标和方向。有的学生从进学校开始，就要积极参与实践活动，锻炼组织才能，以此作为丰富充实自我推荐材料的“成本”，拥有比其他的学生自荐的材料丰厚，就业的机会和成功率相对比较高。而另一部分学生，认为到毕业时再考虑，消极等待，缺乏就业的目的性，因此往往失败较多，机会丧失得也多。

### ▶▶▶知识窗 2：针对性明确

针对性明确指在具体撰写自荐材料时，一定要突出行业和职位的特点，针对该行业和职位所需的能力进行材料的整合，在了解单位性质、所需岗位、企业发展状况的基础上，针对用人单位岗位需求具体指导。这样的自荐材料适合性、针对性强，录用的概率大，最终达到被录用的目的。

### ▶▶▶知识窗 3：实用性明确

实用性明确指自荐材料应是实用文书，主要是将自身的基本情况、知识能力、专业特点、爱好特长、性格气质等综合素质向用人单位作全面介绍说明。

### ▶▶▶知识窗 4：现实性明确

现实性明确是根据社会现实就业状况及自身的能力和素质而对自荐材料进行实事求是的评估。

### ▶▶▶知识窗 5：真实性明确

真实性明确是指必须要有客观事实的态度，挤掉“水分”。坚持实事求是的态度，给人一种真实可信的感觉，用客观的依据取得别人信任是十分重要的。

## 实训任务 3：熟悉自荐材料的表现形式

### ▶▶▶知识窗 1：自荐信

自荐信是一种介绍性、自我推荐的信件，是自荐材料的主体，有校方编制和自我编制两种。自我编制的自荐信的内容，见后阐述，由教育部门和学校统一编制的自荐信具有统一性、权威性、规范性。

### ▶▶▶知识窗 2：个人简历

个人简历的内容见后阐述。

### ▶▶▶知识窗 3：其他材料

除了学校的推荐表、自荐信和个人简历外，为了加深用人单位对自己的印象，有时需要进一步提供其他材料，主要包括学位、学历证书、英语与计算机等级证书等，在学习或工作中所获各种奖励证书，参加各种培训以及实践活动证书，发表文章或研究成果、作品等。

附录材料要求真实可靠，整齐美观，大小统一。

## 实训场景4　自荐信

知识点：自荐信的内容

关键技能点：认知求职动机和目的的表白态度，熟悉自荐信的撰写程序，掌握自荐信的写作要求

### 实训任务1：了解自荐信的内容

**▶▶▶知识窗**

自荐信是求职者向招聘单位提交的信函，集介绍、自我推荐和下一步行动、建议于一身的形式。自荐信的内容包括说明个人的基本情况和招聘信息来源、所申请的职位、强调胜任相关工作的条件、凸显自我潜能、说明可以随时提供相关证明材料、表达面谈的愿望、附上自己满意的照片、附件（个人简历及有关证书的复印件）等。

### 实训任务2：掌握自荐信的写作要求

**▶▶▶知识窗**

成功的自荐信应该表明自己乐意与将来的同事合作，并愿意为事业奉献自己的能力，体现奋斗、务实、虚心、团队精神的风貌。

自荐信应做到文字简明、主题突出（将过去的业绩量化）、措辞恳切（从对方的角度考虑）、适度自信、富于个性、针对性强、整洁美观、杜绝错别字；措辞得体、适度表意，不提工资待遇要求，不提与工作岗位无关的信息，不要用第三人称，也不要用第一人称，最好省略主语；格式恰当，篇幅适宜，精心编排打印，字体大小恰当。

撰写自荐书的注意方面：忌自吹自擂、炫耀浮夸，要适度推销；忌虚弱胆怯、缺乏自信，要主动出击；忌滥用词句、哗众取宠，要摆正位置；忌东拉西扯、长篇大论，要恰到好处；忌平庸乏味、形象陈旧，要创新求异。

### 实训任务3：熟悉自荐信的撰写程序

**▶▶▶知识窗**

第一步，读懂职位介绍，了解职位要求。

第二步，针对性地列出自己的相关专业基础和经历。

第三步，锦上添花，写出你对应聘公司职位的兴趣。

第四步，夺宝奇兵，写出你自己与应聘岗位的相关的最为耀眼的能力。

### 实训任务4：认知求职动机和目的的表白态度

**▶▶▶知识窗**

具体内容详情如表9－2所示。

表 9-2 求职动机和目的的表白态度

| 序号 | 内容 | 适宜（√）或不适宜（×）的态度 |
|---|---|---|
| 1 | 贵公司知名度高 | √ |
| 2 | 贵公司福利待遇好 | × |
| 3 | 贵公司能够给员工提供更多的培训机会 | √ |
| 4 | 通过在贵公司的工作来积累工作经验 | × |
| 5 | 在贵公司能够学以所用，发挥个人能力 | √ |

## 实训场景 5　简历的制作

知识点：简历的制作

关键技能点：熟悉简历制作的基本原则与写作的优秀表现，掌握中文、英文简历表的写作内容

### 实训任务 1：认知个人简历

**▶▶▶知识窗**

个人简历是自己生活、学习、工作、经历、成绩的概括集锦。个人简历的真正目的就是让用人单位全面了解自己，从而为自己创造面试的机会。个人简历一般很少单独寄出，总是作为自荐信的附件，呈送用人单位。

一般常用的简历格式有两种。一种是按年月顺序列出自己的学习工作经历；另一种是根据需要有选择地列出自己的学习、工作经历，充分表现自己的技能、品德。一般高职高专毕业生最好采用第一种格式。

### 实训任务 2：熟悉简历制作的基本原则

**▶▶▶知识窗**

个人简历就是个人情况及学习生活的写照，它的用处是让用人单位充分了解自己，从而提供可能的就业机会。个人简历还必须重视实践、实训环节，社会实践活动也可放入个人简历，便于用人单位从应用型、动手能力强的角度考虑录用毕业生。

制作简历时要坚持的基本原则：围绕一个求职目标；把简历看作一份推销自己的广告；陈述有利信息，争取面试机会；以诚信为本，不可“注水”。

### 实训任务 3：掌握中文简历表的写作内容

**▶▶▶知识窗**

具体内容详见图 9-2 所示。

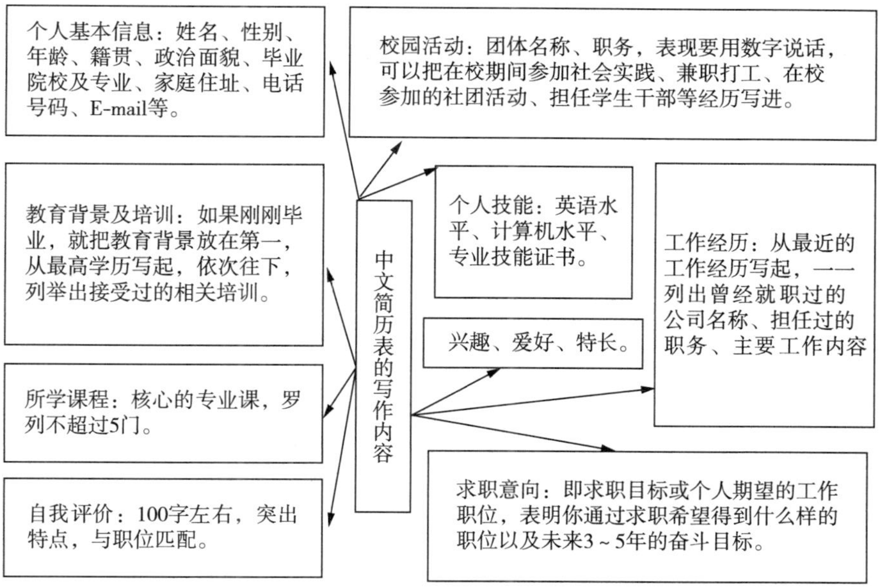


图 9－2　中文简历表的写作内容

## 实训任务 4：掌握英文简历表的写作内容

### 知识窗

具体内容详见图 9－3 所示。

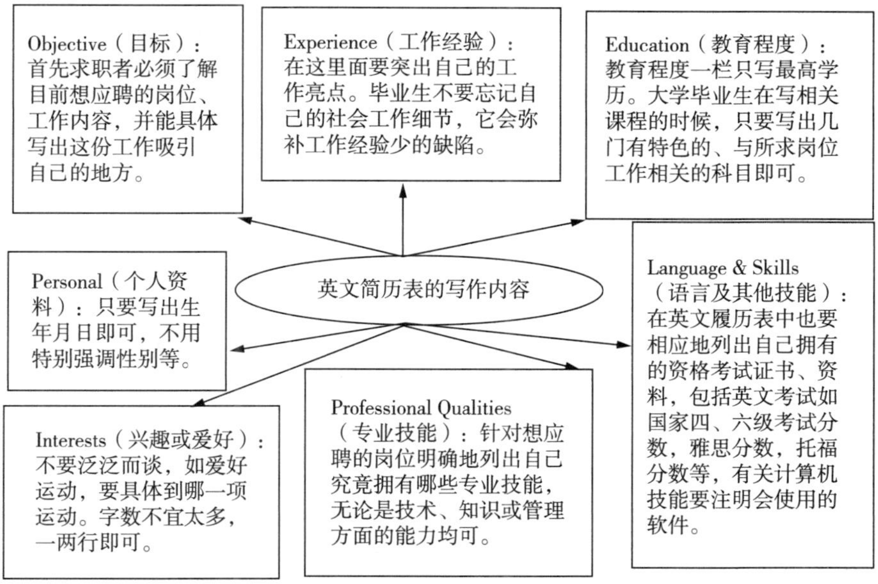


图 9－3　英文简历表的写作内容

### 实训任务 5：熟悉简历写作的优秀表现

**知识窗**

具体内容详见表 9－3 所示。

**表 9－3 简历写作的优秀表现**

| 序号 | 表现方面 |
|---|---|
| 1 | 简历必须能够将自己的技能与未来顾主的需求相配合，不要以一篇简历打天下（要量职打造，根据企业、职位特点而定） |
| 2 | 简历必须能够描述出自己的市场价值，并且在 20 秒中或更短的时间内，回答“你为什么要雇佣我”的问题，售卖特色和利益、拥有什么技能，能为组织做出的贡献 |
| 3 | 简历要与众不同、充满勇气和激动人心，充分表达自己的独特之处 |
| 4 | 确保简历内容组织得当，要着重突出成就、资信和资质；简历写作要力求避免结构松散、内容空洞，含糊不清和泛泛而谈只会产生一份无用的简历 |
| 5 | 以新颖别致的方式包装简历；简历的表达方式应职业化，并且与谋求的行业协调一致 |
| 6 | 简历应当有鲜明的个性，用关键词说话，抓住面试人员扫描式阅读特点；用动词说话，例如负责、开发、安排、设计；用数字说话，充分展现取得成绩；用结果说话，展现个人业绩 |
| 7 | 补充说明获得该奖励或证书的难度 |
| 8 | 编写实践经历贯彻了 STAR 原则，即写明问题情况、如何解决（Stiuation），描写完成项目（Task），执行的政策、自己在其中的想法（Action），自己的贡献（Result） |
| 9 | 回避了面试人员不喜欢看到的内容：过多的个人信息，如身高、体重等，对自己评价不客观，与申请职位无关的信息 |
| 10 | 正确处理个人弱项：应届毕业生，强调教育背景；用有关经历弥补工作经验的欠缺；强调最近的教育与培训，尤其是与正在申请的工作最直接相关的课程或实践活动 |
| 11 | 跨专业求职需注意：突出辅修专业，突出自学能力，突出相关社会实践，善于展示自己 |

## 实训场景 6 自荐材料的电子投递

知识点：自荐材料的电子投递

关键技能点：掌握电子邮件方式的自荐材料电子投递，掌握直接在公司网站和公共招聘网站上填写简历

### 实训任务 1：掌握电子邮件方式的自荐材料电子投递

**知识窗**

主题“开门见山”：收信地址，邮件主题，在邮件主题上注明申请职位。

把握邮件正文：求职信和纯文本简历。求职信要像一封正式的商务信函。

纯文本简历：防止被公司邮件系统屏蔽。

慎重处理附件：发送多个求职文件要打包，不宜过大。

最后检查：收信地址（确保一次只有一个）、主题、称呼是否正确，邮件正文有无错别字，自己是否署名、留下联系方式，发送的简历是否串行，是否添加了附件，附件大小，下载时长，所有材料是否都在邮件中了。

### 实训任务2：掌握直接在公司网站上填写简历

#### 知识窗

大型企业一般有自己的招聘系统，求职者首先寻找到公司简历的填写入口，再进行如下步骤：熟悉简历填写系统，重视填写开放性问题，记住自己的用户名和密码，注意根据公司文化和职位要求填写简历。

### 实训任务3：掌握在公共招聘网站上写简历

#### 知识窗

公共招聘网站如中华英才网、前程无忧等，填写要求如下：

（1）态度要认真：虽然是在公共网站注册简历，但你发送的简历是针对各个企业。

（2）认真了解目标企业，发送简历要有针对性。

## 实训场景7　面试服饰礼仪

知识点：服饰礼仪

关键技能点：掌握男生、女生面试服饰礼仪，熟悉服饰传达的信息与面试着装要诀

### 实训任务1：掌握女生面试服饰礼仪

#### 知识窗

（1）发型文雅、庄重，梳理整齐，长发不应披散，要用发夹夹好或束辫，不能染鲜艳的颜色。

（2）化淡妆，面带微笑；如果使用香水，应选择清新、淡雅的香型。

（3）嘴巴和牙齿应清洁、无食品残留物。

（4）指甲不宜过长，并保持清洁。若涂指甲油，须自然色。

（5）着正规套装，大方、得体；若穿裙子，长度要适宜。

（6）肤色丝袜，无破洞。

（7）鞋子光亮、清洁。

（8）全身衣服颜色应在三种以内。

### 实训任务2：掌握男生面试服饰礼仪

#### 知识窗

（1）短发，清洁、整齐，颜色不宜太新潮。

（2）精神饱满，面带微笑。

(3) 每天刮胡须，饭后洁牙。
(4) 指甲应保持清洁，定期修剪。
(5) 领带紧贴领口，系得美观大方。
(6) 西装平整、清洁；西裤平整，有裤线。
(7) 西装口袋不放物品。
(8) 白色或单色衬衫，领口、袖口无污迹。
(9) 皮鞋光亮，深色袜子。
(10) 全身衣服颜色应在三种以内。

#### 实训任务3：熟悉服饰传达的信息

**▶▶▶知识窗1**

谨慎大方、精明能干、办事认真可靠；得体的服饰有助于一个人在心理上产生初步的自信；服饰的选择无一定之规，应根据自己的身高、体形、气质全面考虑；女性以深色制服、套裙、套装、连衣裙较为合适，其中尤以西式套裙、套装为佳；男士应选择中、高档次的西装革履，并配以与其色调相协调的衬衣、领带。

**▶▶▶知识窗2：禁忌**

男生和女生都不能在面试时穿着过于随便。女生一定不要在服饰上给人错误的信号，例如过于花枝招展、性感暴露的打扮会让人有歧义的想法，惹来许多不必要的麻烦。

## 学习情境2　求职应聘中的礼仪

### 实训场景1　面试概述

知识点：面试的概念与特点、面试礼仪的重要性、面试第一印象的传递
关键技能点：掌握面试测评的主要内容，熟悉面试人员首先否决的九种求职者

#### 实训任务1：认知面试的概念与特点

**▶▶▶知识窗1**

面试是通过当面交谈问答对求职应试者进行考核的一种方式，是用人单位选拔人才的常用方式之一。

**▶▶▶知识窗2**

面试以谈话和观察为主要工具，是一个双向沟通的过程。面试的内容具有灵活性，对象具有单一性，时间具有持续性，交流具有直接互动性。

## 实训任务 2：了解面试礼仪的重要性

### 知识窗

一个谦恭有礼、非常注意礼仪准则的人，会给人留下积极而美好的印象；否则，落选的可能性会更大。注意自己的行为举止，表现出自己的良好专业知识和修养，是获得成功的第一步。

## 实训任务 3：掌握面试测评的主要内容

### 知识窗

测评的主要内容：仪表风度、专业知识、工作实践经验、口头表达能力、综合分析能力、反应能力与应变能力、人际交往能力、团队精神、自我控制能力与情绪稳定性、工作态度、上进心、进取心、求职动机、业余兴趣爱好。

## 实训任务 4：了解面试第一印象的传递

### 知识窗

传递第一印象的是自信，握手、声调、开场白、肢体语言、眼神交流、微笑等都可以体现。

## 实训任务 5：熟悉人力资源部招聘主管面试人员首先否决的九种求职者

### 知识窗

具体内容详见图 9-4 所示。

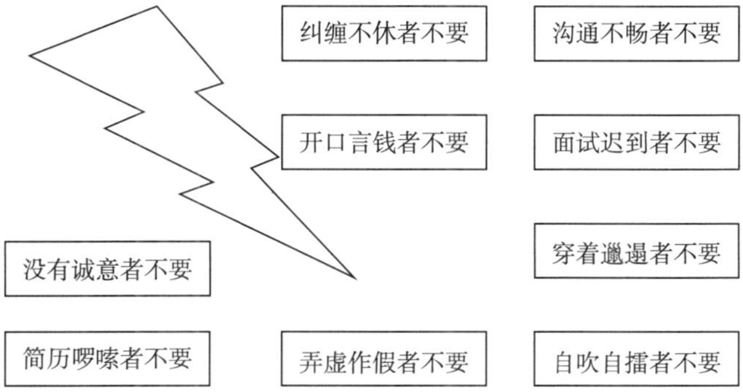


图 9-4　面试人员首先否决的九种求职者

# 实训场景 2　面试的阶段

知识点：面试的阶段

关键技能点：熟悉面试的阶段

### 实训任务：熟悉面试的阶段

#### ▶▶▶知识窗 1：准备阶段

准备阶段主要是以一般性的社交话题为主，例如主考会问类似“从宿舍到这里远不远”“今天天气很好，是吗”这样的问题，目的是使应聘人员能比较自然地进入面试情景之中，以便消除毕业生紧张的心情，建立一种和谐、友善的面试气氛。毕业生这时就不需要详细地对所问问题进行一一解答，可利用这个机会熟悉面试环境和考官。

#### ▶▶▶知识窗 2：引入阶段

社交性的话题结束后，毕业生的情绪逐渐稳定下来，开始进入第二阶段，这阶段主要围绕其履历情况提出问题，给应聘者一次真正发言的机会。例如，主考会问类似“请用简短的语言介绍一下你自己”“在大学期间所学的主要课程有哪些”“谈谈你在学期间最大的收获是什么”等问题。毕业生在面试前就应对类似的问题进行准备，回答时要有针对性。

#### ▶▶▶知识窗 3：正题阶段

进入面谈的实质性正题，主要是从广泛的话题来了解应聘人员不同侧面的心理特点、行为特征、能力素质等，因此提问的范围也较广。这主要是为了针对应聘者的特点获取评价信息，提问的方式也各有不同。

#### ▶▶▶知识窗 4：结束阶段

主考在该问的问题都问完后，会问类似“我们的问题都问完了，请问你对我们有没有什么问题要问”这样的话题进入结束阶段，这时毕业生可提出一些自己想提问的问题，例如就若被公司录用可能会接受的培训、工作的主要职责等问题进行提问。

## 实训场景 3　应聘面试的基本礼仪

知识点：面试的基本礼仪

关键技能点：掌握面试的基本礼仪

### 实训任务 1：掌握准时赴约

#### ▶▶▶知识窗

提前 10 分钟到达面试地点，以表示求职者的诚意，给对方以信任感，同时也可调整自己的心态，做一些简单的准备，以免手忙脚乱。如果求职者有客观原因不能如约按时到场应事先打个电话通知主考官，以免对方久等。若已经迟到，不妨主动陈述原因，宜简洁表达。

### 实训任务 2：掌握放松心情

#### ▶▶▶知识窗

许多求职者一到面试点就会产生一种恐惧心理，害怕自己思维紊乱、词不达意、出现差错，以致痛失良机。他们往往会因为紧张而出现面红耳赤等情况，此时，求职者应控制自己的呼吸节奏，尽量达到最佳状态后再面对招聘考官。

### 实训任务3：掌握以礼相待

**知识窗**

求职者在等候面试时，不要旁若无人、随心所欲，对接待员熟视无睹，自己想干什么就干什么，会给人留下不好的印象。应对接待人员做简单的自我介绍，然后直接前往面试会场等候，切记到处东张西望。如果我们目中无人，没有礼貌，在决定是否录用时，他们可能也有发言权，所以，我们要给所有的人留下良好的印象，而并非只是对面试的主考官。面试时，求职者应自觉将手机等关掉。

### 实训任务4：掌握敲门进入

**知识窗**

求职者进入面试室的时候，应先敲门，即便面试房间是虚掩的，也应先敲门，不可冒冒失失地推门就进，给人留下鲁莽、无礼的印象。敲门时要注意门声的大小和敲门的速度，正确的方法是用右手的手指关节轻轻地敲三下，问一声：我可以进来吗？待听到允许后再轻轻地推门进去；入室应整个身体一同进去，入室后，不要随手将门关上，要轻轻转身约45°将门轻轻关上；之后缓慢转身面对招聘者，微笑点头示礼，要从容、自然。

### 实训任务5：掌握微笑示人

**知识窗**

在“一对一”的情况下，求职者的目光要自然、真诚，既不要死盯对方的眼睛，也不要东张西望、左顾右盼，要取得对方的信任。在“一对多”的情况下，求职者的目光不能只注视其中的一位面试官，而要兼顾到在场的所有面试官，面带微笑地环视一下，以眼神向所有人致意。在面试时要注意面带微笑。真诚、自然的微笑能够向面试官传达真诚、友好、自信的信息，能够缓和在面试过程中的紧张气氛，获得面试官的认同。求职者与面试官相识之后，便要稍微收敛笑容，集中精神。

### 实训任务6：掌握莫先伸手

**知识窗**

求职者进入面试室，行握手之礼，应是面试官先伸手，然后求职者单手相应，右手热情相握。若求职者拒绝或忽视了面试官的握手，则是失礼。若非是面试官主动先伸手，求职者勿贸然伸手与面试官握手。

### 实训任务7：掌握请坐才座

**知识窗**

求职者不要自己坐下，要等面试官请就座时再入座。面试官请求职者入座，求职者应该表示感谢，并坐在面试官指定的椅子上。如果椅子不舒适或正好面对阳光，求职者不得不眯着眼，最好向面试者提出。

### 实训任务 8：掌握坐姿端庄平直

**▶▶▶知识窗**

面试时的坐姿可以选择正襟危坐式，求职者在面试官面前不宜坐满椅面，以占1/2～2/3为宜，以示对面试官的尊敬。女生如果带有手袋，可以放在椅子后面，男生携带的大手袋可以靠放在座位右边。男生的双手应平行搭放在双腿上，女生的双手手掌应交叠轻放在腿上。

### 实训任务 9：掌握流利的自我介绍

**▶▶▶知识窗**

当面试官要求求职者做自我介绍时，要简洁、清晰，充满自信，表现出自然、亲切、随和的自己，语速要不快不慢，目光正视对方，只将简历中的重点内容稍加说明即可，如姓名、毕业学校、专业、特长等。

### 实训任务 10：掌握递物大方

**▶▶▶知识窗**

求职者求职时必须带上个人简历、证件、介绍信或推荐信，面试时一定要保证不用翻找就能迅速取出所有资料。求职者如果要送上这些资料，应双手奉上，表现得大方和谦逊。

### 实训任务 11：掌握恰当的身体语言

**▶▶▶知识窗**

身体语言包括保持微笑；目光接触，从眼睛捕捉信息，集中注意力；懂得握手礼仪；正确的站姿、坐姿、蹲姿、走姿；举止大方，避免小动作。

### 实训任务 12：掌握谈吐从容清晰

**▶▶▶知识窗**

讲话时要充满自信，语气要从容，吐词要清晰；对方为求职者介绍情况时，要认真聆听；为了表示求职者已听懂并感兴趣，可以在适当的时候点头或适当提问、答话；在面试的过程中，主动地交谈传递出面试官需要的信息，展示出求职者的能力和风采，而“聆听”也是一种很重要的礼节，不会听，也就无法回答好面试官的问题，好的交谈是建立在“聆听”基础上的。

面试时不易提出自己太多的条件。有些人第一个问题就提到薪酬和假期，这样的做法常常不会给人留下一个良好的初次印象。求职者在答复时应该精简、切题和毫不犹豫。

### 实训任务 13：掌握及时告辞

**知识窗**

有些面试官以起身表示面谈的结束，对此求职者应该会意并及时起身告辞。

### 实训任务 14：掌握善后工作

**知识窗**

许多求职者只留意应聘面试时的礼仪，而忽略了应聘后的善后工作，而这些步骤亦能加深别人对求职者的印象。求职者可通过电话或者邮件向面试官表示感谢；不要过早打听面试结果；收拾心情，做好再次冲刺的思想准备。

## 实训场景 4　面试仪态礼仪

知识点：面试基本仪态

关键技能点：熟悉仪态礼仪要注意的方面，掌握求职者站姿、走姿、坐姿的要求

### 实训任务 1：掌握求职者站姿的要求

**知识窗**

站姿是仪态美的起点，又是发展不同动态美的基础。良好的站姿能衬托出求职者良好的气质和风度。

站姿的基本要求是挺直、舒展，站得直、立得正，线条优美，精神焕发。其具体要求是：头要正，头顶要平，双目平视，微收下颚，面带微笑，动作要平和自然；脖颈挺拔，双肩舒展，保持水平并稍微下沉；两臂自然下垂，手指自然弯曲；身躯直立，身体重心在两脚之间；挺胸、收腹、直腰，臂部肌肉收紧，重心有向上升的感觉；双脚直立，女生的双膝和双脚要靠紧，男生的两脚间可稍分开点儿距离，但不宜超过肩膀。

### 实训任务 2：掌握求职者走姿的要求

**知识窗**

走姿是站姿的延续动作，是站姿的基础上展示人的动态美，无论是日常生活中还是社会场合，走路往往是最吸引人注意的体态语言，最能表现一个人的风度和魅力。

求职者走姿的具体要求是：行走时，头部要抬起，目光平视对方，双臂自然下垂，手掌心向内，并以身体为中心前后摆动。上身挺拔，腿部伸直，腰部放松，腿幅适度，脚步宜清且富有弹性和节奏感。

其中，女生应头部端正、目光柔和、平视前方，上体自然挺直、收腹挺腰，两脚靠拢而行，步履匀称自如，轻盈端庄文雅，含蓄恬静，显示女生庄重而文雅的温柔之美；男生应抬头挺胸、收腹直腰、上体平稳、双肩平齐、目光直视前方、步履稳健大方，显示出男性的刚强雄健的阳刚之美。

## 实训任务3：掌握求职者坐姿的要求

### ▶▶▶知识窗

良好的坐姿能够传递出求职者自信练达、积极热情的信息，同时也能够展示出求职者高雅庄重、尊重他人的良好风范。

求职者坐姿的基本要求应是端庄、文雅、得体、大方，具体要求如下：

应聘时，求职者在没有听到“请坐”之前，绝对不可以坐下，面试官还没有开口，就顺势坐在椅子上的人，已经扣掉了一半分数了；入座时要轻，要坐满椅子的1/2～2/3，后背轻靠椅背，双膝自然并拢或略分开，把手自然地放在上面；身体可稍向前倾，表示尊重和谦虚。求职者入座时要稳要轻，不可猛起猛坐使椅子发出声响。

女生入座时，如果穿了裙装，应用手将裙子稍向前拢一下，入座前应用手扶裙，坐下后将裙角收拢，两腿并拢，双脚同时向左或向右放，两手叠放于腿上。若长时间端坐可将两腿交叉叠放，但要注意腿要回收，脚尖向下。

坐定后，身体重心垂直向下，腰部挺直，上体保持正直，两眼平视，目光柔和，男生的双手掌心向下，自然放在膝盖上，两膝距离以一拳左右为宜。女生可将右手搭在左手上，轻放在脚面上。

坐时不要将双手夹在腿之间或放在臀下，不要将双臂端在胸前或放在脑后，也不要将双脚分开或将脚放伸的过远。做于桌前应该将手放在桌子上，或十指交叉后以肘支在桌面上。

入座后，尽量可能保持正确的坐姿，如果坐的时间长，可适当调整姿态以不影响坐姿的优美为宜。

## 实训任务4：熟悉仪态礼仪要注意的方面

### ▶▶▶知识窗

在面试时，求职者的行为举止十分的重要。一般而言，求职者在行为举止要注意以下六个方面：

第一，应聘时不要结伴而行。无论应聘什么职位，独立性、自信心都是招聘单位对每为应聘者的基本素质要求。

第二，保持一定的距离。面试时，求职者和面试官必须保持一定的距离，不适当的距离会使主考官感到不舒服。当求职者进入面试室后，不要随意将椅子挪来挪去。

第三，不卑不亢。求职面试的过程实际上一种人际交往过程，求职双方都应用和平的心态去交流。

第四，举止大方。举止大方是指求职者举手投足自然优雅，不拘束。从容不迫，显示良好的风度。

第五，忌不拘小节。有的求职者，自以为学历高，或者有经验、有能力，不愁用人单位不用，在求职时傲慢不羁，不拘小节，表现出无所谓的样子，这是不可取的。正是这些不易被人注意的细节，使许多人失去了一些好的工作机会。

第六，勿犹豫不决。一般来说，求职者应聘时举棋不定的态度是不明智的。会让面试官感到你是个信心不足的人，难免怀疑你的工作作风和实际能力，这样容易让招聘的单位有更多的选择机会，而自己却丧失了一次机遇。

## 实训场景5　面试言谈礼仪

知识点：言谈礼仪

关键技能点：掌握言谈礼仪

### 实训任务1：掌握面试中回答问题的技巧

#### 知识窗1

求职者应答问题的技巧：正确有效倾听、经常面带微笑、确认提问内容、表达要把握重点、逐一答题，实事求是、适度地赞同对方、展现个人特色。

#### 知识窗2

求职者语言运用的技巧：说话口齿清楚，适当控制语速，表达语气平和，运用语言幽默，关注听者反应。

#### 知识窗3

求职者应牢记三个法则：第一是黄金法则，“80/20”，求职者要承担起80%的谈话而面试官只会说20%；第二，白金法则，求职者试着控制面试的节奏和话题；第三是钻石法则，对于没有把握的问题，求职者可抛回给面试官。

### 实训任务2：熟悉防止回答问题临阵怯场

#### 知识窗

面试前一天，与朋友彩排一下，准备好经常提及的问题的答案，让朋友提提意见；面试前一小时，浏览一下自己的简历，特别是所获奖励等项；面试前半小时，深呼吸，提醒自己以前再大的困难也闯过来了；面试前五分钟，放松一下情绪，以便投入接下来的紧张战斗。

### 实训任务3：熟悉防止回答问题与众相同

#### 知识窗

“能介绍一下自己吗”是面试时常问的问题，切记不要把自己的简历复述一遍。求职者甚至可以讲一个自己的故事，让对方了解你的性格、脾性。面试时，要注意自己的语音、语速。要想让面试官满意，求职者可以模仿他们的语速。

### 实训任务4：了解防止回答问题心直口快

#### 知识窗

如果每次面试官刚说完问题，求职者就迫不及待地去回答，会显得不够稳重；如果每个问题都要想了又想，又显得过分谨慎，畏首畏尾。正确的做法是：大多数问题一经提出，求职者可以立即回答，边回答边考虑如何收尾。

其他比较棘手或意想不到的问题，求职者可以采取下列对策。确认对方的问题，“您指的是……吗?”或者把对方提出的问题用陈述的语气自己讲一遍。如对方问：“你有时会不会感到与他人合作很困难啊?”可以回答：“在学校的各种社会活动和小组课题中，我从没有听到别人说跟我合作很困难。如果有的话，我想那是因为有时我对自己感兴趣的活动太投入了”。

# 学习情境3　求职应聘后的礼仪

## 实训场景1　告别礼仪

知识点：告别礼仪

关键技能点：掌握应聘后的告别时间，熟悉应聘后如何结束面试和如何离开房间

### 实训任务1：掌握应聘后的告别时间

**▶▶▶知识窗**

面试结束并不代表求职过程的完成，也不意味着可以回去等待结果的到来。许多求职者只留意应聘面试时的礼仪细节，却忽略了面试后的善后工作，而这些步骤亦能加深别人对自己的印象。因此，求职者要利用好结尾的机会，让面试官欣赏并能够记住自己。

面试临近尾声之前，面试官在谈过主要问题之后，可能会提一两个比较尖锐或敏感的问题以便深入、彻底地了解求职者的情况。在此之后，谈话会十分轻松，有一点聊天的味道，这就已经标志着面试进入了收尾阶段。

在收尾阶段，面试官的神情会更为自由放松，目光中“审视”的意味会明显减少，谈话语气会显得更加柔和，往往会说：“我的问题完了，我想听听你有没有什么问题，如果有，尽管提，我们来一起讨论。”这时，求职者可以针对单位和工作本身提一些问题，在此需要强调的是，提问一定要谨慎，注意礼节和分寸，不要提问太多。

### 实训任务2：熟悉应聘后如何结束面试

**▶▶▶知识窗**

在面试的收尾阶段，求职者最重要的任务之一就是创造时机、抓住时机、充满自信地重申自己的任职资格。可以勇敢地说出这句话：“老师，请问我最晚什么时候能得到回音?”或问：“老师，您看我有希望吗?”面对你的勇敢，面试官也许会说：“我们需要时间考虑。”可能最坏答复就是：“我们需要时间对所有的面试者进行综合评估。”有很多人就是因为在面试结束时勇敢地问了这个问题或是诸如此类的问题，最终得到

了那份工作。求职者能否胜任应聘职位的工作任务，是考官最为关注的事情，应该用自己的自信心来感染面试官的情绪，使他更加相信你是一个优秀的人选。

### 实训任务 3：熟悉应聘后如何离开房间

**知识窗**

面试结束后，求职者应该把刚才坐的椅子扶正，一边徐徐起立，站在椅子的旁边；一边以眼神正视对方，与人事主管以握手的方式道别，趁机做最后的表达，以显示自己的满腔热忱。可以边点头边说："谢谢，请多关照"或"谢谢您给我一个面试的机会，如果能有幸进入贵单位服务，我必定全力以赴"。然后拿好随身携带的物品，到刚进门时的位置，先打开门，在出去之前要转向屋内并有礼貌地鞠躬行礼，再次说"谢谢您，再见"之类的话。要特别注意的是，告别话语要说得真诚，发自内心，才能让面试官"留有余地"，产生"回味"。然后转过身轻轻地退出面试室，再轻轻将门关上。这样既保持了与相关单位主管的良好关系，又表现出自己杰出的人际交往能力，当用人单位最后考虑人选时，能增加自己的分数。

离开办公室后，在走廊里不要和别人讲述过程，也不要马上打电话，甚至兴高采烈地大声高叫。经过前台或在接待处归还来宾证时，要主动向工作人员点头致谢，边点头边说："多谢关照。"有些求职者对面试官彬彬有礼，走出门却对普通员工或其他工作人员傲慢无礼。不要忘记，进入招聘单位的瞬间，就要接受所有人的面试，每个人都是你的面试官。

## 实训场景 2　感谢礼仪

知识点：感谢礼仪

关键技能点：掌握感谢礼仪

### 实训任务 1：认知反思言行

**知识窗**

当求职者回到家中，应该仔细记录整个面试经过。每个面试提问、每个细节都要记录在面试记录手册里。面试成功与否并不是最重要的，最重要的是从上一次面试中分析各种因素，学到经验，下次面试才会更完美。

### 实训任务 2：熟悉打电话感谢

**知识窗**

打电话表示感谢。在面试后的一两天之内，不妨给面试官打个电话表示感谢。电话感谢要简短，最好不要超过 5 分钟，而且电话里不要询问面试结果，因为这个电话仅仅是为了表现你的礼貌和让对方加深对你的印象而已。

### 实训任务3：掌握以感谢信致谢

**▶▶▶知识窗**

感谢信可使面试结果“锦上添花”，它能使我们显得与其他求职者有所不同。面试感谢信包括电子邮件和书面感谢信。如果平时是通过电子邮件的途径和招聘方联系的话，那么在面试结束后，求职者可以发一封电子感谢信，既方便又得体。

但在大多的情况下还是应写书面感谢信，特别是在面试的单位非常传统的情况下，更应如此。书面感谢信最好用白色的A4纸，字的颜色要求是黑色，内容要简洁，最好不要超过一页纸，在书写方式上有手写和打印两种。打印出来的感谢信较为标准化，但有时难免给人留下千篇一律的印象。如果想与众不同，或是想对某位给予你特别帮助的面试官表示感谢，手写则是最好的方式。

感谢信必须是写给某个具体负责人的，你应该知道他的姓名，不要写“负责人”“部门负责人”等之类的模糊收件人。感谢信的开头应提自己的姓名、简单情况及面试的时间，并对面试官表示感谢。中间部分要重申自己对该企业、该职位的兴趣，或增加一些对求职成功有用的新内容。结尾可以表示自己对能得到这份工作的迫切心情及为企业的发展壮大做贡献的决心。

如果求职者觉得自己发挥不好，可以在给招聘单位的感谢信中说明一下自己发挥不好的原因，是生病了还是受了别的什么干扰。但不必特意大写特写，这样反而加深了别人对你面试发挥不佳的印象。

面试后表示感谢是十分重要的，因为这不仅是礼貌之举，也会使面试官在做决定之时有印象。

## 实训场景3　询问礼仪

知识点：询问礼仪

关键技能点：掌握询问礼仪

### 实训任务1：认知耐心等候

**▶▶▶知识窗**

面试结束后，每个人最想知道的就是自己是否被列在被录取的名单中，一般情况下，面试官在每天面试结束后，都要进行讨论和投票，然后送人资部门汇总，最后确定录用人选。所以，求职者一般有3～5天的等待期。在这段时间内一定要耐心等候消息，不要过早地打听面试结果。

### 实训任务2：掌握询问方式

**▶▶▶知识窗**

一般来说，如果在面试两周后或面试官许诺的时间到了，还没有收到对方的答复，就应该写信或者打电话给招聘单位或面试官，询问是否已有了结果。一是提醒一下招聘方，表示自己对这个企业很感兴趣。二是在面试官难以做出判断时，你的信件可能为自己增加入选的机会。三是有经验的主考官不会在面试时把面试失败的信息表露出来，但是如果求职者在信中以很客气的口吻问："您觉得我适合做什么样的工作？"一般都会有一个客观的答复，如果几个面试官都答复你同样的结果，那你就要考虑按他们说的修改求职方向和简历了。

### 实训任务3：认知保持联系

**知识窗**

即使未被录用，也应与主考官保持联系，这也是建立职业关系网的一个重要组成部分。

## 实训场景4　心理调整

知识点：心理调整

关键技能点：掌握心理调整

### 实训任务1：了解做好准备

**知识窗**

第一次面试后，如果对该公司还感兴趣，并且自己也有很大的把握进入第二轮面试，那么就应该积极为第二轮面试做准备，对应聘公司的整体框架、经营状况及职责范围、能力做相应了解。

### 实训任务2：认知失败莫气馁

**知识窗**

应聘中不可能个个都是成功者，若失败了，也不要气馁，关键是必须总结经验教训，找出失败的原因，并针对这些不足重新做准备，"吃一堑，长一智"，谋求"东山再起"。

这时，找出自己失败的主观原因是什么，拿出改进措施；分析客观原因是什么，思考下一步对策；经常与面试官联系，寻找新的机会；全方位准备，迎接新一轮的挑战。

### 实训任务3：认知平常心对待

**知识窗**

由于竞争激烈及其他一些不可知因素，面试的结果有很大的不确定性。对此，每个求职者都应有充分的思想准备，并不是自己感觉非常称职，面试中的表现也非常出色就一定能够被录用。既要充满信心和希望地积极等待面试结果，又要做多方面的准备。

不论从个人修养、长远发展还是单纯从争取录用机会的角度来看，在面试后的几天内，求职者都仍需保持良好的仪表形象、文雅的言谈举止和怡人的精神风貌。即便面试失败后，也不以胜败论英雄，多找自己的主观原因，才能继续再战。

## 本章小结

求职者除了要具备良好的专业素养外，还需要掌握一些礼仪知识和技巧，大学生在求职过程中，掌握良好的社交礼仪知识，可以获得更多的就业机会，是走向成功的铺路石。

本模块的编写从求职应聘前、中、后的三个时间段来进行求职礼仪的阐述。

在求职应聘前的礼仪当中，包括求职前的思想准备、求职信息的获取、自荐（自荐信与个人简历等）、面试服饰礼仪等。

在求职应聘中的礼仪当中，包括面试概述、面试的阶段、应聘面试的基本礼仪、仪态礼仪、言谈礼仪等。

在求职应聘后的礼仪当中，包括告别礼仪、感谢礼仪、询问礼仪与心理调整等。

## 主要概念

求职信息　自荐　自荐信　个人简历　面试的基本礼仪　面试服饰礼仪　仪态礼仪　言谈礼仪　面试　面试测评　告别礼仪　感谢礼仪　询问礼仪　心理调整

## 技能训练

### 一、基础知识题

1. 单选题。

(1) 关于“适合做什么？”这个问题反映了求职者________方面的内容。

A. 胜任特征　　B. 职业能力

C. 个人特质　　D. 职业价值观

(2) 成功的自荐信（书）撰写时________。

A. 要用第一人称　　B. 要用第三人称

C. 要用第二人称　　D. 最好省略主语

(3) 求职动机和目的的表白态度不适宜的有________。

A. 在贵公司能够学以所用，发挥个人能力

B. 通过在贵公司的工作来积累工作经验

C. 贵公司能够给员工提供更多的培训机会

D. 贵公司知名度高

(4) 中文简历表中的工作经历应从________工作经历写起。

A. 最早的　　B. 最长的

C. 最后的　　D. 最重要的，即职位最高的

(5) 面试应________到达面试地点，以表示求职者的诚意，给对方以信任感。

A. 准点　　B. 提前 5 分钟

C. 提前10分钟　　D. 提前30分钟

2. 多选题。

(1) 广义的自荐包括________等方式。

A. 口头自荐　　B. 书面自荐

C. 广告推荐　　D. 学校推荐

E. 他人推荐

(2) 自荐材料的表现形式有________等方式。

A. 自荐信　　B. 个人简历

C. 实践活动证书　　D. QQ号码

E. 学校的推荐表

(3) 求职者坐姿的基本要求：入座时要轻，应坐满椅子的________。

A. 30%　　B. 40%

C. 50%　　D. 60%

E. 80%

(4) 面试传递第一印象的是________。

A. 开场白　　B. 结束语

C. 微笑　　D. 握手

E. 音调

(5) 应聘者离开办公室后，在走廊里的行为比较妥当的是________。

A. 和别人讲述过程　　B. 马上打电话

C. 兴高采烈说话　　D. 自信走出

E. 主动与工作人员点头

3. 简答题。

(1) 简述简历写作的优秀表现。

______________________________

(2) 简述求职者走姿的要求。

______________________________

(3) 简述求职者坐姿的要求。

______________________________

(4) 如何客观的自我认识？

______________________________

(5) 如何以感谢信致谢？

______________________________

## 二、案例分析题

面试礼仪模拟剧场：

公司名称：××生物科技企业集团

考评面试官：人力资源总监邓小姐（Q）

应征部门：企划部

应聘职位：营销企划专员

应征者简介：

姓名：方大伟（A）　性别：男　年龄：22岁　婚姻：未婚　工作经历：无　专业：××大学市场营销专业

**分析提示**

●第一印象的产生是决定性的关键因素。

●注意眼神接触，保持微笑。

●注意礼貌。

Q：从你的简历和求职信来看，你各方面的条件都不错，能不能谈一下你在大学求学期间有没有什么相关的社会活动经验？

A：我学的是××大学市场营销专业，与社会接触比较多，我平时也比较喜欢参加学校团体活动和社会实践活动，在二年级的时候就是班级的××干部，连续两个暑假参加了加拿大安美森公司主持的国际商务论坛，在该公司做过兼职的市场助理，主要负责联络工作。

**分析提示**

●回答问题要诚实中肯，切忌撒谎和浮夸。

●力争引起对方的共鸣。

Q：为什么想到我们公司工作呢？

A：我在××地方看到贵公司的招聘广告，对贵公司刊登的职位信息做了一些研究，觉得我所学的专业与贵公司的职位要求相符，我还在贵公司的网站上看到贵公司将在3年内大幅度扩大营销队伍的新闻……

**分析提示**

●搜集公司情报，了解职务内容。

●把握充分展示自己的机会。

Q：如果你获得这个工作机会的话，你可不可以想象5年后的自己？你有没有考虑过自己的职业生涯规划？

A：虽然这个社会有很多不可预测的事情，但我还是认为自己在这5年里会随着公司一起成长，我在生物技术领域的知识一定会紧紧跟随公司的最新进展，在营销策划上一定已经在较高层次上取得了较大的进步……

**分析提示**

●充分表达出自己对工作的热忱和对自己的未来的信心。这是任何个性的人力资源经理都喜欢的。

Q：你觉得你有足够的能力来完成这份工作吗？

A：有。即使有某些经验不完善的地方，但我相信当我逐渐熟悉公司的运作计划和操作环节后，我一定能……

**分析提示**

●回答应表现出高度的自信心及魄力。

Q：你所期望的待遇可能超过了我们公司的预期，我们无法满足你的要求，你能接受吗？

A：我所提出的期望待遇与国内这个行业的职位薪酬标准相比是属于中等偏上的，当然具体的待遇标准还要由贵公司评估我的表现及资历来最后确定。我愿意在双方达成一个共识的基础上，在一定时期内按贵公司新进入公司的员工待遇标准工作……

**分析提示**

回答这类问题的方法有很多种，要根据当时面谈的气氛和具体的情境来灵活回答，但基本原则是：

（1）勇于为自己争取公正的待遇，诚实而不欺瞒。

（2）以双赢的心态去协商。

（3）保持弹性，让一切充满可能性。

Q：你有没有什么要问的？

A：有。请允许我询问关于……方面，公司的策略是什么？

**分析提示**

●切忌回答“没有问题”。

●传达出争取工作的决心。

●搞清楚有待了解的部分。

Q：方先生，由于时间的关系，我们今天的面试就到此为止了。由于还有一部分候选人要进行这一轮面试，所以我们要在对所有参加面试的候选人中进行全面比较衡量后，才决定合适的人选。如有进一步的消息，我们会及时通知你的。谢谢你。

A：十分感谢邓总抽出宝贵的时间和我面谈，我从中受益匪浅。希望下次有机会再当面请教，再见。（与邓总握手道别，并将椅子放回原处后离开。经过前台时，和引导他进入人事部的钱小姐说：“谢谢你，再见。”）

**分析提示**

●注意：直到离开公司所有人的视野后，你的面试才结束。

●传达完美的人际关系能力。

●如果公司门口有张纸片或小块杂物等，不要视而不见地走过，而要将它捡起来扔到垃圾桶。因为这很可能是公司故意设计的面试细节，看看每个候选人是不是具有过人的观察力和从我做起的精神。

4 月 18 日下午，方大伟按照××生物科技企业集团的地址给人力资源总监邓小姐发了一份感谢信，表示通过面试更进一步了解了××生物科技企业集团的企业文化和高效率，表达了自己仍然很想为该公司服务的愿望，也有信心做好营销企划的工作，希望有机会向邓总监多多学习。

**分析提示**

(1) 我们通过面试模拟剧场将面试准备过程和面试常见提问浓缩到一起。希望大家通过仔细揣摩模拟剧场中的内容和本书其他部分，能较为容易地建立起求职面试礼仪的基本概念。

(2) 求职礼仪事实上是每个人在求职的过程中所表现出的由里到外的一种涵养，外表的礼仪是对招聘单位和招聘人员最起码的尊重，而内在的礼仪更是一名当代大学生所必备的修养。

(3) 要记住：凡事预则立，不预则废，有充分的准备，方能战无不胜，攻无不克！

## 三、技能操作与实训题

1. 你最大的长处和弱点分别是什么？这些长处和弱点对你在企业的业绩会有什么样的影响？

[分析] 这个问题的最大陷阱在于，第一个问题实际上是两个问题，而且还要加上一个后续问题。这两个问题的陷阱并不在于你是否能认真地看待自己的长处，也不在于你是否能正确认识自己的弱点。记住，你的回答不仅是向面试人说明你的优势和劣势，也能在总体上表现你的价值观和对自身价值的看法。

[错误回答] 从长处来说，我实在找不出什么突出的方面，我认为我的技能是非常广泛的。至于弱点，我想，如果某个项目时间拖得太久，我可能会感到厌倦。

[评论] 这种回答的最大问题在于，求职者实际上是拒绝回答问题的第一部分。对第二部分的回答暗示了求职者可能缺乏热情。另外，基于对这一问题前两个部分的回答，求职者对后面的问题很难再做出令人满意的回答。

[正确回答] 从长处来说，我相信我最大的优点是我有一个高度理性的头脑，能够从混乱中整理出头绪来。我最大的弱点是，对于那些没有秩序感的人，可能缺乏足够的耐心。我相信我的组织才能可以帮助企业更快地实现目标，而且有时候，我处理复杂问题的能力也能影响我的同事。

[评论] 这个回答做到了"一箭三雕"。首先，它确实表明了求职者的最大长处。其次，它所表达的弱点实际上很容易被理解为长处。最后，它指出了这个求职者的长处和弱点对企业和其他员工的好处。

[讨论记录]

2. 你在找工作时最看重的是什么？为什么？

［分析］通过提出这个开放式问题，面试人可以了解应聘者的关注重点，通过这个关注点又可以反映出应聘者的理性思考能力。一定要表明自己对未来工作的看法，说明哪些方面能给自己带来最大程度的满足，这是回答这个问题的关键，但是回答这个问题的方法也同样重要。

［错误回答］我希望得到一份确实能展示我的才能并且具有良好前景的工作。我认为在你们这样的企业工作可以使自己与众不同。

［评论］除了表现出求职者是一个自大狂，迫切需要得到承认外，这种回答还有其他几个问题。这种回答并没有满足雇主的需要——这是回答每个问题都应该注意的。除此之外，它还会使面试官怀疑求职者是否理解工作的本质。

［正确回答］我希望找到的工作能发挥我的长处，比如……（说出具体技能）我认为还有一件事情也很重要，那就是我在企业中的作用要与企业目标联系在一起。如果工作中偶尔有些挑战，让我超越自己目前的技能水平，那就再好不过了。

［评论］尽管回答相当简洁，但实现了三个目的：突出了求职者的技能，表明了求职者明白个人与企业的关系，同时也说明求职者理解变化与发展的重要性。

［讨论记录］

3. 我为什么要雇用你？

［分析］这是个直接、正面的问题，尽管这个问题不会问得这样明确，但是会在其他问题之后被提出来，这个问题没有隐含的意思。

［回答对策］直接的问题需要直截了当回答，为什么他们要雇用你呢？最巧妙的回答对他们而不是对你有利。这个问题会使你向他们提供证据以证实你可以帮助他们改进工作效率、降低成本、增加销售、解决问题（如准时上班，改进对顾客的服务、组织一个或多个管理工作等）。

［回答样板］我是个经验丰富的经理，在员工队伍建设方面，从组织项目的实施到鼓励员工合作，我得心应手。多年来，我已经掌握了一套雇人和留人的技巧。此外，我还擅长帮助公司顺利实现技术改造和员工培训。我经常对主要客户进行示范讲解，我们的销售额在过去两年平均增加了87%。

［评语］在回答中，以实例提供有力的证据，直接而自信地推销自己。

[讨论记录]

______________________________________________

______________________________________________

______________________________________________

______________________________________________

______________________________________________

4. 你对以后有什么打算?

[分析] 这个问题是在考察你的工作动机。它是在探究是否可以信赖你把工作长久地干下去,而且干得努力。

[回答对策] 你最好的对策就是诚实。这是一贯强调的。我并非要你把负面的信息也摆出来,你应该准备坦率地、正面地回答雇主关心的问题,而雇主关心的问题取决于你的个人背景。

例如:

—你对这份工作满意吗?(如果不满意你会离开公司吗?)

—你想成家吗?(如果成家,你会停职去照料小孩吗?)

—你是否有过短期工作后离开的历史?(如果有,你会不会也放弃这份工作呢?)

—你是否刚搬到此地,是临时的或暂住人口? (如果是,你也不会在此地久居,对吗?)

—你是否有比本工作要求更好的条件?(如果是,是什么使你不去高就呢?)

—你有什么优势和承诺在工作中发展吗?(如果不是,谁需要一个没有优势和动力的人呢?)

—有什么原因使你感到不满吗?(如果有,雇主自然会设法搞清楚)

[回答样板 1] 对于一个刚刚参加工作的人,他可以这样回答:"我认识到要在这一领域造就自己,我很愿意从此开始。我想过我要做什么,而且肯定我的技能正是做好这项工作所需要的。例如,我善于与人打交道。在我过去的一项工作中,我每周向 1000 多名不同的人提供服务。在过去 18 个月的工作中,我曾为 72000 多名顾客提供服务,从未得到一次正式的投诉。事实上,他们常因我的周到服务表扬我。我认识到我喜欢与公众接触,想到我能得到这份工作感到非常愉快。我想在工作中更好地学习,并与之共同进步。由于我对公司的贡献和价值不断提高,我希望能考虑使我得到更有责任的职务。"

[评语] 雇主想了解你会长期工作下去并努力工作。这样的回答使对此表示关注的雇主感到安慰。(注意,这样的回答可以在快餐店工作获得的经验为背景)

[回答样板 2] 对没有工作经验和只有各种短期工作经验的人,他们可以这样回答:"我做过几种工作 (一种或失业),我认识到应该珍视体面的、稳定的工作。我的各种经验是一种财富,我学到很多东西,可以把它们用于这项工作中去。我正在寻找一份可以安定下来,努力工作并持久下去的工作。"

[评语] 这是一种可以接受的回答,只是答案太短,也没有提供证据。介绍自己的实例最好放在最后一句话之前。有些职务,如销售方面的工作,要求你有勃勃雄心,

或者说是咄咄勇气。其他工作有对工作领域或专门机构的要求。

［讨论记录］

# 模块十

# 商务谈判礼仪

【学习目标】

素质目标：通过对商务谈判概念和礼仪的学习与训练，学生可以迅速提升整体形象，建立并改善良好的人际关系，取得事业的成功。

知识目标：了解商务谈判的概念和作用，掌握谈判中的礼仪要点。

技能目标：理解商务谈判礼仪对于打造个人形象、塑造企业文化、提升全社会文明程度的重要意义并能设计自己的职业形象。

能力目标：在商务交往中，能够根据场合的不同，有针对性地修饰和美化自己的仪容、仪态，正确运用自己的表情和手势；强调学以致用，将礼仪规范与日常行为养成相结合。

【引　　例】

### 贾先生的戒指

贾先生想为他的女朋友买一枚戒指。他已经攒了大约 800 元，并且每星期还在继续攒。一天，在东方明珠珠宝店，他一下子被一枚标价 1200 元的戒指吸引住了。他认为这就是他想送给女朋友的礼物，但他的钱不够。该店老板说，你可以钱够了再来买，但不能保证那时是否被人买去。贾先生很沮丧。他偶然进入另一家珠宝店，那里有一枚与前一家店的那枚很相似的戒指，每枚标价 800 元。他想买，但仍惦记着东方明珠的那枚 1200 元的戒指。几个星期后，东方明珠的那枚仍未售出，还降价 20%，减为 960 元。但贾先生的钱仍然不够，他把情况向老板讲了。老板很乐意帮助他，再向他提供 10%的特别优惠现金折扣，现价 864 元。贾先生当即付款，怀着喜悦的心情离开了。其实两家店戒指是完全相同的，都是从批发商那里以每枚 700 元进的货。但东方明珠获纯利 164 元，而另外一家店标价虽低，却未能吸引贾先生。他为自己聪明地等待了数星期后获得减价的好处而感到愉快。他还为与老板讨价还价后又得到 10%的特别优惠而高兴。这不是皆大欢喜吗？确实，获得优惠无论如何都会使人感到兴奋！

**分析提示**

同样的戒指，不同的珠宝店采用了不同的定价。贾先生经过一番比较和耐心的等待，最后花了多的钱买了同样的东西，但心情却不一样呢，怎样理解谈判的含义？

# 学习情境1　商务谈判概述

## 实训场景1　谈判的基本概念

学习情境1图片

知识点：谈判的概念、特征和种类

关键技能点：掌握商务谈判的概念和谈判的基本特征

### 实训任务1：认知谈判的概述

### 实训任务1-1：认知谈判在生活当中的应用

**知识窗：谈判在生活当中的应用**

在我们的日常生活中谈判也是无处不在的，自有人类社会以来，谈判就广泛地存在于人类活动的各个方面，只不过没有明确意识到而已。比如，在市场上买东西和卖主的讨价还价，和朋友为利益分配均匀的各抒己见，对受到不公待遇的抗议等，这些都是谈判。可见，谈判是人类交往行为中的一种最广泛、最普遍的人类社会行为。谈判根据不同的标准也有不同的分类，有军事谈判、政治谈判、商务谈判、国内谈判、国际谈判等。在市场经济到计划经济的转变中，经济高速发展的竞争环境，市场会出现资源的短缺，在这种情况下，买主如何设法使卖主提供自己想得到的东西呢，在供给大于需求的市场上卖主又要如何争取有限的买主成为自己的顾客呢？在寻求合作与扩张的态势下，企业应该如何获得发展呢，这一切都需要谈判。

### 实训任务1-2：认知谈判的概念

**知识窗**

简单地说，谈判首先就是“谈”，交谈。是指双方的沟通、交流，要把彼此的意思说明白。其次是“判”，即判别、判断，是指双方对对方的观点进行评价，对自己的观点进行论证。权衡自身的利弊，让对方来接受自己。可见，所谓的谈判是指具有利害关系的双方，为了协调彼此之间的关系，满足各自的需要和维持各自的利益，就所关心的问题通过磋商而争取达到意见一致的行为和过程。

### 实训任务2：了解谈判的特征

**知识窗1：谈判是“给予”和“接受”的互动过程**

谈判不是你输我赢，鱼死网破，而是一个双方互相给予和接受的互动过程，需要双方通过不断地调整各自的需要而进行洽谈，最终达到一致的意见。例如，我们经常到服装店里买衣服，也就是所谓的购物谈判。买卖双方会为一件衣服的价格进行不断地商谈，通过不断地调整各自的报价而最终在某一个价格上达成利益的平衡。

**知识窗 2：谈判是“冲突”和“合作”的对立统一**

为使谈判能够达成协议，参与谈判的双方必然要具有合作性。但是，为了自身获得更多的利益，参与谈判的双方又存在对抗的状态。虽然不同的谈判在合作和冲突的过程中程度各不相同，但任何成功的谈判在都是在合作下对冲突的解决。

**知识窗 3：谈判是“共享”和“不均”的分割**

谈判双方最终所取得的利益虽然是互惠的，但是利益的分配是不同的，这些取决于谈判各方所拥有的实力和谈判的技巧。实力强，谈判经验丰富的一方获取的利益相对来说要多些；相反，实力弱，谈判经验缺乏的一方获取的利益少一些。但从总体上来讲，双方对利益是共享的。

### 实训任务 3：熟悉商务谈判的概念及内涵

**知识窗**

商务谈判首先涉及商务，“商务”一词的含义是指商业事务，即企业的一切经济事务。商务系指一切有形与无形资产的交换或买卖事宜。所以，商务谈判是企业之间为了实现自己的经济目标和满足对方的需要，就双方的商务关系所进行磋商、洽谈、协调的过程。

## 实训场景 2　商务谈判的构成要素

知识点：对商务谈判构成要素的认识

关键技能点：掌握商务谈判的构成要素

### 实训任务 1：了解商务谈判的意义

**知识窗**

随着经济的飞速发展，科技的不断进步，企业之间的竞争越来越白热化，科学化的管理不断地提高了企业的生产效率和效益，使企业的生产能力与产品销售和满足顾客的需求程度之间形成了三角的关系，使得三者之间的联系也越来越紧密、广泛。在社会营销的时代，谈判已经成为商品经济社会中不可缺少的组成部分，极大地促进了经济的发展和繁荣。商务谈判也成为企业重要的战略战术之一。今天我们在世界的经济地位中扮演了重要的角色，与世界各国的经济贸易也越来越频繁，商务谈判的产生对于企业的发展起到了重要的促进作用。掌握商务谈判的相关知识、了解各国的民俗、法律和各国的谈判风格，注重商务谈判交往中的礼仪，运用高超的谈判技巧。这样才能使我们在变幻莫测的商海中游刃有余、运筹帷幄，取得一定的主动权，现代的商务谈判是科技时代与修养的理性结合，是公共关系中常见的重要活动，对于建立组织信誉、美化组织形象、发展组织关系具有重大的作用（见二维码图 10－1～图 10－2 所示）。

### 实训任务 2：掌握商务谈判的构成要素

**▶▶▶知识窗**

商务谈判是在商品经济条件下产生和发展起来的，是现代社会经济生活中必不可少的组成部分。任何谈判都是谈判主体和客体相互作用的过程。所以，商务谈判构成要素包括三个部分，即商务谈判的主体、客体及目标。

#### 实训任务 2-1：认知商务谈判的主体

**▶▶▶知识窗**

谈判的主体主要是指参与谈判的双方当事人。谈判主体是构成谈判的最基本的要素。在谈判中，谈判的双方当事人的资格问题十分重要，决定谈判结果具有合法性，若一方或多方不具备合法有效的主体资格，谈判的结果是无效的。如果谈判的双方是组织，那就要对组织的资格进行审查，看他们是否得到了授权，这样才能使谈判的内容和结果受到法律的保护。

#### 实训任务 2-2：认知商务谈判的客体

**▶▶▶知识窗**

谈判的客体是指谈判的内容中所涉及的主要议题。这里所谈到的议题的内容是谈判双方最关心的问题，关系到谈判主体的切身利益，如商品的数量、价格、保证条件、质量等。

#### 实训任务 2-3：认知商务谈判的目标

**▶▶▶知识窗**

谈判的目标是指谈判想要达到的结果。参与谈判的各方需要通过与对方的交流，通过某种行动和方式使自己的利益得到满足。谈判目标是商务谈判的最终目的。如果仅有主体和客体的存在，没有目标去确定，这样的谈判是没有任何意义的。

## 实训场景 3　商务谈判的类型和原则

知识点：商务谈判的类型和原则

关键技能点：掌握商务谈判的原则

### 实训任务 1：了解商务谈判的类型

**▶▶▶知识窗 1：根据内容划分**

谈判包括货物买卖谈判、劳务买卖谈判、技术贸易谈判等。其中，货物买卖谈判是我们商务活动中最常见、最广泛的一种谈判，是指一般的有形商品的买卖谈判。谈判双方主要就货物本身的内容，包括质量、数量、货物的转移方式和时间、买卖的价格条件、支付方式等交易过程中谈判双方对权利、责任和义务所进行的商谈。

### ▶▶▶知识窗 2：根据进行的地点划分

谈判进行的地点是根据谈判者进行商务谈判活动的场所来进行划分的，包括主场谈判、客场谈判和中立场谈判。主场谈判是指如果谈判是在某一方的国家或地区，那么对这一方来讲，就是属于主场谈判；相对的另一方来讲，就是客场谈判。如果谈判的地点选择在双方都不熟悉的地方，就属于中立谈判。

### ▶▶▶知识窗 3：根据参加的人数划分

谈判参加的人数的不同，人员的选择，组织上的管理也有很大的不同，因此也需要我们了解。它分为一对一的和多人参加的，也称为单独谈判和小组谈判。如果是单独谈判，那么应该选择全能型的人去谈判；如果是小组谈判，可以根据不同的特长进行优化组合。

### ▶▶▶知识窗 4：根据双方接触的方式划分

根据谈判者进行沟通的手段来定义的，有的是直接面对面的谈，有的是通过信函、邮件等通信媒介来进行洽谈。这两种方式都有各自的优缺点，面对面的洽谈，有利于双方在感情上进行交流，也可是使双方通过对方的表情更好地把握谈判的气氛和局势。借助媒介的洽谈虽然可使表达的内容更清晰、有力，但毕竟是生硬、冷冰冰的，不利于感情的沟通。商务谈判的类型如表 10 - 1 所示。

**表 10 - 1　商务谈判的类型**

| 序号 | 划分的方式 | 类　型 |
|---|---|---|
| 1 | 根据谈判内容来划分 | 货物谈判、劳务谈判、技术贸易谈判等 |
| 2 | 根据谈判地点来划分 | 主场谈判、客场谈判、中立谈判 |
| 3 | 根据谈判人数来划分 | 单人谈判、小组谈判 |
| 4 | 根据双方接触方式来划分 | 面对面、信函、邮件等通信媒介谈判 |

## 实训任务 2：熟悉商务谈判的原则

### ▶▶▶知识窗 1：客观的原则

要求谈判者对于掌握到的对手的资料要真实、准确，不能道听途说。在谈判之前需要对对手的相关情况做实地的调查了解，做到“知己知彼，百战不殆”。

### ▶▶▶知识窗 2：自主的原则

在谈判的过程中要相信自己。自信是成功的必备要素，是成功的保障。相信自己的决策，谈判中最害怕的是优柔寡断，这样往往给谈判对手更多策略实施的机会。

### ▶▶▶知识窗 3：双赢的原则

谈判不是说谈判双方斗气，非要争个你死我活、鱼死网破，而是要为对方留有余地，正所谓是让一步风平浪静，退一步海阔天空。现代的企业想在激烈的市场竞争中获得更多的市场机会，就需要更好地与竞争对手合作。从“竞争”走向“竞合”。

# 学习情境 2　商务谈判礼仪

## 实训场景 1　商务礼仪的概述

学习情境 2 图片

知识点：商务谈判礼仪的基本概念、谈判礼仪的分类及谈判礼仪的策略

关键技能点：掌握商务谈判礼仪的相关知识

### 实训任务 1：理解商务谈判礼仪基本概念

**知识窗**

礼仪是人类社会发展的产物。礼包括礼貌和礼节，仪是指仪容、仪表、仪态、仪式。在人际交往中，懂得礼仪的相关知识，能够给别人留下美好的第一印象，有利于更好地沟通和关系的融洽。商务谈判礼仪是指商务活动中，谈判双方在洽谈、磋商的过程中所遵循的礼仪规范。

### 实训任务 2：认知商务谈判礼仪的作用

**知识窗**

在正式的商务场合解决某项重大问题，协调双方的利益关系，我们通常要进行谈判，更需要礼仪。谈判双方都应该遵守互相尊重、友好和蔼、积极合作、平等互惠的商务礼仪原则。在这一过程中，谈判礼仪显得尤为重要，不仅可以沟通情感、促进了解，而且充当矛盾中不可缺少的润滑剂。恰到好处的礼仪表现、拿捏有度的措辞应对，能够帮助我们在这场微妙的战争中赢得主动权，取得圆满的结果。

## 实训场景 2　商务谈判礼仪

知识点：商务谈判礼仪

关键技能点：掌握商务谈判礼仪

### 实训任务 1：掌握商务谈判中服饰礼仪

**知识窗**

得体的服装是外在整体形象的第一步。商务谈判属于正式的场合，所以在服装上要穿着简约、高雅、规范的正式服装。如今在激烈的职场竞争中，外在形象相当重要，得体而大方的装束，会提升自身的风度，增加客户和领导的信任。否则，不经意就会影响到你的人际关系或事业前途。

## 实训任务1－1：掌握男士着装要求

### ▶▶▶知识窗

男士着装包括西装、衬衫和领带。西装分为欧式和美式的，一般来讲有一粒扣、两粒扣和三粒扣。一粒扣的可以扣，也可以不扣；两粒扣的一般扣上面一颗；三粒扣的扣中间一颗。穿西装的时候，衬衫所有的纽扣都必须系好；衬衫的衣袖长度最美观的是令衬衫的袖口恰好露出1厘米左右。穿正装衬衫的时候，注意都要将衬衫下摆均匀而认真地掖进裤腰之内，不能让它与裤腰的交叉处上下错位，左右扭曲。正装衬衫一定要合体，领子、袖口、胸围、下摆一定要长短适中，松紧适度。商界男士在自己的办公室中可以暂时脱下西装上衣，但出去应酬，接待客户不能以此形象示人，会有失体统。不同的衬衫配不同的领带，其中领带一般选素色或斜纹为最佳，领带也有不同的打法。皮鞋一般选黑色系带子的鞋，防止脚瘦的人走路的时候容易脱出。这里要注意，黑色皮鞋配深色的袜子，这是因为黑色在商务场合显得比较稳重（见二维码图10－3～图10－12所示）。

## 实训任务1－2：掌握女士着装要求

### ▶▶▶知识窗

职业女士的着装相对来讲适合的款式和色彩更多些，但正式的商务场合应穿深色西装套裙和白衬衫、肉色的长筒或连裤袜和黑色的高跟和半高跟皮鞋，丝袜最好在包包里多配上一双，切记不要穿长靴。因为每个人的身材有些不同，这里要介绍一下女士套装的几种款式：分别用字母来表示A、H、X、Y四种。A款一般适合腰身比较瘦，大腿比较粗些的女士选择。H款是针对腰身比较胖的女士，这样就避免了赘肉的出现不雅。X款也是针对腰身比较瘦的女士选择的。Y款对于身材高挑、匀称、腿部比较修长的女士来搭配的。所以职业女士们，可以根据自身的情况来选择适合的款式，塑造完美的形象，提升个人的魅力（见二维码图10－13～图10－15所示）。

## 实训任务2：掌握商务谈判化妆礼仪

### ▶▶▶知识窗

化妆是对别人的一种尊重，也是对自己内涵的提升。因此，出席谈判的人员，在仪表上，务必要有严格的要求和统一的规定。男士一律应当理发、剃须、不准蓬头乱发和留个大胡子，不做过于摩登或前卫的发型，不可染彩色头发，或使用香气过去浓烈的化妆品。

## 实训任务2－1：掌握浓妆礼仪

### ▶▶▶知识窗：浓妆

浓妆适合晚宴，在商务场合是不适合化浓妆的，浓妆让人视觉愉悦的基础很简单，就是浓淡适宜。浓妆要先除去不必要的颜色，然后选定五官中最有特点的部位做重点描绘。因为我们东方女性五官多是平面化，化妆可以体现立体感。

### 实训任务 2-2：掌握淡妆礼仪

**知识窗**

淡妆，淡淡的妆面是对自身的宠爱，是感觉到美丽而使美丽升级的手段，在某种程度上也是对他人的一种尊重。淡妆以粉刷沾粉自脸部上方至下方、由中到外的顺序刷上，最好使用粉刷，可避免沾上过多的粉，使得脸上粉妆浓、淡、厚、薄不均匀。

### 实训任务 3：掌握商务谈判迎送礼仪

**知识窗**

迎送礼仪是商务谈判开始之前的准备工作范畴。如果谈判者是东道主，谈判对手要到你这里来。那么迎接方面要准备好，好的开始是成功的一半，热情而周到的迎接首先会使对方感到你的真诚，有利于创造和谐的谈判气氛。这主要表现在迎送的人员和车的规格上。在迎接的人员上，如果对方派来的是销售部的总经理，那么作为东道主来讲，派出去迎接的人员也不能低于总经理的职位。如果对方派来多人参加谈判，那么我方也不能只派一个人去迎接，也应该以差不多的人数去迎接。否则，对方会认为你对他们不尊重、不重视。如果对方是乘飞机来的，要提前半个小时到达机场候机，如果乘火车或轮船同样都要提前到达，以免对方等候。迎接的车在规格上，要根据对方谈判者的身份和职位进行安排，切记不能打出租车，给对方留下一个小气、规模不大的印象。送的时候也是一样，根据不同的情况做好安排。

### 实训任务 4：掌握商务谈判见面礼仪

**知识窗**

见面是谈判的第一步，见面效果好不好，影响下面谈判的进行。在见面礼仪中包括握手、介绍、递接名片等。

### 实训任务 4-1：掌握握手礼仪

**知识窗**

在我国，谈判双方第一次见面一般会选择握手礼。握手也是国际上通行的见面礼仪。但这里需要掌握握手的时间、握手的力度、握手的顺序和握手的规范。我们在日常生活中通常见到有些人见了领导和长辈为了表现热情、客气。老远就伸出手去握，甚至满手汗水和泥巴，握住了不停地抖动。这些都是不规范的。在正式的商务谈判场合一般来讲：双方同伸右手，握手时间不超过 5 秒，力度要体现出热情但又不能握的太重。握手顺序规范：上级先伸手，下级再伸手与之握手；长辈先伸手，晚辈再伸手与之握手；女士先伸手，男士再与之握手。

### 实训任务 4-2：掌握介绍礼仪

**知识窗**

介绍也是见面礼仪的重要的一步，规范程序是：先向上级介绍下级，再向下级介绍上级。例如，“张总，这是销售部的小张，张干事这是我们集团的张总。先向女士介绍男士，然后再向男士介绍女士，遵循女士优先的原则。”又如，“张小姐，这是我们销售部的刘经理”，“刘经理，这是我们新来人事部的张干事”。

## 实训任务 4－3：掌握递接名片礼仪

### ▶▶▶知识窗 1

交换名片是商务场合的重要内容，丰富的名片可以让你了解对方的基本情况，谈判的双方互递名片的规范顺序：双手捏着名片的两个角，正面要对这对方，身体稍微向前倾。接到对方递过来的名片要用双手接过，并轻轻地默读对方的名字和职务，如有不认识的字，应当场请教，以免事后接触时闹出笑话。递送名片时，应用双手拇指和食指执名片两角，让文字正面朝向对方。接名片时要用双手，并认真看一遍上面的内容。如果接下来与对方谈话，不要将名片收起来，应该放在桌子上，并保证不被其他东西压起来。参加会议时，应该在会前或会后交换名片，不要在会中擅自与别人交换名片。

### ▶▶▶知识窗 2

在商务交往中，特别在国际上名片的尺寸和规格都有严格的要求，如图 10－1 所示。

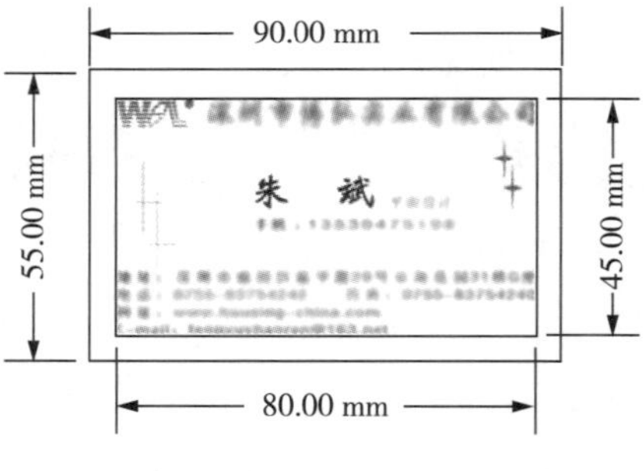


图 10－1　名片的规格

## 实训任务 5：掌握商务谈判洽谈礼仪

### ▶▶▶知识窗

洽谈礼仪包含洽谈时言谈、举止和座次等内容。

## 实训任务 5－1：掌握语言礼仪

### ▶▶▶知识窗

语言的魅力就在于拿捏的尺度。在商务谈判中，面对对手能够面带微笑，态度友好，有助于消除对手的防御心态和抵触情绪，这也是我们通常讲的“绅士风度”和“淑女风范”。有助于赢得对手的尊重和好感。相反，如果在谈判过程中，表情冷漠、态度强硬，则会引起对方的反感和抵触，破坏了和谐的谈判气氛，为本次谈判带来阻力。

### 实训任务 5-2：掌握举止礼仪

**知识窗**

从举止上来讲，谈判时背要挺直，不要两肘靠在桌子上给别人疲惫的感觉，眼神要有光彩，谈判中不要左顾右盼、摇头晃脑。要专注谈判对手适时用眼睛和对方交流。让对方感觉你听得很认真，对此次谈判很重视。手中拿的笔也不要晃来晃去的，这也是一种不礼貌的行为。

### 实训任务 5-3：掌握座次礼仪

**知识窗**

在谈判中对于座次也有规范要求。一般来讲，谈判时，应使用长桌子或椭圆形桌子，宾主应分坐于桌子两侧。若桌子横放，则面对正门的一方为上，应属于客方；背对正门的一方为下，为主方。若桌子竖放，则应以进门的方向为准，右侧为上，属于客方。左侧为下，属于主方。在进行谈判时，双方的主谈人员应在自己的一方居中而坐。其余人员则应遵循右高左低的原则，依照职位的高低自近而远的分别在主谈人员的两侧而坐。如有翻译，则应安排其就座于仅次主谈人员的位置，即主谈人员之右。举行多边会谈时，为了避免失礼，按照国际惯例，一般均以圆桌为洽谈桌，这就是所谓的"圆桌会议"。这样，尊卑的界限就被淡化了。

### 实训任务 6：掌握商务谈判宴请礼仪

**知识窗**

在谈判活动中，宴请是谈判双方之间的一种礼仪形式。通过宴请可是使谈判双方进一步增进感情，正式的宴请需要首先选择双方适宜的日子，然后发正式的请柬。对方收到请柬后，如果临时有事不能参加，要及时告诉对方，以便对方更好的安排。酒店的选择要根据宴请人数的多少和宴请人的职位、身份来选择规模。宴请席位的安排参考第七模块相关内容。

### 实训任务 7：掌握商务谈判馈赠礼仪

**知识窗**

在商务谈判中，赠送礼品是一项重要的礼仪。向客商赠送礼品除了表示友好，联络感情，更有利于巩固彼此的交易关系。因此，在馈赠礼仪中赠送礼品要考虑礼品的价值、礼品的包装、礼品赠送的时间和场合，根据不同的情况选择适合的礼品。

### 实训任务 7-1：认知礼品的价值

**知识窗**

送价值多少礼品呢，这要根据具体的内容和谈判情况来确定。一般来讲，欧美国家比较重视赠送礼品的意义价值，而不是值多少钱。所以，在选择礼品的时候货币价值不要太高，还要注意对方的文化背景。如果赠送了贵重的礼品，反而会适得其反，引起对方的误会，以为是商业贿赂。

### 实训任务7－2：认知礼品的包装

**知识窗**

精美的包装能够反映赠送者的用心和诚意，但在赠送的时候要考虑礼品代表的含义，以防出现不愉快。

### 实训任务7－3：认知礼品赠送的时间和场合

**知识窗**

在西方有些国家喜欢餐后送礼，有些喜欢在见面的时候送，我国喜欢离别时赠送，送礼的时间要有所选择，不能很随意，否则让别人莫名其妙，可以选择逢年过节，登门拜访，告别等这些时间。赠送礼品的场合也要充分考虑，如果是因公交往的礼品，可以选择在办公地点赠送；如果是因私交往的礼品，可选择到私人住所赠送。

### 实训任务8：掌握商务谈判签约礼仪

**知识窗1**

在商务谈判中，签字厅要求布置的整洁、庄重、清静。正规的签字桌为长桌，上面最好铺设墨绿色的台布，按照礼仪规范，签字桌要横放于室内，在其后，可摆放适量的座椅。签署双边性合同时，可放置两张座椅，供签字人就座。签署多边性合同时，可以仅放一张座椅，供各方签字人签字时轮流就座，也可以为每位签字人都各自提供一张座椅。签字人在就座时，一般应当面对正门。在签字桌上，按规定应该事先安放好待签的合同文本及签字笔、吸墨器等签字时所用的文具，与外商签署涉外商务合同时，还需要在签字桌上插放有关各方的国旗，插放国旗时，在其位置顺序上必须按照礼宾序列而行。

**知识窗2**

安排好座次，根据礼仪规定，签署双边合同时，应请客方签字人在签字桌右侧就座，主方签字人应同时就座于签字桌左侧。双方各自的助签人应该分别站立于各自一方签字人的外侧，以便随时对签字人提供帮助。合同文本应以精美的白纸制作而成，按大八开的规格装订成册，并以高档质料如真皮、金属、软木等，作为封面。在出席签字仪式时应当穿着具有礼服性质的深色西装套装，中山套装或西装套裙，并且配以白色衬衫与深色皮鞋，男士必须系领带。

## 实训场景3　商务谈判礼仪策略

知识点：商务谈判礼仪策略

关键技能点：掌握商务谈判礼仪策略

## 实训任务 1：熟悉商务谈判过程的礼仪

### 知识窗 1：礼貌友好、善于倾听

在谈判的过程中，无论双方有多大的分歧，不管中间发生什么状况，都应该排除一切干扰，始终如一地对谈判对手表现礼貌和对谈判的真诚。在谈判学中有句名言："最廉价的让步就是让对手清楚，你在全神贯注地倾听他的发言。"耐心的倾听既能体现对他人的尊重，还有助于了解对方的需求，洞察对方的思想，从而准确把握事实真相，随时调整谈判策略。在倾听的同时可以观察对方的表情、神态、举止等细节，通过身体语言来了解对方的思想。全面的观察和整体的思考有助于谈判朝着有利于自己的方向进行，提高成功的可能性。在倾听中可以运用语言技巧鼓励对方充分发表自己的意见。使双方保持在互动交流的氛围中，有助于控制谈判的局面。

### 知识窗 2：适时提问、控制节奏

在谈判中，适时地向对方提出问题，可以调动对方的积极性和注意力。适时、巧妙地提问要注意以下几点：提问的时机和方式，提问时不能打断对方的发言，在对方发言的间歇或是自己发言的前后可以提出自己的问题；也可在规定的辩论时间内进行提问，否则会造成对方的不愉快。提问的方式可以根据不同的情况和目的灵活掌握。希望得到对方明确的回答时可以采用澄清式的提问；婉转地向对方表明自己的态度和意图时可以采用借助式提问；希望对方贴近自己的观点时可以采用暗示性较强的引导式提问；要求对方在一定范围内做出回答，可以采用选择式提问。需要说明的是，选择式提问会有咄咄逼人之感，对局面有充分的判断和把握时才能使用。提问的内容应紧紧围绕谈判的中心和主旨。与谈判无关、涉及对方的隐私、含有敌意及暴露自己弱点的内容都应该避免。提问时应该考虑到对方可能的回答，如果对方的反问会使自己难以回答，那么自己的提问就是非常失败的。提问前应进行精心准备，问题之间要有一定的内在联系，不能跳跃过大，问题的引入也应该是循序渐进的。

### 知识窗 3：表达清晰、策略为先

在阐述自己的思想、观点、立场和方案时，要讲究语言艺术和讲话策略。商务谈判语言表达要清晰、有力，语言尽量平和，避免生硬的词汇。在谈判中要善于把握角度和节奏，不只可以阐明自己的观点和意志，还可以诱导对方接受自己的观点，打乱对方事先的步骤和策略，从而挫伤对方的锐气。从容不迫、速度适中是一种礼仪风范，也是一种心理战术，能够给对方以心理压力。谈判的过程在相当意义上是心理的较量过程。因此，阐述时控制速度也是谈判成功的重要砝码。

### 知识窗 4：有礼有节、冷静辩论

辩论是谈判中必不可少的环节，理智、冷静、敏捷、适度是最佳的辩论状态。镇定自若、平和有礼能够使人在心理上高人一筹，有经验的商务人士都会避免唇枪舌剑的辩论情况发生。以客观事实为论据，提高说服力，有力的论据是说服对方的内在力量，以客观事实进行论证更容易使对方信服。注重逻辑性，语言的逻辑性能够表现出难以想象的强大力量，深浅适度、步步为营，有助于你在辩论中取得最终的胜利。

# 学习情境 3　涉外谈判礼仪

## 实训场景 1　涉外谈判概述

知识点：涉外礼仪的概念和基本内容

关键技能点：掌握涉外谈判的中的基本内容

### 实训任务 1：认知涉外谈判的基本概念

**知识窗**

在涉外商务谈判中，往往有一些社交活动，而这些活动往往会受到文化因素的影响，对于谈判的过程起到决定的作用。因此，我们要了解和外国人交往的技巧，增进交往双方相互理解、加深双方的友谊。涉外礼仪是指中国人在对外交际的过程中，用以维护自身形象，对交往对象表示尊敬与友好的约定成俗的习惯做法。

### 实训任务 2：熟悉涉外谈判要注意的方面

**知识窗 1：注重人权问题**

人权问题在各国的涉外交往中提及的越来越多。谈判中要注意对双方人格尊严的尊重，尤其在涉外谈判中，人权问题显得格外重要。

**知识窗 2：维护个人和国家的形象**

在涉外谈判中，作为谈判者来说，不仅仅代表的是个人，代表的更是国家的整体形象。一定要自信，在外国人面前绝不能必躬屈膝。

**知识窗 3：求同存异，入乡随俗**

受不同文化的影响，各国有着不同的风俗习惯，这就要求谈判人员要入乡随俗，尊重对方，这样才会赢得对方的好感。

**知识窗 4：尊重隐私，诚信守时**

在涉外谈判中，谈判人员要了解相关的情况，不能把我们东方人的寒暄和问候一并而用，否则会适得其反。国际交往中讲究守时和诚信，谈判人员要做到准时，言而有信，有利于双方谈判的和谐进行。

## 实训场景 2　涉外礼仪的差别

知识点：涉外礼仪的概念和禁忌

关键技能点：掌握涉外谈判的中的礼仪禁忌

## 实训任务 1：熟悉涉外礼仪的差别

### 知识窗 1

中西方有着截然不同的礼仪文化。随着我国改革开放的步伐日益加快，跨国交际日益增多，中西方礼仪文化的差异更是越发显露。这种差异带来的影响也是不容忽视，在中西礼仪没有得到完美融合之前，我们有必要了解这些礼仪的禁忌和差异。

### 知识窗 2：涉外交际语言的差别和禁忌

我国日常打招呼通常会说“吃了吗”“上哪呢”等问候语，这些日常的寒暄体现了人与人之间的一种亲切感。可对西方人来说，这种打招呼的方式会令对方感到莫名其妙，甚至不快。因为西方人会把这种问候理解成为一种“盘问”，感到对方在询问他们的私生活。在西方，日常打招呼一般按时间来分，说声“早上好”“下午好”“晚上好”即可。中西语言上也有多种不同的告别语。如我国去医院看病人和病人告别时，我们通常说“多喝点开水”“早点休息”之类的话，表示对病人的关怀。但西方人绝不会说这类关心的话，因为这样说会被认为有指手画脚之嫌。他们通常会说“多保重”或“希望你早日康复”等。

### 知识窗 3：称谓方面的差别和禁忌

我国一般只有彼此熟悉亲密的人之间才可以“直呼其名”，但在西方，“直呼其名”比我国使用的范围要广得多。在西方，常用“先生”和“夫人”来称呼不知其名的陌生人，对十几或二十几岁的女子可称呼“小姐”，结婚了的女性可称“女士”或“夫人”等。在家庭成员之间，不分长幼尊卑，一般可互称姓名或昵称。在家里，可以直接叫爸爸、妈妈的名字。对所有的男性长辈都可以称“叔叔”，对所有的女性长辈都可以称“阿姨”。这在我们中国是不行的，必须要分清楚辈分、老幼等关系，否则就会被认为不懂礼貌。

### 知识窗 4：餐饮礼仪的方面差别和禁忌

我国有句话叫“民以食为天”。中国菜注重菜肴色、香、味、形、意俱全；西方的饮食比较讲究营养的搭配和吸收，是一种科学的饮食观念。

### 知识窗 5：在餐饮氛围方面差别和禁忌

中国人在吃饭的时候都喜欢热闹，很多人围在一起吃吃喝喝、说说笑笑，大家在一起营造出热闹温暖的用餐氛围。而西方人在用餐时，都喜欢幽雅、安静的环境，他们认为在餐桌上的时候一定要注意自己的礼仪，不可以失去礼节。

### 知识窗 6：中西方宴请礼仪也各具特色

我国从古至今大多都以左为尊，在宴请客人时，要将地位很尊贵的客人安排在左边的上座，然后依次安排。西方则是以右为尊，男女间隔而座，夫妇也分开而座，女宾客的席位比男宾客的席位稍高，男士要替位于自己右边的女宾客拉开椅子，以示对女士的尊重。另外，西方人用餐时要坐正，认为弯腰、低头、用嘴凑上去吃很不礼貌，但是这恰恰是中国人通常吃饭的方式。吃西餐的时候，主人不提倡大肆地饮酒，中国的餐桌上酒是必备之物，以酒助兴，有时为了表示对对方的尊重，喝酒的时候都是一杯一杯地喝。

### 知识窗 7：服饰礼仪的差异

西方男士在正式社交场合通常穿保守式样的西装，内穿白衬衫，打领带或领结，穿黑色的皮鞋。西方女士在正式场合要穿礼服套装，当今中国人，正式场合男女着装已与西方并无二异。

## 实训任务 2：掌握涉外谈判中部分国家商务人士谈判方式禁忌

### 知识窗 1：美国

不管在正式场合还是非正式场合，美国人对事情很认真；而且美国人喜欢边吃边谈，善于讨价还价。在美国，如果你是男士，切记不要送女士香水，以免会使对方误会。赠送礼物要注意不要超过 25 美元，否则对方会认为你有事求他，进行贿赂。

### 知识窗 2：德国

德国人做事非常严谨。在谈判中不太喜欢讨价还价，缺乏灵活性，不会轻易在贸易中让步。见面和离开时一定要握手，不握手是很失礼的。

### 知识窗 3：英国

英国是个世袭制的国家，英国人喜欢别人称呼他们的荣誉头衔，不要和英国人谈论政治、宗教和皇家小道消息。英国人很重视礼仪。

### 知识窗 4：法国

法国是一个浪漫的国家，与法国商人在谈判中不要提及个人的隐私问题。法国人喜欢用法语进行商务谈判，认为他们的法语是世界上最美的语言。所以和法国人谈判前要准备一个好的法语翻译。

### 知识窗 5：阿拉伯国家

阿拉伯是信奉伊斯兰教的国家，和阿拉伯商人谈判要了解他们的特点。阿拉伯被称远离钟表的国家，不守时，而且谈判中经常应用一种“MBA”谈判语言。

### 知识窗 6：日本

日本的大和民族精神比较强，在任何场合都非常有礼节，把人情看得比较重。在和日本人的谈判中首先要培养感情，然后再进入正题。如果贸然直接入题往往取不到好的谈判效果。

## 本章小结

人无礼则不立，事无礼则不成，国无礼则不宁。一个缺乏礼仪的社会，往往是不成熟的社会，而一个礼仪标准不太统一甚至互相矛盾的社会，往往是一个不和谐的社会。礼仪是整个社会文明的基础，也是社会文明最直接最全面的表现方式。创建和谐社会，必须先从礼仪开始。中国今天面临前所未有的挑战，无论是物质、精神、文化的各个方面，都急迫的需要一套完整而合理的价值观进行统一。礼仪文化无疑是这种统一的“先行军”，本章对于商务谈判礼仪的概念、类型和涉外礼仪的基本规则进行了阐述。

## 主要概念

谈判　商务谈判　商务礼仪　商务谈判礼仪　涉外礼仪

## 技能训练

### 一、基础知识题

1. 单选题。

(1) 谈判追求的是________的过程。

A. 自身利益的要求　　B. 双方利益的要求

C. 双方不断调整自身需要，最终达成一致

D. 双方为维护自身利益而进行的智力较量

(2) 根据谈判地点的不同，可将谈判分为________。

A. 技术谈判、贸易谈判、价格谈判　　B. 价格谈判、外交谈判、军事谈判

C. 国内谈判、国际谈判、中立谈判　　D. 主场谈判、客场谈判、中立谈判

(3) 商务谈判者应展现________的形象。

A. 自信　　B. 时尚

C. 随便　　D. 活泼

(4) 商务谈判中，双方地位上的平等是指在________上的平等。

A. 实力　　B. 经济利益

C. 法律　　D. 级别

(5) 英国人的谈判风格一般表现为________。

A. 讲效率　　B. 守信用

C. 有优越感　　D. 按部就班

2. 多选题。

(1) 商务谈判中的能力素质包括________。

A. 敏锐的观察力　　B. 有创造思维和解决事物的能力

C. 待客的能力　　D. 拥有多角度看事物能力和判断能力

E. 很强的自制力

(2) 从事商务活动的男士需要从________方面注意自己的仪容仪态。

A. 发型发式　　B. 面部修饰

C. 着装修饰　　D. 必备物品

E. 文明礼貌

(3) 正式介绍的国际惯例是________。

A. 先将年轻的介绍给年长的
B. 先将职务、身份较低的介绍给职务、身份较高的
C. 先将男性介绍给女性
D. 先将已婚的介绍给未婚的
E. 先将女士介绍给男士

(4) 在商务交往中，馈赠时应注意的礼仪有________。

A. 注意礼品的包装
B. 注意馈赠礼品的地点
C. 注意馈赠时的态度和动作
D. 注意礼品的价值
E. 注意馈赠礼品的场合

(5) 商务谈判的原则是________。

A. 客观原则
B. 自主原则
C. 双赢原则
D. 以自己利益为中心原则
E. 立场坚定原则

3. 简答题。

(1) 简述商务谈判的构成要素。

________________________________________

(2) 简述商务谈判中男士着装的要求。

________________________________________

(3) 涉外谈判中谈判者要注意哪些方面的问题?

________________________________________

(4) 商务谈判过程中要遵循哪些礼仪?

________________________________________

(5) 法国人在商务谈判中有什么样的谈判风格?

________________________________________

## 二、案例分析题

艾丽是位热情而敏感的女士，目前在中国某著名房产公司任副总裁。有一次，她接待了来访的建筑材料公司主管销售的韦经理。韦经理被秘书领进了艾丽的办公室，秘书对艾丽说："艾总，这是某某公司的韦经理。"

艾丽李离开办公室，面带微笑，走向韦经理。韦经理伸出手来，让艾丽握了握。艾丽客气地对他说："很高兴您来为我们介绍这些产品。这样吧，让我看一看这些材料，我再和你联系。"韦经理在几分钟内就被艾丽送出了办公室。几天内，韦经理多次打电话，但得到的是秘书的回答："艾总不在。"

到底是什么让艾丽这么反感一个没有说一句话的人呢？艾丽在一次讨论形象的课上提到这件事，余气未消："首次见面，他留给我的印象不只是不懂基本的商业礼仪，还没有绅士的风度。他是一个男人，位置又低于我，怎么能像个王子一样伸出高贵的手让我来握呢!"他伸给我的手不但看起来毫无生机，握起来更像一条死鱼，冰冷且毫无热情。当我握他的手时，他的手掌也没有任何反应。握手的这几秒钟，他就留给我一个极坏的印象。他的手没有让我感到他对我的尊重，他对我们的会面也并不重视。

作为公司的一名销售经理，居然不懂得基本的握手方式，他显然不是那种经过高度职业训练的人，而公司能够雇用这样素质的人做销售经理，可见公司管理人员的基本素质和层次也不会高。这种素质低下的人组成的管理阶层，怎么会严格遵守商业道德，提供优质、价格合理的建筑材料呢？我们这样大的房地产公司，怎么能够与这样作坊式的小公司合作，让他们为我们提供建材呢？”

**分析提示**

韦经理为什么没有得到艾丽副总裁的再次会见，韦经理有哪些失礼的地方，对谈判造成怎么样的影响？

______________________________

## 三、技能操作与实训题

把班级同学分成两个谈判小组，分别为对方举行一个欢迎仪式。

［小提示］要注意谈判小组成员合理的组成，在为对方举行的欢迎仪式上要注意哪些相关礼仪呢？

［讨论记录］

______________________________

______________________________

______________________________

______________________________

______________________________

# 部分参考答案

## 模块一　商务礼仪概述

1. 单选题。

(1) B　(2) C　(3) D　(4) A　(5) D

2. 多选题。

(1) ABC　(2) ACDE　(3) ABCD　(4) ABC　(5) ABCE

## 模块二：商务人员形象设计

1. 单选题。

(1) C　(2) D　(3) C　(4) C　(5) D

2. 多选题。

(1) ABCDE　(2) ABD　(3) CDE　(4) ACDE　(5) ABCE

## 模块三：商务交往礼仪

1. 单选题。

(1) D　(2) A　(3) C　(4) C　(5) B

2. 多选题。

(1) ADE　(2) ABCDE　(3) ACD　(4) ABC　(5) BCDE

## 模块四：商务工作礼仪

1. 单选题。

(1) A　(2) D　(3) C　(4) C　(5) D

2. 多选题。

(1) ABCD　(2) CD　(3) ABC　(4) ABCD　(5) ABDE

## 模块五：商务通信礼仪

1. 单选题。

(1) A　(2) D　(3) C　(4) C　(5) D

2. 多选题。

(1) ABCD (2) ABC (3) ABCD (4) ABCDE (5) ABCD

## 模块六：商务拜访、接待礼仪

1. 单选题。

(1) D (2) A (3) C (4) B (5) B

2. 多选题。

(1) ABC (2) ABDE (3) ABDE (4) ABC (5) ABD

## 模块七：商务宴请礼仪

1. 单选题。

(1) C (2) D (3) B (4) D (5) C

2. 多选题。

(1) BCE (2) ABC (3) ABCD (4) ABC (5) ABCDE

## 模块八：专题活动礼仪

1. 单选题。

(1) C (2) A (3) A (4) D (5) C

2. 多选题。

(1) BCD (2) ABCE (3) ABCDE (4) ADE (5) ACDE

## 模块九：求职礼仪

1. 单选题。

(1) C (2) D (3) B (4) C (5) C

2. 多选题。

(1) ABCDE (2) ABCE (3) CD (4) ACD (5) DE

## 模块十：商务谈判礼仪

1. 单选题。

(1) C (2) D (3) A (4) C (5) D

2. 多选题。

(1) ABDE (2) ABC (3) ABC (4) ABDE (5) ABC

**图书在版编目(CIP)数据**

商务礼仪/陈卫芬,朱长根,程继主编.—合肥:合肥工业大学出版社,2023.8
ISBN 978-7-5650-6203-2

Ⅰ.①商… Ⅱ.①陈… ②朱… ③程… Ⅲ.①商务—礼仪 Ⅳ.①F718

中国版本图书馆CIP数据核字(2022)第236501号

**商务礼仪**

陈卫芬 朱长根 程 继 主编　　　　责任编辑 毛 羽

| | | | |
|---|---|---|---|
| **出 版** | 合肥工业大学出版社 | **版 次** | 2023年8月第1版 |
| **地 址** | 合肥市屯溪路193号 | **印 次** | 2023年8月第1次印刷 |
| **邮 编** | 230009 | **开 本** | 787毫米×1092毫米 1/16 |
| **电 话** | 基础与职业教育出版中心:0551-62903120 | **印 张** | 15.75 |
| | 营销与储运管理中心:0551-62903198 | **字 数** | 354千字 |
| **网 址** | press.hfut.edu.cn | **印 刷** | 安徽联众印刷有限公司 |
| **E-mail** | hfutpress@163.com | **发 行** | 全国新华书店 |

ISBN 978-7-5650-6203-2　　　　定价:42.00元